세상을 향한 하나님의 사랑

찰스 G. 피니 지음 | 엄성옥 옮김

세상을 향한 하나님의 사랑 God's Love for a Sinning World

초판 발행 1989년 10월 20일
초판 2쇄 발행 1993년 12월 30일
제2판 발행 2001년 5월 25일
제3판 발행 2009년 1월 5일
저자 찰스 G. 피니
번역자 엄성옥
발행처 은성출판사
등록 1974년 12월 9일 제9-66호

ⓒ 2008년 은성출판사

주소 서울시 강동구 성내동 538-9
전화 070) 8274-4404
팩스 02) 477-4405
홈페이지 http://www.eunsungpub.co.kr
전자우편 esp4404@hotmail.com

출판 및 판매에 관한 모든 권한은 본 출판사가 소유하고 있습니다. 출판사의 사전 서면 허락없이 상업적인 목적으로 번역, 재제작, 인용, 촬영, 녹음 등을 할 수 없음을 알려드립니다.

Printed in Korea
ISBN:

God's Love for a Sinning World

Written by Charles G. Finny
translated by Sung Ok Eum

차례

책머리에 |6

1부 세상을 향한 하나님의 사랑 |9
  01 세상을 향한 하나님의 사랑 |11
  02 죄의 삯 |37
  03 죄인들의 핑계 |67
  04 죄인의 핑계에 대한 하나님의 응답 |115
  05 구원의 조건 |141

차례

2부 죄 |183

06 죄 |185
07 죄인의 운명 |215
08 버림받은 영혼 |239
09 하나님의 진노 |265
10 대죄 |295

책머리에

　찰스 피니의 메시지를 묶어 새로 출판하게 된 것은, 우리가 살고 있는 이 시대와 피니가 하나님이 주신 메시지, 즉 복음과 부흥으로의 부르심을 선포했던 시대가 여러 면에서 매우 비슷하기 때문이다. 이 메시지들은 교회 내부와 이 세상의 상태에 대해 우리 시대를 향하여 확실한 목소리로 전파하고 있다. 하나님으로부터 온 이 목소리, 이 우렁찬 나팔 소리는 그리스도인들에게 그들의 생활 표준인 성경으로, 그리고 하나님이 정해 두신 구속과 부활의 계획으로 돌아오라고 요구하고 있다.
　이 책에 수록된 메시지들은 오늘날의 교회와 세상에 꼭 필요한 것들이다. 이것들은 피니가 설교했던 시대와 같이 신앙에서 이탈하고 변절한 자들이 만연해 있는 이 시대에도 적용될 수 있다. 자기 파괴와 자기 강화에 골몰하고 있는 이 죄악된 세상에 하나님의 뜻을 전해 주는 메시지들 중 허다한 것들이 무의미하고 쓸 데 없는 것들인 데 반해 피니의 메시지들은 타협을 모르며 폐부 깊이 파고드는 내용이다. 새로운 형태로 출간된 이 메시지들이 갈급한 이 세상에 하나님의 말씀을 전달함으로써 하나님의 교회를 위한 뜻과 목적을 계시해 주고, 불신의 세대를 위한 하나님의 구원 계획을 드러내 주기를 간절히 기도한다.

제 1 부

세상을 향한 하나님의 사랑

1
세상을 향한 하나님의 사랑

> "하나님이 세상을 이처럼 사랑하사 독생자를 주셨으니 이는 그를 믿는 자마다 멸망하지 않고 영생을 얻게 하려 하심이라." (요 3:16)

죄는 이 세상에서 가장 비싼 것입니다. 그것보다 더 비싼 것은 없습니다. 용서받을 수 있는 죄든지 용서받지 못할 죄든지 죄의 값은 무한히 큽니다. 용서받은 죄의 값은 위대하신 대속자에게 떨어지고 용서받지 못한 죄의 값은 죄인에게 떨어집니다.

죄가 존재한다는 것은 어디서나 경험하며 살펴볼 수 있는 사실입니다. 어디든지 무섭게 화내는 곳에는 죄가 있습니다. 죄는 우주 최고의 선을 보호하기 위해 세워진 법을 범하는 것입니다. 이 법에 순종하는 것은 피조물들의 행복에 반드시 필요한 요건입니다. 하늘나라에서라도 순종이 없으면 축복은 없습니다.

죄는 중요한 법을 범하는 것이기 때문에 가볍게 취급될 수 없습니다. 어떤 국가도 불순종을 사소하게 취급할 수는 없습니다. 왜냐하면 모든 행복이 순종에 달려 있기 때문입니다. 법을 보호하고 불순종을 처벌해야 할 필요성은 그 법과 관련된 유익에 비례합니다.

하나님의 법은 하나님이 하실 일에 의해 유린되는 것이 아닙니다. 하나님의 법은 인간의 불순종으로 유린되어 왔습니다. 따라서 하나님은 그것을 회복하기 위해서는 그것을 지키셔야 합니다. 율법에 대한 가장 큰 굴욕은 그것을 버리고 불순종하고 멸시하는 것입니다. 죄를 범한 인간은 이렇게 행하여 왔습니다. 그러나 율법은 선한 것이며 다스림을 받는 사람들의 행복에 꼭 필요한 것이기 때문에, 무엇보다 이 법의 창시자가 자기 힘을 옹호해야 할 필요가 있습니다.

죄는 하나님의 통치에 막대한 손실을 끼쳐 왔습니다. 그러므로 인류의 행복을 희생해서라도 법을 시행하거나, 하나님께서 자신의 법에 대한 불경이라는 최악의 결과들을 감당하셔야 합니다.

국가를 예로 들어 보겠습니다. 국가에 필요하기 때문에 만든 법들을 국민이 무시하고 거부한다고 가정해 보십시오. 그런 경우에는 그 범법 행위에 적절한 형벌을 주거나 그와 비견할 만한 희생을 치르게 해야 합니다. 국민은 법을 범하면 큰 행복을 잃게 됩니다.

하나님의 통치에 있어서는 죄인의 구원이라는 목적을 충족시키면서도 법의 요구 조건을 만족시키기 위해 대리인을 마련하는 것이 현명하다고 생각되어 왔습니다. 이것을 결정한 뒤에 오는 큰 문제는 "그 값을 어떻게 충당하느냐"였습니다.

성경은 이 문제가 어떻게 결정되었는지 알려 줍니다. 그것은 자발적인 징병이나 기부에 의해서 결정됩니다. 무엇이라고 부르든 간에 자발적인 헌납이었습니다. 누가 이 기부 행위의 선봉이 될 것입니까? 많은 자금을 조달해야 하는 일을 과연 누가 시작하겠습니까? 누가 최초의 제물을 드리겠습니까? 그처럼 방대한 계획의 첫걸음을 누가 떼겠습니까? 성경은 이에 대한 대답을 줍니다. 그것은 무한하신 아버지로부터 시작되었습니다. 그분이 최초로 위대한 기부를 하셨습니다. 그분은 독생자를 우리에게 주시는 것부터 시작하여 상황에 따라 필요한 모든 것들을 값없이 주고 계십니다. 하나님은 그의 아들을 대속물로 주셨으며, 그 후에 성령을 보내셔서 이 사역을 맡게 하셨습니다. 예수께서도 죄인들을 대신하여 고난을 받음으로써 율법을 충족시킬 것에 동의하셨습니다. 성자께서는 보혈을 흘리셔서 자신의 생명을 희생물로 제단에 바치셨습니다. 그는 악인들로부터 침뱉음과 채찍질은 물론 모욕을 당하셨으나 피하지 않으셨습니다. 그리고 성령께서도 이 위대한 목표를 이루기 위해서 끊임없이 자기를 부인하는 노력으로 헌신하고 계십니다.

옛날 하나님이 천사들이 "자기의 신분"을 지키지 않았을 때 행하셨던 것처럼, 악인들을 모두 지옥에 보내실 수도 있었을 것입니다. 과거 하늘나라에서 반역이 일어났을 때에, 하나님은 자신의 고귀한 보좌 주변에서 그러한 일이 일어나는 것을 참으실 수 없었습니다. 그러나 인간의 범죄에 대해서는 그 태도를 바꾸셨습니다. 하나님은 그들 모두를 지옥에 보내지는 않으셨으며, 인간의 영혼을 하늘나라로 돌아오도록 하기 위해 자기 부인과 자기희생을 포함하는 조처를 강구하셨습니다.

그러면 이 희생은 누구를 위한 것이었습니까? "하나님이 세상을 이처럼 사랑하사"라는 말씀은 온 인류를 사랑하셨다는 의미입니다. "세상"은 특정 지역을 의미하는 것이 아니라 온 인류를 의미합니다. 성경은 온 세상을 위한 구속이 이루어져야 했음을 나타내고 있으며, 이것은 당연한 일이었습니다. 만일 온 인류를 위한 구속이 이루어지지 않았다면 누구도 구속이 자신을 위해 이루어졌다는 것을 알지 못할 것이며, 따라서 믿음으로 구속의 복을 받는다는 의미에서 그리스도를 믿을 사람은 한 명도 없었을 것입니다. 만일 우리가 지금 가정하고 있는 한정된 섭리 안에 포함된 사람들을 확실히 알 수 없다면 그것을 이성적인 믿음으로 받아들일 수 없게 되므로 모든 희생과 헌신 계획은 실패하고 말 것입니다.

어떤 부자가 "택한 자들"에게 재산을 증여하겠다는 유언장을 작성했다고 가정해 보십시오. 물론 그 부자는 특정의 사람들을 염두에 두고 "택한 자들"이라는 용어를 사용했겠지만, 그들이 누구인지 설명하지 않았기 때문에 아무도 "택한 자들"이 누구인지 알 수 없습니다. 따라서 유언장은 당연히 무효일 수밖에 없습니다. 그런 유언장에 의해서는 어떤 사람도 권리를 주장할 수 없으며, 이 "택한 자들"은 오벌린Oberlin의 주민들이라고 기록한 것과 다를 바 없습니다. 그 유언장이 "택한 자들"은 오벌린의 모든 주민들을 가리키는 것이 아니며, 또 그들 중의 어느 누구라고 한정하지도 않았으므로 모두 자격이 없습니다. 모두 동등한 자격이 있으나 또한 확실한 자격을 가지고 있지 않으므로 아무도 유산을 상속할 수 없습니다.

만일 구속이 이런 방법으로 이루어진다면 살아 있는 인간이 먼저 복음을 받아들이기 전에는 자기가 택함을 받은 자들 중의 하나라고 믿을 정당한 근거를 소유하지 못할 것입니다. 따라서 그는 그 축복들을 믿음으로 받아들일 권리를 소유하지 못할 것입니다. 이런 가정에 의하면 구속의 대상이 되는 사람들에게 특별한 계시가 임하지 않는 한 구속은 무효가 될 것입니다.

그러나 실제로는 사람이 아담의 후손이라는 사실, 즉 그는 인간이며 여인의 후손이라는 사실만으로 충분합니다. 이 사실이 그를 구속의 범주 안에 놓습니다. 하나님은 이 세상을 위해 아들을 보내셨으며, 그는 이 세상 사람 중의 하나이므로 아들을 믿는 자마다 멸망하지 않고 영생을 얻게 됩니다.

하나님이 이처럼 큰 은사를 주시는 주된 동기는 사랑, 세상에 대한 사랑이었습니다. 하나님이 세상을 사랑하사 이 세상을 위해 독생자를 죽게 하셨습니다. 하나님은 우주도 사랑하셨습니다. 그러나 독생자라는 선물은 세상을 향한 사랑에서 나온 것이었습니다. 하나님은 이처럼 위대한 행위를 통해서 우주의 유익을 예비하려는 수고를 하셨습니다. 하나님은 조금이라도 율법의 거룩함을 떨어뜨리는 일은 하지 않으려고 조심하셨습니다. 하나님은 하나님의 율법에 대한 배려와 그의 도덕적 세계 안에서의 순종과 행복이라는 고귀한 유익에 대한 배려에 오해가 생기지 않게 하려고 조심하셨습니다. 하나님은 도덕적 행위자가 유혹을 받아 율법을 과소평가하지 않게 하기 위해서 영원히 그 위험을 제거하려 하셨습니다.

하나님이 독생자를 보내어 죽게 하신 것은 영혼들에 대한 사랑에서 비롯되었을 뿐만 아니라, 하나님의 영원한 이성의 법의 정신에 대한 존경심에서 비롯된 것이기도 합니다. 여기에서 독생자를 세상에 보내신 목적이 생겼습니다. 하나님 자신의 이성의 법은 반드시 존경을 받고 거룩히 여김을 받아야 합니다. 그분은 결코 이 정신에 어긋나는 일을 하지 않으십니다. 그분은 범죄를 예방하고 자기 백성들의 사랑과 신뢰를 확보하기 위한 모든 일을 해야 합니다. 그는 이 위대한 목표들을 거룩히 여기셨기 때문에 우주의 행복을 위험하게 만들기보다는 차라리 자기 아들의 피로 깨끗이 하기를 원하셨습니다. 하나님이 사랑하는 독생자를 희생시키신 것은 이 세상 최고의 행복을 위한 배려와 사랑 때문이었습니다.

이 사랑의 본질을 살펴보겠습니다. 본문에서는 특히 하나님이 세상을 "이처럼" 사랑하셨다고 강조하고 있습니다. 하나님의 사랑은 놀랍고 특이한 것으로서, 이 사랑이 하나님으로 하여금 독생자를 죽도록 내어 주게 만들었습니다. 이 말씀에는 이 사랑의 위대함보다 더 큰 것이 포함되어 있습니다. 이 사랑은 특별한 성질을 가지고 있습니다. 이것을 이해하지 못하면, 보편구원론자들 같은 잘못을 범할 위험이 있습니다. 보편구원론자들은 항상 죄인들을 향한 하나님의 사랑에 대해서 이야기합니다. 그러나 이들의 사랑의 본질에 대한 관념은 회개나 거룩을 낳지 못합니다. 그들은 이 사랑이 선한 본질을 지닌 것이라고 생각하며, 또 하나님은 지극히 어지신 분이므로 두려워할 필요가 없다고 생각합니다. 그런데 이런 관념들은 성결을 이루는 데 조금도 영향을 주지 못하며, 오히려 그 반대의 효과를 나타냅니다. 이 사랑의 본질을 올바르게 이해할 때에만 성결을 진작시키는 사랑의 능력을 느끼게 됩니다.

만일 하나님이 "이처럼" 위대한 사랑으로 이 세상을 사랑하셨다면, "독생자를 희생시키지 않고 구원하실 수는 없었는가?"라고 질문하는 것도 무리는 아닐 것입니다. 이 질문은 "이처럼"이라는 단어에 심오한 뜻이 있음을 잘 드러내 주며, 우리는 이 단어의 의미를 보다 자세히 살펴볼 필요를 느끼게 됩니다.

본질상 이 사랑은 만족, 즉 인류의 성품에 대한 기쁨이 아닙니다.

왜냐하면 인류의 성품에는 전혀 훌륭한 점이 없기 때문입니다. 하나님이 이런 인류를 사랑하시는 데서 만족을 느끼셨다면, 그것은 하나님으로서는 무한히 수치스러운 일이었을 것입니다.

이 사랑은 단순한 감정이나 느낌이 아닙니다.

그것은 많은 사람들이 상상하는 것처럼 맹목적인 충동이 아니었습니다. 간혹 사람들은 하나님도 강렬한 감정에 휩싸인 인간들처럼 행하신다고 생각합니다. 그러나 그런 행동은 선한 것이 될 수 없습니다. 맹목적인 감정의 충동 아래 있는 인간은 자신의 가치를 모두 포기하게 되며, 조금도 덕스럽지 못하게 됩니다. 그러나 이렇게 말한다고 해서 길 잃고 헤매는 세상을 향한 하나님의 넓은 사랑에서 우러나는 감정들을 배제하는 것은 아닙니다. 하나님도 감정을 가지고 계셨습니다. 그러나 감정만을 소유하셨던 것은 아닙니다. 실제로 성경은 죄로 인해 길을 잃고 방황하는 인간을 향한 하나님의 사랑은 부성애였음을, 이 경우에는 반항적이고 고집 세며 방황하는 자손에 대한 사랑이었음을 가르쳐 줍니다. 이 사랑 안에는 깊은 연민이 있습니다.

중보자이신 예수 그리스도의 입장에서 본다면, 이 사랑은 형제애입니다.

주님은 인간을 형제라고 부르는 것을 부끄러워하지 않으셨습니다. 주님은 어떻게 보면 형제들의 대리인으로, 또 어떻게 보면 자녀들의 대리인으로 활동하십니다. 성부께서는 이 사역을 위해 주님을 내어 주셨으며, 물론 이러한 관계에 적합한 사랑에 공감하십니다.

이 사랑은 사심 없는 공평한 사랑입니다.

하나님의 자녀들이 구원을 받는다고 해서 하나님이 유익을 얻는 것이 아니므로 두려워할 것도 없고, 소망을 가질 것도 없기 때문입니다. 하나님을 이기적인 존재로 생각할 수는 없습니다. 하나님의 사랑은 모든 피조물들과 모든 유익된 일들을 그것들의 실제 가치에 따라 포용하기 때문입니다. 하나님은 우리 인류를 구원하시는 데서 기쁨을 느끼셨습니다. 그것은 어떤 의미에서든 위대한 구원이며, 하늘의 복락을 크게 증가시킵니다. 그것은 무한하신 하나님의 축복과 영광에 크게 영향을 줄 것입니다. 하나님은 이처럼 사심 없는 사랑으로 인해 자신을 영원히 존경할 것입니다. 또 하나님 자신이 지으신 거룩한 피조물들이 이러한 사역과 이 사역의 모태인 사랑으로 인하여 영원히 하나님을 존경하리라는 것도 아닙니다. 그러나 하나님이 죄인들의 행복을 위하여 이 사역을 이루셨다는 것을 알지 못한다면 그들은 하나님을 존경하지 않을 것도 알고 계십니다.

이것은 열렬한 사랑입니다.

이 사랑은 냉정한 마음의 상태, 추상적인 상태의 사랑이 아닙니다. 그 무엇으로도 끌 수 없는 불처럼 그분의 마음에서 타오르는 심오하고 진지하고 열렬한 사랑입니다.

그 희생은 자기를 부인하는 것이었습니다.

사랑하는 아들이 고난을 받고 죽임을 당하는 것이 아무렇지도 않은 일이었겠습니까? 이것이 자기 부인이 아니고 무엇이겠습니까? 독생자를 내어 주어 그처럼 고난을 당하게 하신 것이야말로 가장 고귀한 자기 부인이 아닐까요? 이러한 모범이 없었다면, 이 우주는 자기 부인이라는 위대한 사상을 소유할 수 없었을 것입니다.

이 사랑은 보편적인 것이기 때문에 특별하며, 또한 특별하기 때문에 보편적인 사랑이었습니다.

하나님은 특히 죄인들 개개인을 사랑하셨으며, 만민을 사랑하셨습니다.

이 사랑은 지극히 참을성 있습니다.

부모라도 자식에게 전혀 화를 내지 않을 수는 없습니다. 자녀들을 건전하고 지혜롭게 조절된 사랑으로 사랑하기 때문에 전혀 성급한 태도로 다루지 않으며, 화가 났을 때에도 그들을 팔에 안고 죄로부터 끌어내어 회개하게 하고 효성스러운 마음을 갖게 할 만큼 사랑하는 부모가 있습니까? 자녀에게 한 번도 화를 내지 않았다고 말할 수 있는 부모가 있습니까? 종종 부모들은 "나는 자녀들을 사랑하지만 인내심이 부족하다."고 말하곤 합니다. 그들이 죽은 뒤에 당신들은 그들이 "내 영혼이여. 나는 내 자녀로 하여금 비틀거리게 하고 범죄하게 하였구나."라고 슬프게 탄식하는 소리를 들을 수 있을 것입니다.

그러나 하나님은 결코 조급하시지 않으며 성급하게 행하시지 않습니다. 하나님의 사랑은 지극히 깊고 크기 때문에 언제나 참고 기다리십니다. 때로 불쌍한 자녀들-가련한 연민의 대상들-을 둔 부모들은 모든 것을 참고 인내합니다. 그러나 자녀들이 너무 악하게 행할 때에는 화를 내는 것이 마땅하다고 느끼는 일도 있습니다. 그러나 하나님에게는 불쌍한 자녀들이 아니라 극도로 사악한 자녀들이 있습니다. 그런데도 하나님은 놀랍도록 인내하셔서 그들의 행복을 위해 마음을 기울이시며 그들의 최고의 번영을 갈망하시기 때문에 그들이 아무리 하나님을 능욕해도 여전히 그들을 축복하시며, 그들을 대신하여 독생자를 죽게 하심으로써 그들로 하여금 눈물을 흘리고 사랑과 인내 속으로 녹아들게 하십니다.

이것은 좋은 의미에서 질투하는 사랑입니다.

이것은 사랑하는 남편과 아내가 상대방의 행복을 주의 깊은 질투심으로 지키며 상대방의 참된 유익을 위해 스스로 할 수 있는 모든 일을 하려는 것과 같습니다.

하나님이 독생자를 세상에 보내시는 일은 선한 믿음 안에서 이미 약속되었을 뿐 아니라 실제로 이루어졌습니다. 오래 전에 주어졌던 약속은 이미 성취되었습니다. 성자께서는 이 땅에 오셔서 대속물로서 죽음을 당하셨으며, 모든 믿는 자에게 예비된 구원을 제공하기 위해 살아 계십니다.

하나님의 아들은 보복을 완화하기 위해 죽으신 것이 아니라 율법의 요구를 충족시키기 위해 죽으셨습니다. 사람들이 율법을 범했기 때문에 율법이 더럽혀졌습니다. 이런 까닭에 그리스도께서 고난을 받으시고 속죄양이 되심으로써 율법의 요구를 충족시켜 율법의 영예를 회복시킬 책임을 맡으셨습니다. 그것은 하나님 안에 있는 보복의 정신을 완화시키기 위한 것이 아니라 자비를 베풀어 우주의 최고 행복을 확보하기 위함이었습니다.

이 같은 대속 사역은 이미 이루어졌으며 모든 인간은 그것에 대한 권리를 소유합니다. 그것은 원하는 사람에게는 누구에게나 개방되어 있습니다. 예수님은 아직도 성부의 아들로서 존재하시지만 중요한 의미에서 인류에게 속해 있습니다. 따라서 죄인이라도 누구나 겸손히 나아와 권리를 주장하면 그리스도의 보혈로부터 유익을 얻을 수 있습니다. 하나님은 자기 아들을 세상의 구세주로 보내셨습니다. 그리하여 누구든지 그를 믿으면 구원을 얻을 수 있습니다.

하나님은 이 구원을 인간들에게 적용하기 위해 성령을 주십니다. 성령은 각 사람의 마음 문을 두드리십니다. 죄인이 문을 열고 맞아들이기만 하면 성령은 그가 지금 구원을 소유할 수 있다는 것을 보여 주십니다. 이 얼마나 대단한 사랑의 수고입니까.

이 구원은 믿음으로 받아들여야 합니다. 이것만이 유일한 길입니다. 죄인을 다스리시는 하나님의 통치는 육체적인 것이 아니라 도덕적인 통치입니다. 왜냐하면 죄인 자체가 육체적 행위자가 아니라 도덕적 행위자이기 때문입니다. 그러므로 우리가 하나님을 믿지 않는다면, 하나님은 우리에게 영향을 미치실 수 없습니다. 우리를 하늘나라로 데려간다고 해도 우리를 구원하실 수 없습니다. 순전한 믿음 외에는 구원의 방법이 없습니다.

그리스도를 구주로 영접하지 않으면서 다만 역사적인 사실들을 믿는 것이 복음을 받아들이는 것이라고 생각하는 것은 잘못된 일입니다. 만일 그런 계획이었다면, 그리스도께서는 이 땅에 오셔서 죽으셨다가 다시 하늘나라로 돌아가신 다음 누가 그 사실들을 믿는지 조용히 기다리기만 하시면 될 것입니다. 그러나 실제 그렇지 않습니다. 그리스도께서는 자기의 생명과 사랑으로 영혼을 채워 주러 오십니다. 회개한 죄인은 예수님에 대한 진리를 듣고 믿으며 그리스도를 영혼 안으로 영접하여 영원히 그곳에서 다스리시게 합니다. 많은 사람들은 "내가 사실들을 역사적인 사실들로 믿는 것으로 충분하다"고 합니다. 그러나 절대 그렇지 않습니다. "사람이 마음으로 믿어 의"롬 10:10에 이르게 됩니다.

예수께서 인간의 마음에 오셔서 그들을 주께 이끌어 주님과 연합하고 공감하며-하나님이 사랑의 팔을 펴시어 죄인들을 용납하실 수 있게 하기 위하여-그리하여 하나님이 죄인들에게 나타내신 우애의 표시들 때문에 율법과 하나님의 통치가 불명예스럽게 되는 일이 없도록 길을 예비하기 위해 구속이 이루어졌던 것입니다. 그러나 구속이 죄인들로 하여금 다만 하나님과 마음으로 공감하고 친근하게 만들어 주는 데 그친다면 죄인들을 구원하지 못할 것입니다.

주님은 지금도 모든 죄인의 마음 문을 두드리십니다. 역사적인 사실들을 믿고 세례를 받기만 해도 구원을 얻는다면 주님은 왜 하늘나라에 머물러 계시지 않으셨습니까? 주님은 지금도 이 땅에 오셔서 죄인들에게 자신이 행하셨던 일을 말씀해 주시며 사랑을 나타내십니다. 주님은 자신이 행하신 일은 거룩하고 신성하므로 율법의 성결함과 그의 통치의 순결함을 언급하지 않고는 행동할 수 없다고 말씀하십니다. 주님은 이처럼 인간의 심령 속에 주님의 거룩함과 순결함에 대한 깊고 큰 사상을 심어 주시면서, 깊이 회개하고 모든 죄를 버려야 하는 거룩한 의무의 필요성을 역설하십니다.

결론

성경은 죄인들이 자신의 생득권(장자권)을 상실하고 자비를 얻지 못하게 될 수도 있다고 가르칩니다.

하나님은 자신의 사랑이 악용되는 것을 막고 지키셔야 합니다. 이처럼 하나님의 사랑을 악용할 위험이 도사리고 있기 때문에 하나님은 죄인들이 하나님의 사랑을 악용한다면 반드시 벌을 받는다는 것을 알게 하셔야 합니다.

복음 아래서 죄인들은 가장 큰 책임을 지게 됩니다.

그들은 하나님의 독생자를 무자비하게 다룰지도 모르는 큰 위험에 처해 있습니다. 그들은 "자, 우리가 그를 죽이자. 그러면 그 기업이 우리의 것이 될 것이다"라고 말합니다. 하나님이 사랑하는 독생자를 보내실 때에 그들은 어떻게 행할까요? 그들은 반역과 여러 가지 죄는 물론 영광스러운 아들을 모욕하는 죄를 더했습니다. 이와 유사한 일이 일어난다고 가정해 보십시오. 어느 나라에서 반역이 일어났다고 생각해 보십시오. 왕은 그들을 진압하기 위해 군대를 보내지 않고 오히려 자기 아들을 보내어 온유하게 나라의 법률들을 설명하고 순종을 설득하게 했습니다. 그러나 그들은 그를 결박하여 사형에 처했습니다.

그러나 당신은 이를 부인하며 나에게 이렇게 반문합니다: "누가 하나님의 아들을 죽였습니까? 유대인들이 아니었습니까?" 물론 그렇습니다. 그러나 당신도 이 살인에 참여하지 않았습니까? 예수 그리스도에 대한 당신의 태도는 과거 하나님의 아들을 살해한 유대인들과 같지 않습니까? 당신이 그때 그 자리에 있었더라면 다른 누구보다도 큰 소리로 "그를 십자가에 못 박으라"고 외치지 않았을까요? 당신은 항상 "우리에게서 떠나십시오. 우리는 당신의 길을 알고 싶지 않습니다"라고 말하고 있지 않습니까?

"그리스도는 부요하신 자로서 너희를 위하여 가난하게 되심은 그의 가난하심을 인하여 너희로 부요케 하려 하심이니라"고 기록되어 있습니다.

이것은 참된 말씀입니다. 우리의 구속은 예수 그리스도의 생명의 값으로 치러지고 이루어졌습니다. 주님은 부요하셨으나 가난하게 되셨으며, 우리는 무한히 가난했으나 부요하게 되어 천국의 보화를 얻게 되었습니다. 그러나 합법적인 방법으로 이 보화들을 받아들이지 않는 한, 아무도 이것들을 나누어 가질 수 없습니다. 하나님이 제안하신 조건에 따라 받아들이지 않는다면, 이 보화들은 사라지고 당신은 전보다 더 가난해집니다.

많은 사람들은 잘못 생각하고 있습니다. 그들은 하나님이 말씀하시는 것을 믿지 않고 계속 "만일 나를 위한 구원이 있다면, 만일 내 죄에 대한 사함이 예비되어 있다면…"이라는 말만 계속합니다. 이것은 내 영혼을 하나님에게 맡기기 전에 내 마음에서 제거해야 할 생각들 중의 하나입니다. 나는 구속에 대해 계속 연구했습니다. 그리고 나는 그것의 철학적 의미, 구속이 죄인들에게 요구하는 것을 깨달았지만 화가 났습니다. 나는 "만일 내가 기독교인이 된다 해도 하나님이 나를 어떻게 대하실지 어떻게 아는가?"라고 했습니다. 나는 이러한 상태에서 그리스도에 대해 어리석은 이야기들을 했으나, 결국 내 영혼은 자신의 악함에 놀라 그리스도와 화해하겠다고 했습니다.

많은 사람들이 이런 식으로 복음의 격려를 받고서야 앞으로 전진합니다. 그들은 자신에게 자비를 베풀어 주실 것인지 극도로 의심하여 두려움과 떨림으로 매우 조심스럽습니다. 나 역시 그랬습니다. 그러나 어느 날 사무실로 가다가 불현듯이 "지금 무엇을 기다리고 있는가? 이미 모든 일이 이루어져 있다. 다만 그 제안에 동의하고 네 마음을 굴복시키기만 하면 모든 일은 끝나게 된다"는 생각이 떠올랐습니다. 이것은 제가 경험한 일입니다. 신자들과 죄인들은 모든 계획이 완전하다는 것, 즉 그리스도의 모든 것, 그리스도의 성품, 사역, 대속의 죽음, 그리고 그의 영원한 중보가 이미 제공되어 있으므로 그것을 받아들이기만 하면 된다는 것을 깨달아야 합니다. 그것은 마치 넓은 바다같이 풍성합니다. 당신은 그것이 없다고 생각해서는 안 됩니다. 갈증을 느끼고 있는 당신은 깨끗한 바닷가에 서 있습니다. 당신은 그 물을 마시기만 하면 됩니다. 그 바닷물을 마시면 바닷물이 없어지지나 않을까, 또는 다른 사람이 마시지 못하게 되지 않을까 염려할 필요가 없습니다. 당신은 그 물을 마음껏 풍성히 마시라는 초청을 받고 있습니다.

이 바다는 당신이 원하는 모든 것을 공급해 줍니다. 당신은 자신 속에 예수 그리스도의 속성들을 소유하지 않아도 됩니다. 왜냐하면 주님의 속성들이 실제로 당신의 것이 되어 사용될 수 있기 때문입니다. 성경에 기록된 대로 예수께서는 우리의 지혜와 의와 거룩함과 구속함이 되셨습니다. 지금 무엇이 필요합니까? 지혜입니까? 그것은 주님 안에 있습니다. 의로움입니까? 그것은 주님 안에 있습니다. 거룩함입니까? 당신은 그것을 그리스도 안에서 소유하고 있습니다. 모든 것이 그리스도 안에 있습니다. 당신은 도덕적 순결과 유익을 위해 그리스도 안에 없는 것이 필요하다고 생각합니까? 그럴 수 없습니다. 그리스도 안에는 모든 것이 예비되어 있습니다. 그러므로 당신은 찬송가 가사처럼 "나는 가서 기도하고 애쓰리라"고 말할 필요가 없습니다. "비록 내 죄가 산처럼 크지만 나는 예수께로 가리라 아마 주님은 내 간구를 들어 주시며 아마 내 기도에 응답해 주시리라."

우리에게는 "아마"라는 말이 필요 없습니다. 언제나 문은 열려 있습니다. 뉴욕에 있는 브로드웨이 장막교회의 문은 활짝 열리게 되면 닫히지 않아서 수많은 사람이 자유로이 드나들 수 있습니다. 이처럼 구원의 문도 항상 열려 있습니다. 아무도 그것을 닫을 수 없습니다. 교황이나 마귀, 또는 천국이나 지옥에서 온 천사라 할지라도 그 문을 닫을 수 없습니다. 구원의 문은 활짝 열려 있어 죄인이라도 원하기만 하면 누구나 들어갈 수 있습니다.

다시 말씀드리지만, 죄는 이 세상에서 가장 비싼 것입니다. 죄인이여. 당신이 구속을 받고 하나님과 하늘나라의 상속자가 되기까지 어떤 대가가 치러졌는지 알고 있습니까? 죄에 탐닉하는 것이 얼마나 비싼 대가를 치르는 일인지 압니까?

이 세상을 멸망으로부터 구속하기 위해 하나님의 나라는 많은 세금을 지불했습니다. 대영제국의 세금과 그 밖의 모든 나라의 세금들을 모두 합쳐도 여호와의 나라에서 지불한 죄세금 sin-tax에는 비길 수가 없습니다. 하나님의 아들이 이 땅에 보내어졌습니다 – 구원의 상속자들을 돕기 위해 천사들이 파견되고 있으며 선교사들이 파견되고 신자들은 깊은 염려 속에서 노력하고 기도하는 등 모두가 잃어버린 영혼들을 구원하기 위해 애쓰고 있습니다. 죄를 없애고 죄인을 구원하기 위해서는 엄청난 세금을 지불해야 합니다. 그 값을 금으로 환산해 본다면 지구만큼 클 것입니다. 천사, 예수 그리스도, 거룩한 성령, 살아 있는 사람들의 크나큰 수고와 대가가 치러지고 있습니다. 자신을 구원하기 위한 이 같은 노력에도 불구하고 계속 범죄하는 죄인들은 부끄러움을 느껴야 합니다. 하지만 그들은 부끄러워하기는커녕 오히려 이렇게 말할 것입니다: "하나님이 갚으시면 되지 않겠는가? 선교사들이 수고하며, 여러 기관들을 위한 기금을 마련하기 위해 경건한 여인들이 열심히 일하는 것이 나와 무슨 상관이 있는가? 나는 쾌락을 사랑하며 계속 그것들을 좇아갈 것이다." 이 얼마나 냉혹한 심령입니까?

죄인들도 동료 죄인들을 구원하기 위해 희생할 수 있습니다. 바울은 자기의 동료 죄인들을 위해 희생을 할 수 있었습니다. 그는 죄인을 만들기 위해 일했으므로 이제는 그들이 다시 회심하여 하나님에게로 돌아오도록 하기 위해 일해야 한다고 느꼈습니다. 그러나 저 청년을 보십시오. 그는 자신이 목사가 될 수 없다고 생각하고 있습니다. 그는 자기가 충분한 뒷받침을 받지 못하게 될까 두려워하고 있습니다. 그의 영혼이 지옥으로부터 구원받은 것은 은혜로 이루어진 일이므로 그는 그 은혜에 빚지고 있지 않습니까? 예수 그리스도께서 그를 위해 희생하셨으며 많은 신자들이 그리스도 안에서 **희생했으므로**(그들은 그의 영혼 구원을 위해 기도하고 고난받으며 수고하지 않았습니까) 그도 무엇인가 희생해야 하지 않을까요? 주의 일을 하다가 양식이 부족하게 될 때에는 주께 의뢰해야 합니다. 물론 교회들이 목회자들을 편안하게 부양하지 못하는 것은 큰 잘못이라고 인정합니다. 그들이 목회자를 굶주리게 한다면, 하나님이 그들을 굶주리게 하신다는 것을 알아야 합니다. 하나님이 섭리하셔서 생명의 떡을 먹이기 위해 보내신 목회자들을 탐욕으로 인해 굶주리게 하는 교인들과 자녀들의 영혼은 죽음처럼 메마르게 될 것입니다.

어떤 형태의 죄를 제거하려면 큰 대가를 치러야 합니다. 그 예로 노예제도를 들 수 있습니다. 우리나라에서 이 악과 저주와 죄를 뿌리 뽑기 위해서 큰 대가가 이미 치러졌으며, 앞으로도 계속 치러야 할 것입니다. 이것은 하나님의 큰 사역의 일부로서 하나님은 결국 완성하실 것입니다. 그러나 그 대가는 엄청난 것입니다. 이 죄를 없애기 위해 얼마나 많은 생명이 희생되었으며, 얼마나 많은 괴로움을 주었는지 아십니까?

인간을 범죄하게 하고 돈을 벌어들이는 자들에게 화가 있을 것입니다. 독주를 판매하는 사람들을 보십시오. 하나님은 사람들이 죄와 사망의 길로 돌진하는 것을 막기 위해 애쓰시는데 그들은 사람들을 유혹하고 있습니다. 이처럼 하나님을 대항하는 사람들의 죄는 참으로 큽니다. 그러므로 그리스도께서는 자신의 사역을 방해하기 위해 온갖 일을 행하는 주류판매업자들과 겨루어 싸우셔야 합니다.

지금 우리는 놀랍게도 죄의 본질을 다만 이기심으로만 설명하고 있습니다. 죄 때문에 예수 그리스도께서 얼마나 많은 비용을 지불하셔야 하는지-죄로 인해 교회가 얼마나 큰 대가를 치러야 하며, 이 세상이나 하늘나라에 있는 모든 성도들의 자기 희생적 수고와 자애로운 연민을 자아내는지-는 상관치 않습니다. 죄인은 방종을 사랑하며 가능한 그것을 누리려 합니다. 당신을 죄로부터 돌아오도록 하기 위해 친구들이 얼마나 많은 눈물을 흘리며 수고하고 있습니까? 이처럼 많은 노력을 하건만 아직도 죄를 버리고 하나님에게 돌아와 거룩해지지 않는 것이 부끄럽지 않습니까?

하나님이 인간을 위해 하시는 노력은 고난과 자기 부인입니다. 그것은 사랑하는 독생자의 희생으로부터 시작되어 영원히 새로운 희생과 고통스러운 노력으로 시행됩니다. 얼마나 오랫동안 이 노력들이 확대되어 왔는지, 이 일로 얼마나 많은 눈물을 흘렸는지, 이 사업을 위해 얼마나 많은 수고를 했는지 생각해 보십시오. 입 속에서 녹는 달콤한 과자 같은 그 죄로 인해서 말입니다. 그 죄 때문에 많은 대가가 지불되는 것을 보신 하나님이 그것을 미워하시며 "내가 미워하는 그 일을 하지 말라"고 말씀하시는 것은 당연합니다.

그러나 하나님은 이같이 행하시면서도 불행해 하시지 않습니다. 결과적으로 얻게 되는 기쁨이 크기 때문에 하나님은 모든 고난을 사소한 것으로 여기십니다. 이것은 이 세상 부모들이 자녀의 행복을 위해 수고하는 것과 흡사합니다. 부모들은 손이 닳도록 일합니다. 어머니들은 밤늦게까지 지치도록 일하지만 자녀를 사랑하기 때문에 그렇게 수고하고 고생하면서도 기뻐합니다.

인간의 구원을 위해 역사하시는 성부, 성자, 성령의 수고와 기쁨과 자기 부인도 이와 같습니다. 많은 사람들이 구원받기를 거부할 때 성삼위께서는 슬퍼하십니다. 이분들은 이 위대한 역사를 성취하기 위해 계속 수고하고 인내하시며, 타당한 범위 안에 있는 일은 무슨 일이든지 행하십니다. 놀랍게도 모든 피조물들 역시 이 사역과 그에 필요한 고난에 공감합니다. 그리스도께서 고난당하시던 장면을 생각해 봅시다. 그리스도께서 고난을 당하시는 광경을 하늘의 태양이 무심히 바라볼 수 있었겠습니까? 그렇지 못했습니다. 태양도 차마 그 광경을 볼 수 없어 얼굴을 감추었습니다. 모든 자연이 깊은 슬픔을 나타내는 옷을 입은 듯했습니다. 그것은 생명이 없는 자연이 감당하기에도 참혹한 광경이었습니다. 이 주제는 영혼이 얼마나 귀한 것인지를 잘 묘사해 줍니다. 만약에 하나님이 이 주제에 관해 일반적으로 죄인들이 생각하는 것과 같은 저급한 견해들을 가지고 계셨다면, 과연 이 모든 일을 하실 수 있었을지 곰곰이 생각해 보십시오.

이 일의 결과는 하나님이 이 일을 위해 지불하신 모든 비용을 정당화해 줄 것입니다. 하나님은 이 사역을 시작하시기 이전에 이미 그 비용을 계산하셨습니다. 하나님은 도덕적 세계를 만드시기 전에 이미 죄인들을 구속하기 위해 큰 대가를 치러야 하며 또 그 결과는 하나님이 치르신 비용을 상쇄하기에 충분할 것임을 알고 계셨습니다. 즉 자비의 기적이 이루어져야 할 것-그리스도께서 큰 고난을 당하셔야 한다는 것-을 알고 계셨으며, 또한 무한히 영광스러운 결과들이 그로부터 생겨날 것임을 아셨습니다. 하나님은 장차 구속받은 성도들이 찬송을 부르며 하프로 영원한 찬송을 연주하며 영원히 축복된 생활을 하는 기쁨을 보게 되실 것을 이미 오래 전에 예견하셨습니다. 이것은 무한한 사랑의 마음이 기뻐하기에 충분한 것이 아니었을까요? 당신은 어떻게 생각합니까? 이제 당신은 "내가 용서받기를 구한 것이 부끄럽다. 내가 어찌 그러한 자비를 받을 수 있겠는가. 그것은 피값이다. 내가 어찌 그것을 받을 수 있으리오? 내가 어찌 예수로 하여금 그처럼 큰 대가를 치르게 할 수 있으리오?"라고 말씀하시렵니까?

당신으로 인해 주님이 크나큰 대가를 치르셨다고 말하는 것은 옳습니다. 그러나 주님은 기쁨으로 견디셨습니다. 주님은 이미 모든 고통을 견디셨으므로 다시는 고통을 당하셔야 할 필요가 없을 것입니다. 당신이 그것을 사양하지 않고 받아들인다고 해서 더 많은 대가를 치르게 되는 것은 아닙니다. 더욱이 예수 그리스도의 행위가 지혜롭지 못한 것이었다고 생각해서는 안 됩니다. 그리스도께서 영혼의 구속을 위해 지나친 대가를 지불하신 것은 아닙니다. 그리스도께서 치르신 대가는 하나님의 통치의 유익과 귀한 영혼들의 구속을 위해 적절한 것이었습니다.

수천 년이 지난 후 주님을 대면하여 우리의 생각을 말할 수 있게 될 때에 우리는 이 계획을 세우신 놀라운 지혜와 이 계획을 이룩한 무한하신 사랑을 찬양할 것입니다. 그때 우리를 구하기 위해 예수를 세상에 보내신 그 놀라운 겸손에 대해 무엇이라고 말하겠습니까? 당신은 구세주 앞에 자신의 영혼을 쏟아놓으며 주께서 당신 때문에 치르신 대가를 인정해 본 적이 있습니까? 그리고 당신의 영혼의 밑바닥이 솟아오르는 것 같으며 온 마음을 쏟아놓을 것 같은 느낌을 받은 적이 있습니까? 만일 사람들이 그러한 당신의 모습을 보았다면 당신에게 무슨 일이 일어났기에 당신의 영혼이 그처럼 감사와 사랑 안에서 녹았는지 의아해 할 것입니다.

죄인이여, 대답해 보십시오. 당신의 장자권을 얼마에 팔겠습니까? 그리스도 안에서 누리는 행복을 얼마에 팔겠습니까? 당신의 영혼을 얼마에 팔려 합니까? 그리스도를 팔겠습니까? 유대인들은 주님을 은 삼십에 팔았습니다. 그 후로 하늘은 범죄한 세상 위에 피눈물의 비를 내리고 있습니다. 만일 마귀가 당신에게 영혼의 값을 정하라고 한다면 얼마로 하겠습니까?

언젠가 로렌조 도우Lorenzo Dow는 한적한 길을 가다가 어떤 사람을 만나 "친구여, 당신은 기도해 본 적이 있습니까?"라고 물었습니다. 그가 "아니오"라고 대답하자, "그러면 이제부터 기도하지 않는 대가로 당신은 얼마를 받겠습니까?"라고 물었습니다. 그러자 그는 "일 달러입니다"라고 대답했고, 도우는 그에게 일 달러를 주고 계속 길을 갔습니다. 그 남자는 도우에게서 받은 돈을 주머니에 넣고 길을 가면서 생각했습니다. 그런데 생각하면 할수록 기분이 좋지 않았습니다. 결국에 그는 "나는 영혼을 일 달러에 팔아먹었어. 내가 만났던 사람은 분명히 마귀였을 거야. 사람이라면 그런 식으로 나를 유혹하지 않았겠지. 영혼을 다해 회개하지 않으면 나는 영원히 저주를 받게 될 거야."라고 말했습니다. 우리는 때로 은 삼십보다 더 헐값으로 구세주를 팔려고 흥정합니다.

　마지막으로 말씀드리고자 하는 것은 하나님이 이 위대한 사역을 도울 지원자들을 원하신다는 것입니다. 하나님은 이 사역을 위해 하나님 자신과 독생자를 주셨고 또 성령을 보내 주셨습니다. 그러나 아직도 많은 일꾼들이 필요합니다. 당신은 무엇을 바치렵니까? 사도 바울은 "내가 내 몸에 예수의 흔적을 가졌노라"갈 6:17고 했습니다. 당신도 그러한 영광을 사모합니까? 그렇다면 무엇을 하겠습니까? 어떤 고난을 감당하렵니까? 드릴 것이 없다고 말하지 마십시오. 당신 자신을 드릴 수 있습니다. 당신의 눈, 귀, 손, 마음, 심령 등 모든 것을 드릴 수 있습니다. 당신이 가지고 있는 것은 모두 거룩하고 선하여 하나님의 부르심을 받아들여 그러한 사역에 바칠 수 있습니다. 얼마나 많은 청년들이 부르심에 응할 준비가 되어 있습니까? 설레는 마음으로 "내가 여기 있나이다. 나를 보내소서"라고 대답하십시오.

2
죄의 삯

"죄의 삯은 사망이요."

-롬 6:23-

죄의 본질은 무엇인가?

죄의 본질을 이해하기 위해 예를 들어 보겠습니다. 다스림을 받는 백성들과 다스리는 통치자의 최고의 행복을 보장하기 위해 설립된 국가를 생각해 보십시오. 이 국가의 통치자가 모든 것을 투자하여 모두를 위한 최고의 행복이라는 목표를 달성하려 한다고 생각해 보십시오. 그는 이 목적을 위하여 훌륭한 법률을 제정합니다. 그 법에 순종하기만 하면 백성들과 군주 모두의 최고의 행복이 보장될 것입니다. 그는 적절한 형벌도 첨가합니다. 그렇지 않으면 그의 수고와 지혜가 수포로 돌아갈 것이기 때문입니다. 그는 국가의 유익을 위해 자기의 존재와 모든 소유를 아낌없이 헌신합니다.

그러나 그의 백성들 중에는 이러한 움직임에 공감하지 않는 사람들도 있습니다. 그들은 "사랑은 가정에서부터"라고 말하면서 무엇보다 자신을 돌보려 합니다. 요컨대 그들은 철저히 이기적인 백성입니다.

세상의 국가에서 이것이 어떤 결과를 나타내는지는 쉽게 알 수 있습니다. 이렇게 행하는 사람은 그 국가와 모든 백성들의 공통의 적이 됩니다. 이것은 죄입니다. 이것은 죄인의 형편을 정확하게 나타내 줍니다. 죄는 이기심입니다. 죄는 이기적인 목표를 설정하고 이기적인 수단으로 그것을 성취하려 합니다. 따라서 그것은 목적과 수단 모두가 하나님에게 반대되며, 또 하나님이 보장하시려는 보편적인 행복이라는 목표에 반대됩니다. 모든 죄인들은 각기 자기의 뜻이 법이라고 주장합니다. 그가 확보하려는 유익은 하나님이 계획하신 것과 반대가 됩니다.

모든 법은 구속력을 가지고 있습니다. 구속력이 없다면 법이라기보다 충고에 불과합니다. 그러므로 구속력을 가진다는 것이 법의 특수하고 고유한 본질입니다.

이 구속력은 보상적補償的일 수도 있고 징벌적일 수도 있습니다. 법에 순종하면 보상을 약속하고 불순종하면 벌을 주겠다고 위협합니다. 사람들이 위반한 법의 영예를 옹호한다는 의미에서 그것은 징벌적입니다.

또한 구속력에는 자연적인 형벌과 국가에 의한 형벌이 있습니다.

하나님의 통치가 아닌 다른 통치에서도 이 두 가지 형태의 구속력이 모두 존재합니다. 자연적인 형벌은 처벌하려는 정부의 직접적인 개입이 없이 자연적으로 생겨나는 악한 결과들입니다. 어떤 나라에서든 친구에게 무례한 사람들에게는 자연적인 형벌이 가해집니다. 그들은 선한 백성들의 자연적인 원수들입니다. 신적 통치에 있어서는 양심의 가책과 후회가 이런 부류의 형벌에 속합니다. 한편으로는 순종에, 또 한편으로는 불순종에 이르는 다른 많은 것들도 이에 속합니다.

또한 국가에 의한 구속력도 있어야 합니다. 모든 통치자들은 자기의 법을 범하는 데 대해 불쾌감을 나타내야 합니다. 어느 사회에서 순종의 문제를 온전히 자연적(본성적) 결과에만 맡기는 것은 부당한 일입니다. 국가는 법을 유지하고 순종을 확보하기 위해 설립되었으므로 마땅히 이 일에 모든 힘을 기울여야 합니다.

어떤 상황에서 발생하는 부수적인 국가의 행위로서 징계라는 것이 있습니다. 징계는 형벌에 선행하는 것으로서, 그 목적은 사람들로 하여금 국가가 법률을 뒷받침하고 있으며 죄인에게는 두려운 형벌이 있음을 깨닫게 하는 데 있습니다. 징계는 집행 유예 기간에 아직 형벌의 두려움을 경험하거나 느끼지 못하는 동안에 그들이 생각하고 사려 깊게 행동하도록 권면하기 위한 의도로 그들에게 부과됩니다. 따라서 징계의 목적은 징계의 대상이 되는 백성과 징계의 집행을 목격하는 백성들의 행복입니다. 그것은 하나의 본보기로 형벌을 부과함으로써 법의 권위를 유지하기 위한 것이 아닙니다. 그것은 형벌의 영역에 속하는 것입니다. 징계는 약속된 징벌로서 죄를 벌하는 형벌이 아니라 백성들로 하여금 법의 가르침을 범하지 않게 하는 데 목적을 두는 것입니다.

징계의 행위는 거의 순수한 법의 통치 하에서는 존재할 수 없습니다. 왜냐하면 그러한 통치는 형벌의 부과를 유예할 수 없기 때문입니다. 징계는 형벌의 보류를 전제로 합니다. 이런 까닭에 형벌의 부과와 징계는 구별되어야 합니다.

우리는 죄인입니다. 그러므로 하나님의 통치 중 보상적 특성에 대해 길게 이야기할 필요는 없습니다. 우리는 죄인들이므로 법률 하에서 보상을 요구할 권리를 소유하지 못합니다. 그러나 징벌적인 특성과는 온갖 관계를 유지하고 있습니다. 그러므로 다음과 같은 질문으로 넘어가려 합니다.

율법의 형벌은 어떤 특성을 가지고 있는가?

하나님은 우리에게 이성을 주셨습니다. 이성은 당연히 도덕적 통치의 모든 위대한 진리들을 본능적으로 우리에게 확인해 줍니다. 반드시 도덕률의 특성이라고 생각되는 것들이 있습니다. 예를 들면 본질적인intrinsic 정의를 들 수 있습니다. 형벌은 공의로운 것을 전혀 위협하지 않습니다. 정의는 하나님의 법의 속성입니다. 만일 그렇지 않다면 온 우주는 불가피하게 그것을 정죄해야 합니다.

본질적 정의란 범법 행위에 맞춰 동등한 분량의 형벌을 가해야 함을 의미합니다. 범죄는 명령을 위반한 것입니다. 따라서 죄의 분량은 명령을 얼마나 범했는가에 비례하며, 형벌은 그 위반 정도에 따라 부과되어야 합니다.

율법의 형벌이 지니는 또 하나의 속성은 공정한 통치입니다. 이러한 법의 특성은 범죄에 대비하여 안전을 추구합니다. 필연적으로 범하게 되는 죄에 맞서 최고의 안전을 확보하기 위해 누진적으로 형벌을 부과하지 않는다면 법으로 공정하게 다스리지 못합니다. 국가의 법이 구속력이 없어 그 목적을 보장하지 못한다고 가정해 보십시오. 그렇다면 국가 자체는 물론 국가가 책임지고 있는 국민들의 유익에 대해서도 공정하지 못합니다. 이런 까닭에 좋은 국가는 다스리는 데 있어서 공정해야 합니다. 범죄자에게 엄격하고 공정한 형벌을 부과하여 모두가 그 국가의 법에 순종해야 합니다.

또 형벌은 법률과 그 법의 창시자가 의도한 목표에 합당해야 합니다. 통치는 하나의 목표를 이루기 위한 수단입니다. 이 목표는 보편적인 순종과 그에 따른 행복입니다. 이 목표를 달성하기 위해 법이 반드시 필요하다면, 법에 따른 형벌도 그만큼 필요한 것입니다.

이런 까닭에 형벌은 법의 중요성에 따라 가감되어야 합니다. 만일 그 법이 근본적으로 중요한 것이므로 그것에 대한 불순종이 국가의 존재 자체를 잠식하게 된다면, 가장 엄한 형벌을 가하여 그 법을 지켜야 합니다. 그것을 범할 때 최고의 형벌을 부과해야 합니다. 형벌은 그 법에 의해 보장하려는 목표에 대한 입안자의 가치관을 적절하게 표현해야 합니다. 또 그 법의 신성함에 대한 견해도 표현하고 불순종이라는 본질적인 죄에 대한 견해도 표현해야 합니다. 형벌은 법을 입안한 자의 심중을 표현해야 합니다. 정의를 유지하고 법의 순종으로 말미암아 질서와 복지를 보장하려는 열망을 나타내야 합니다. 법의 창시자는 형벌의 엄중함을 통해 백성들에게 자기의 마음을 나타내며 그의 인격의 영향력을 쏟아내야 합니다.

형벌을 시행하는 목표도 동일합니다. 그것은 어떤 사람들이 생각하듯이 법을 위반한 데 대한 복수가 아니라 백성들에게 국가의 영향력을 행사하여 순종하게 하는 데 있습니다. 그것은 법 자체와 동일한 일반적 목표를 소유합니다.

형벌은 백성들의 행복에 대한 입안자의 관심을 표현해야 합니다. 법률의 입안자는 그 법 속에 무엇인가를 표현합니다. 그러나 형벌 속에는 더 많은 것을 표현해야 합니다. 우리는 법률에서 입안자가 배려하고 있는 목표를 볼 수 있으며, 형벌에서는 그 법률이 얼마나 중요한지를 나타내 주는 정도를 볼 수 있습니다. 예를 들어 봅시다. 세상의 법이 살인죄를 가벼운 형벌로 다스린다고 가정해 보십시오. 입법자가 관대하게 행한다는 구실 하에 살인죄에 대해 50센트의 벌금형을 내린다고 가정해 보십시오. 이것이 백성들을 사랑하며 그들의 생명과 권익을 중히 여긴다는 사실을 나타내는 조처겠습니까?

그렇지 않습니다. 입법자가 자신이 인간의 생명을 얼마나 귀중하게 여기는지 나타내지 못하고, 또 보장해야 할 목표에 합당한 형벌을 부과하지 않는다면 그는 자신의 의무를 다한 것이 아닙니다.

  사형제도에 대해 한 마디 하겠습니다. 종신형과 사형 중에 어느 것이 더 효과적인가에 대해서는 서로 다른 의견이 있습니다. 이 문제에 대한 평가는 하지 않겠습니다. 살인자는 죽어야 마땅하다고 생각하지 않는 사람은 없을 것입니다. 만일 살인죄에 대해 사형이 아닌 다른 형벌을 적용한다고 해도 그것은 살인자가 사형을 받지 않아도 되기 때문은 아닙니다. 이것을 의심하는 사람은 한 사람도 없습니다. 다른 사람의 권익을 희생시킨 사람은 자기 자신의 권익도 희생당해야 합니다. 즉 "눈에는 눈, 이에는 이"라는 것은 불변하는 공의의 원리입니다.

  살인을 최고형으로 다스리지 않는 국가는 인간의 생명 보호에 충분한 관심을 기울이는 국가라고 할 수 없습니다. 생명과 모든 중요한 권익이 위험에 처해 있을 때에는 가능한 무겁고 엄한 형벌을 가해야 합니다.

  도덕적 행위자에게는 희망과 공포라는 두 가지 의식이 있습니다. 우리는 선에 대한 기대와 악에 대한 위협을 이 감각에 적용할 수 있을 것입니다. 지금은 형벌에 대해 말하고 있으며, 형벌은 오직 공포라는 감각에 호소하는 것입니다.

  지금까지 입법자의 정당한 권위를 옹호하고 변호하기 위해 형벌이 필요하며, 가능하다면 형벌은 죄를 징계하고 형벌의 본질에 대한 정당한 인식에 바탕을 두어야 한다고 했습니다. 하나님의 도덕적 통치는 모든 지적인 우주를 포괄하며 영원토록 방대한 효과를 미칩니다. 이런 까닭에 그분의 권익의 범위와 폭은 무한합니다. 그러므로 이 통치의 권위를 옹호하고 이 무한한 권익을 유지하기 위해 제정되어진 법을 위반하는 데 따르는 형벌도 두려운 것이어야 합니다. 만일 이 법이 경고하고 제시하는 형벌보다 더 무서운 것이 있다고 생각된다면, 사람들은 "이것으로는 충분치 못하다"고 말할 것입니다. 그 형벌이 가장 큰 것이라고 생각되지 않는다면, 그들은 죄의 분량과 법의 효력에 대해 만족할 만큼 정당한 견해를 갖지 못합니다. 죄는 부도덕하고 해롭고 파괴적이며 멸망시키는 범위가 넓기 때문에 더 많은 것을 행할 수 있는 한 도덕적 행위자들은 만족을 느끼지 못합니다.

하나님의 율법에 따른 형벌은 어떤 것인가?

본문에서는 "사망"이라고 대답해 줍니다. 이것은 육체적 죽음을 말하는 것이 아닙니다. 왜냐하면 성도들도 죽고 동물들도 죽으므로 이들이 죄의 삯을 받는다고 볼 수 없기 때문입니다. 게다가 만일 사람들이 형벌을 받은 후에 즉시 하늘나라로 간다면 그것은 형벌이라고 할 수 없을 것입니다. 그런 것이 죄의 삯이라면 그것은 단지 하나님의 통치를 모욕하는 것에 불과할 것입니다. 더욱이 그것은 영적 죽음일 수도 없습니다. 왜냐하면 그것은 법에 대한 완전한 불순종의 상태이기 때문입니다. 불순종한 사람에게 영원한 불순종이라는 형벌을 가하는 것보다 더 어리석은 일은 없을 것입니다. 그것은 그러한 범죄자로 하여금 영원히 법을 범하게 함으로써 법을 지탱하려는 노력과 같은 것입니다.

그러나 본문의 "사망"은 세상 국가에서의 사형에 해당하는 것으로서 끝없는 불행을 말합니다. 사람들은 누구나 이것이 무엇인지를 알고 있습니다. 그것은 죄수를 사회로부터 영원히 분리시키며 국가의 모든 특권들을 그에게서 박탈하여 소망 없는 멸망으로 넘겨주는 것입니다. 이보다 더 두려운 형벌은 있을 수 없습니다. 이것은 인간이 부과할 수 있는 가장 무서운 최고의 형벌입니다. 본문에서 말씀하신 "사망"은 세상 국가의 사형에 해당하는 것입니다.

로마서 6:23에 기록된 바 "하나님의 은사는 그리스도 예수 우리 주 안에 있는 영생"이 죄의 삯인 사망과 직접적으로 반대는 아닙니다. 이 사실은 "사망"의 본질에 관한 문제의 설명에 도움이 될 것입니다. 우리는 "영생"의 반대 개념을 찾아야 합니다.

영생은 단순히 영원한 생명을 의미하는 것이 아닙니다. 성경 어느 곳에서도 영생이 단순히 영원한 생명이라는 의미로 사용되지 않았습니다 그것은 영원한 성결을 기초로 하는 영원한 행복의 상태를 의미합니다. 성경에서는 흔히 "생활"을 진정한 생명-살 가치가 있는 생명-즉 참되고 풍성한 즐거움의 의미로 사용하고 있으므로 그것을 특별히 증명할 필요가 없습니다. 그러므로 사망이라는 형벌은 영생과 반대되는 개념, 즉 영원한 불행입니다.

여기에서 사망이 영원한 형벌이라는 교리를 반대하는 의견들을 언급해 보겠습니다. 대부분의 반론들은 결국 모두 "그 교리는 공정하지 못하다"는 것이었습니다. 물론 표현들은 다르지만 내포하고 있는 개념은 언제나 동일합니다.

사람들은 "인생은 짧다. 그러므로 그 교리는 부당하다"고 주장합니다.

사람들은 이상한 말을 합니다. 인생이 짧기 때문에 영원한 사망을 받을 만큼 범죄할 시간이 없습니까? 단 한 번의 범죄로도 그에 합당한 형벌을 받게 된다는 것을 잊고 있는 것입니까? 몇 번이나 범죄해야 하나님의 법을 한 번 범한 것이 된다는 말입니까? 사람들은 그렇게 되려면 수많은 죄를 저질러야 한다고 말하곤 합니다. 그것은 많은 살인을 해야 법정에서 살인죄라는 선고를 받게 된다고 말하는 것과 같습니다. 이것이 웬말입니까? 법정에서 "법을 범한 것은 사실이지만 아직 오래 살지 못했으며 형벌을 받을 만큼 여러 번 법을 범하지 않았다"고 탄원할 수 있습니까? 세상 어느 법정에서도 그러한 탄원은 받아들여지지 않을 것입니다.

"작고 무의미한 존재인 인간은 무한히 큰 죄를 범할 수 없다"는 주장도 있습니다.

이 반론의 의미는 무엇이겠습니까? 죄는 창조의 행위이므로 결과의 크고 작음에 따라 측정되어야 한다는 의미입니까? 이것은 죄의 본질을 모르는 데서 비롯된 무모한 생각입니다. 이 주장은 인간이 무한히 강력한 법은 위반하지 못한다는 의미입니까? 그렇다면 이 말이 거짓이라는 것은 누구나 알 수 있습니다. 그것은 죄의 분량이 그가 범한 법에 의해 측정되어서는 안 된다는 것을 암시하는 것입니까? 그렇다면 그는 알지도 못하는 말을 지껄이거나 또는 이미 알려져 있는 진리를 악의로 부인하는 것입니다. 인간은 너무나 작은 존재이므로 많은 죄를 범할 수 없다니요. 예를 들어 당신의 자녀가 당신에게 순종치 않는다고 가정해 보십시오. 그는 당신보다 훨씬 작고 어립니다. 하지만 그렇다고 해서 아이를 나무라지 않고 그냥 용서해 줍니까? 아이가 작고 어리다는 것이 죄를 무효화하는 이유가 됩니까? 그렇다면 하급자들이 상급자에게 범하는 죄는 죄가 아닙니까? 젊고 어린 사람들에게는 어른이나 높은 사람들에게 순종할 의무가 있다고 상상하는 것이 잘못된 일입니까? 당신이 장관을 죽인다고 가정해 보십시오. 또는 왕을 모욕하거나 살해할 음모를 꾀한다고 가정해 보십시오. 과연 당신은 낮은 지위에 있고 상대방은 높은 지위에 있기 때문에 그것을 사소한 죄로 여길 수 있습니까? 당신은 "하찮고 천한 내가 어찌 그렇게 큰 벌을 받을 수 있느냐?"라고 말하겠습니까? 당신은 하나님에게 범죄한 경우가 아닌 다른 일에서도 이런 식으로 판단합니까? 그렇지 않습니다.

어떤 사람들은 "죄는 무한한 악이 아니다"라고 말합니다.

이것은 너무 애매한 주장입니다. 우리가 막연하게 계속적으로 범하는 죄는 무한한 해를 끼치지 못한다는 의미입니까? 이것은 거짓입니다. 왜냐하면 한 영혼이 죄로 인해 멸망할 때에 그로부터 파생되는 해악은 무한할 것이기 때문입니다. 그렇다면 당장에 나타나는 결과와 관계들로 판단할 때에 죄는 무한한 악이 아니라는 의미입니까? 그렇다고 해도 그것은 우리의 목적을 입증해 주지 못합니다. 왜냐하면 사실 낱낱의 죄로부터 비롯된 모든 악의 총체가 영원이 아닌 짧은 기간 내에 나타나지는 않을 것이기 때문입니다. 그렇다면 어떻게 오늘 우리가 보는 것에 따라 죄의 폐해를 측정할 수 있겠습니까?

법의 형벌이 무한해야 한다는 것을 나타내 주는 또 다른 요건들이 있습니다. 죄는 무한히 본성적인 악입니다. 그러므로 만일 다스림에 의해 억제되지 않을 때 죄가 도입하게 될 본성적 악은 한이 없을 것입니다.

죄가 단지 한 사람의 영혼만을 멸망시킨다고 해도 그리하여 유발될 악은 한이 없을 것입니다.

죄는 무한한 죄의식을 포함합니다. 왜냐하면 그것은 무한한 법을 위반하는 것이기 때문입니다. 여기에서 법의 근거를 혼동하는 데서 야기되는 흔한 잘못을 눈여겨보아야 합니다. 법의 근거를 혼동하는 데서 죄의식에 대한 잘못된 생각이 생깁니다. 법의 근거를 잘못 이해하게 되면 필연적으로 죄와 죄의식의 본질과 범위도 잘못 이해하게 됩니다. 앞에서 언급했던 예를 다시 생각해 봅시다. 한 국가가 있어 백성들과 그에 관련된 모든 사람들의 최고의 행복을 보장하기 위해 지혜롭게 조직되어 있습니다. 그러면 백성들이 순종해야 할 법들은 어디서 생깁니까? 그것은 분명 그 국가가 추구하여 보장하고자 하는 본질적인 목표로부터 비롯됩니다. 그러나 순종해야 할 의무는 얼마나 됩니까? 다시 말해서 그 의무의 진정한 한계는 어디입니까? 그것은 국가가 추구하는 목표의 가치와 동일합니다. 이 목표는 순종하면 보장되고 순종치 않으면 파괴되고 맙니다. 이러한 하나님의 척도에 따라 형벌도 그 등급이 매겨져야 합니다. 입법자는 사랑과 공의의 요구를 충족시키기 위해 법에 얼마의 보상적 구속력과 징벌적 구속력을 부여해야 할지 이 척도에 따라 결정해야 합니다.

그런데 하나님의 법은 가장 보편적인 선의 확보를 목표로 합니다. 엄격히 말해서 하나님의 법이 추구하는 궁극적이고 주된 목표는 하나님에게 대한 최고의 경의를 확보하는 것이 아니라 모든 지적이고 도덕적인 존재들-하나님과 그의 모든 피조물들-의 최고선을 확보하는 것입니다. 이렇게 생각해 볼 때에 당신은 추구해야 할 목표의 본질적 가치가 그 명령(훈계)에 순종해야 할 의무의 참된 근거임을 알게 될 것입니다.

이것은 한계가 없다는 의미에서 무한합니다. 이런 의미에서 우리는 의무에 한계가 없다고 긍정합니다. 우리가 어떤 의무를 긍정하는 이유는 그 법이 선하며 우주의 최고선을 위해 필요한 방편이기 때문입니다. 이런 까닭에 우리가 어떤 형벌을 긍정하는 원인은 우리로 하여금 공의와 무한한 형벌의 필요성을 긍정하게 합니다. 본질적 정의는 다른 형벌을 요구하는 것과 동일한 이유에서 무한한 형벌을 요구해야 한다는 것을 알 수 있습니다. 어떤 형벌이 공정하다면, 그것은 법이 어떤 선을 보장하기 때문입니다. 만일 법이 목표로 하는 선의 범위가 무한하다면 그에 따른 형벌도 무한해야 합니다. 이와 같이 공의로운 통치는 끝없는 처벌을 요구합니다. 만일 그렇지 못하면 공익을 보장하지 못하게 됩니다.

법은 무한한 선을 계획할 뿐만 아니라 그것을 보호하는 경향이 있습니다. 이 목표를 이루는 데에는 이러한 경향이 절대적입니다. 법의 형벌은 무한해야 합니다. 구속력을 갖추지 못한 법은 그것이 목표로 하고 보호하려는 권익에 대해 공정하지 못하게 됩니다.

무한한 형벌이야말로 하나님이 마음에 두고 계시는 위대한 목표의 가치에 대한 올바른 견해를 표현합니다. 사람들은 죄에 대한 형벌로 영원한 사망이 너무 지나치다고 말합니다. 그러면 도덕적 우주 전역에서 죄를 억제하기 위한 하나님의 노력에 대해서는 어떻게 생각합니까? 하나님이 사랑하시는 독생자의 죽음은 어떻게 생각합니까? 하나님이 죄에 대한 자신의 증오를 무한히 큰 형벌이 아닌 약한 형벌로 적절하게 표현하실 수 있다고 생각하는 것입니까?

영원한 사망이 아닌 약한 형벌로는 율법의 권위에 대한 하나님의 배려를 적절히 표현할 수 없을 것입니다. 하나님이 방대한 하나님 나라 전체의 복지의 기초가 되는 율법의 신성함에 대한 자신의 배려를 적절하게 표현하시지 못했다는 것은 얼마나 놀라운 생각이며, 그런 경우에 그 결과는 얼마나 두려운 것일까요?

당신은 하나님이 율법을 위반하여 범죄한 것을 보편구원론자들이 생각하는 것처럼 여기실 것이라고 주장하려 합니다. 만일 하나님이 당신의 요구에 굴복하신다면 모든 지적인 피조물의 멸망을 초래하게 될 것입니다. 만일 하나님이 그의 율법에 무한한 형벌이 아닌 약한 형벌을 첨가하신다면 과연 거룩한 존재가 그의 나라의 통치를 신뢰할 수 있을까요?

하나님은 공익을 중히 여기시므로 율법에 경미하거나 유한한 형벌을 부가하실 수 없습니다. 하나님은 백성들을 사랑하십니다. 어떤 사람들은 통치자가 백성들에 대한 관심을 표현하는 방법에 관해 기이한 생각들을 가지고 있습니다. 그들은 통치자가 범죄자들을 지나치게 관대하게 취급하도록 만들어 통치자의 모든 관심과 연민을 없애 버립니다. 그들은 통치자가 살인죄에 육 펜스의 벌금형을 부과하는 것은 허락하지만, 그 이상의 형벌은 허락하지 않을 것입니다. 불쌍한 살인자의 아내와 자녀들은 귀중한 존재들이므로 그에게 많은 벌금을 부과해서 그의 생명이나 자유를 구속하는 일은 전혀 생각조차 하지 않을 것입니다. 이것이야말로 어처구니없는 조처입니다. 인간의 본성은 너무 나약하고 유혹에 쉽게 넘어가므로 살인죄에 형벌을 부과하는 문제에 대해서는 인색하게 다루어야 한다는 것을 알지 못합니까? 아마 그들은 말하기를 살인자를 처벌하되 꼭 하루 동안만 잠을 재우지 말라고 하며, 하나님이 살인죄로 인하여 범죄자의 양심을 어느 정도 어지럽게 하실지도 모른다고 말합니다. 보편구원론자들은 지고하신 하나님이 인간에게 양심을 주셨는바, 그 양심은 만일 그가 살인을 한다면 그를 약간 괴롭게 한다고 말합니다. 그러나 이처럼 양심을 괴롭히는 형벌 하에서는 사람이 범죄하면 할수록 괴로움이 덜해지게 됩니다. 이런 식으로 점차 괴로움이 감소되다 보면 마침내 살인자가 하룻밤 잠을 자지 못하게 하는 정도의 형벌조차도 받지 않는 상태에 이를 것입니다. 의로운 이성과 하나님의 계시의 말씀의 증거를 제거할 때 사람들은 그러한 견해에 이르게 됩니다.

법의 작용을 이해할 수 있는 안목은 물론 권리를 시인할 수 있는 도덕적 의식을 소유하고 있는 사람들은, 하나님의 율법을 범한 죄에 대해 사형을 부과해야 하는 논리적 필연성을 부인할 수 없을 것입니다. 이런 주장들 속에는 우리가 빠져나갈 수 없는 논리적 조임

쇠가 있습니다.

죄에 대한 하나님의 불쾌감, 그리고 죄를 거부하시고 처벌하시려는 단호한 결심을 적절하게 표현하려면 무한하고 끝없는 형벌이 필요합니다. 죄의 영향을 받는 백성들이 있는 한, 죄에 대한 하나님의 감정과 통치의 방향을 나타내야 할 필요가 있는 이상 형벌은 계속되어야 합니다.

하나님은 가장 큰 벌을 주실 수 있습니다. 하나님은 무한하고 끝없는 벌을 주실 수 있습니다. 하나님이 주실 수 있는 가장 큰 벌은 하나님으로부터의 추방과 끝없는 사망이어야 합니다. 복음서 어디에서나 동일한 태도를 취하고 있습니다. 복음서에 따르면 율법의 행위로는 어떤 육체도 하나님 앞에서 의롭다 함을 얻지 못한다고 했습니다. 실제로 복음서는 이 사실을 확인할 뿐만 아니라 이 토대 위에 구속과 은총의 체계를 건설하고 있습니다. 복음서에서는 빚을 갚는다거나 의무를 취소하는 일은 없으며, 따라서 죄인의 유일한 위안은 구속의 보혈을 통한 용서뿐임을 주장합니다.

영원한 사망으로 벌하지 않는다면 무엇으로 벌해야 할까요? 일시적인 고난이어야 합니까? 그렇다면 그 고난은 얼마나 지속되어야 합니까? 언제 그 고난이 끝나야 합니까? 일찍이 죄인이 그 고난을 통과하여 처벌 기간이 끝난 후 하늘나라로 간 일이 있습니까? 우리는 그러한 일이 있었다는 증거를 갖지 못하고 있으며, 예수 그리스도께서도 그런 일이 있을 수 없다고 증언하셨습니다. 주님은 하늘나라에서 지옥으로 옮기거나 지옥에서 하늘나라로 옮기는 일이 있을 수 없다고 말씀하십니다. 천국과 지옥 사이에는 깊은 구덩이가 있어서 아무도 그곳을 건널 수 없습니다. 우리는 이 세상에서 하늘나라로, 또는 이 세상에서 지옥으로 갈 수 있습니다. 그러나 장차 우리가 가게 될 이 두 나라는 서로 극과 극이므로 사람은 물론 천사라 할지라도 이 두 나라를 갈라놓은 곳을 건널 수 없습니다.

"형벌은 무엇입니까?"라는 질문에 대해 "그것은 죄의 결과로서, 괴로움을 받는 양심 속에서 발달되는 것이다"라고 대답합니다. 그렇다면 사람이 죄를 많이 지을수록 형벌은 더욱 적게 받게 되어 마침내 형벌은 극소화되며, 결국 죄인은 전혀 그것을 개의치 않게 된다는 결론에 이르게 될 것입니다. 이런 주장을 누가 믿을 수 있겠습니까? 이런 체계 하에서 어떤 사람이 형벌을 두려워한다면 그는 더욱 정력적이고 고의적으로 맹렬하게 죄를 지어야 할 것입니다. 그리하면 그는 위안을 얻게 되어 곧 모든 양심의 가책을 극복하고 어떤 종류의 형벌에서도 벗어날 수 있게 될 것입니다. 당신은 이것이 죄에 대한 하나님의 유일한 처벌이라고 믿습니까? 아마 믿을 수 없을 것입니다.

보편구원론자들은 징계와 형벌을 혼동합니다. 그들은 이것들의 기본적 차이점을 간과하고 인간이 이 세상에서 겪는 모든 것을 형벌로 여깁니다. 그러나 실제로 그것은 거의 형벌이라고 볼 수 없으며 주로 징계적인 것들입니다. 그들은 이렇게 묻습니다: "죄인을 영원한 지옥에 보내는 것이 죄인에게 무슨 유익을 줄 수 있는가? 하나님은 자비하신 분이 아닌가? 그렇다면 어찌 죄인에게 모든 유익을 주는 것이 아닌 다른 목적을 지닐 수 있는가?" 이에 대해 나는 이렇게 대답하겠습니다. 형벌은 벌을 받는 죄인에게 유익을 주기 위한 것이 아닙니다. 그것은 보다 위대한 선을 돌보려는 것입니다. 죄인이 세상에 있을 때에 가해지는 징계는 그의 개인적 선을 추구하지만, 형벌은 다른 결과를 기대하는 것입니다. "하나님은 형벌을 통해 보편적인 대중에게 유익을 주고자 하시는 것이 아닙니까?"라고 묻는다면, 이에 대해 저는 "그렇다. 그것이 하나님이 행하려 하시는 목표이다"라고 대답하겠습니다.

세상 국가의 형벌은 부분적으로 교정을 목표로 하기도 합니다. 그런 의미에서 그것은 징계입니다. 그러나 사형은 교정을 목표로 하는 것이 아니고, 물론 징계를 위한 것도 아니며, 다만 형벌일 뿐입니다. 범죄한 인간은 위대한 공적 제단 위에 놓여 공익을 위한 제물이 됩니다. 이렇게 하는 목적은 대중의 마음에 범죄라는 악과 그 두려운 결과에 대해 무시무시한 인상을 심어 주는 데 있습니다. 징계는 율법을 보조하기 위한 것이라기보다는 범죄자의 회복을 위한 것입니다. 그러나 심판날은 버림받은 죄인들의 교정과는 아무 상관이 없습니다. 심판과 그에 따른 모든 결과는 형벌입니다. 이 분명한 사실이 간과되고 있는 것은 참으로 기이한 일입니다.

그런데 아직도 무시되고 있는 또 한 가지가 있습니다. 즉 율법은 징계라는 안전한 처방의 기초가 되는 것이므로 입법자의 권위를 보존하고 그의 통치의 위엄과 영광을 지탱하기 위해 풍부하고 두려운 벌칙들에 의해 유지되는 도덕률이 있어야 한다는 것입니다. 법과 형벌이라는 체계의 도움이 없이 징계라는 체제를 신뢰하는 것은 안전하지 못할 수도 있으며, 실제로 징계가 멸망한 사람들을 강력하게 지배하기를 기대할 수도 없을 것입니다. 개심치 않은 죄인에게 임하는 이 처벌은 영원히 정의가 실현되고 율법이 준수되며 하나님이 영광을 받으신다는 것을 나타내고 죄의 폐해와 죄에 대한 하나님의 영원한 적대감을 영속적으로 기억하게 하기 위해 영원히 지속되어야 합니다.

결론

우리는 장래의 형벌을 헐뜯는 말들을 많이 듣고 있습니다. 우리는 그러한 것들에 그다지 놀랄 필요가 없으며, 다만 복음이 이러한 진리를 주장하며 그 치료책을 제안한다는 사실에 놀라야 합니다. 사람들은 사람이 법률과의 관계만을 생각할 때 강조되는 두려운 결론들로 인해 움츠러들 것이라고 가정합니다. 그러나 구원하기 위해 복음이 개입될 때에 인간들이 복음의 실재를 받아들이는 것을 이상하게 여기며 율법과 형벌들을 거부합니다. 그들은 은총에 대해 말합니다. 그러나 그들이 말하는 은총이란 무엇입니까? 사람이 죄를 부인한다면 복음 안에서의 은총이 존재할 이유도 없으며 그럴 여지도 없습니다. 명목상으로는 죄라는 사실을 인정하면서도 실제로 죄에 대한 책임을 부인할 때에 은총이란 하나의 이름에 불과한 것입니다. 하나님의 법에 따른 처벌들을 부인하며 그것들의 실재를 논박하려고 애쓰는 사람들이 복음에 대해 무슨 권리를 주장할 수 있습니까? 그들은 복음을 웃음거리로 만들거나 합법적인 제도 하에서 불합리할 정도로 가혹한 법률을 보상하는 체계로 만들 뿐입니다. 이처럼 율법을 중상하는 사람들은 하나님의 복음을 찬양함으로써 하나님을 영화롭게 하는 척합니다.

악인들의 최후 운명에 관한 성경의 진술들은 극도로 공격적입니다. 성경은 영적 진리들을 자연을 통해 계시합니다. 예를 들면 새 예루살렘의 문과 담은 하늘나라의 영화와 영광을 표현합니다. 영적인 망원경이 우리에게 주어져서 그것으로 "하나님이 지으시고 조성하신" 영화로운 성읍을 바라보며, 예배하는 천군들이 끊임없이 하나님을 찬양하는 그 내면의 성소를 관찰할 수 있을 것입니다. 우리는 그들이 입은 흰 예복, 손에 들고 있는 승리의 야자수, 기쁨에 찬 얼굴이 영혼 속에 있는 형언할 수 없는 축복을 나타내는 것을 봅니다. 이것이 상징으로 묘사된 하늘나라입니다. 이것이 과장이라고 생각하는 사람이 있습니까? 이러한 표현들은 상황을 과대평가하거나 또는 부당한 기대감을 일으키기 위해 고안된 것이거나, 수사학적으로 과장된 것이라고 규탄하는 사람이 있습니까? 아무도 하늘나라에 대한 성경의 표현을 이런 식으로 비난하지는 않습니다. 이처럼 상징적 표현을 채택한 목적은 무엇입니까? 물론 그 목적은 실재에 대한 가장 훌륭한 개념을 제공하려는 것입니다.

우리는 또 다른 측면을 볼 수 있습니다. 베일이 걷히면 우리는 지옥의 가장자리에 서 있는 것을 알 수 있습니다. 한편에서는 모든 것이 영광스러운 반면 다른 편에서는 모든 것이 두렵고 공포로 가득 차 있습니다. 그곳에는 밑바닥이 없는 지옥이 있습니다. 죽지 않는 불멸의 영혼은 그곳에 던져집니다. 영혼은 끝을 알 수 없는 지옥으로 깊이 떨어져 내려가며 울며 슬퍼합니다. 당신은 무서운 고통의 구덩이 양쪽 벽으로 울려 퍼지는 그들의 신음을 들을 수 있습니다.

성경에는 또 다른 표현이 있습니다. "유황과 불의 연못"입니다. 당신은 버림받은 죄인들이 타오르는 불길 속에 떨어지는 것을 볼 수 있습니다. 그곳에 떨어진 죄인의 혀는 타 들어갑니다. 그 벌레 같은 인간은 결코 죽지 않으며 극심한 고통은 해소되지 않습니다. "불길 속에서 고통받는 그들의 혀를 시원하게 해 줄 물 한 방울"도 허락되지 않습니다.

하나님이 불쌍한 영혼들을 놀래게 하시려고 이런 것들을 말씀하셨겠습니까? 하나님이 우리의 공포심을 이용하여 즐거움을 누리려 하셨습니까? 그렇지 않습니다. 하나님이 지옥을 만드시고 하나님의 법을 공경하지 않으며 하나님의 은총으로 구원을 포옹하지 않는 죄인들을 그곳에 던져 넣으셔야 한다는 사실은 하나님의 마음을 슬프게 합니다. 사망의 파도가 거룩하시고 긍휼하신 하나님의 눈 밑에서 넘실대고 있습니다. 하나님은 결코 죄인들의 사망에서 기쁨을 느끼시지 않습니다. 그러나 하나님은 보좌를 지키셔야 하며, 가능하다면 충성스러운 백성들을 구원하셔야 합니다.

또 다른 장면을 봅시다. 이번에는 임종의 장면입니다. 죄인이 죽는 모습을 본 적이 있습니까? 그 장면을 묘사할 수 있습니까? 그 사람이 당신의 사랑하는 친구나 친척이었습니까? 그의 임종은 얼마나 계속되었습니까? 사망의 고통이 결코 끝나지 않을 것처럼 보였습니까? 나의 막내아들이 죽을 때, 그의 죽음의 투쟁은 무척 오래 계속되었습니다. 무척 끈질기고 고통스러웠습니다. 24시간이나 지속되었습니다. 나는 차마 그 모습을 볼 수 없었습니다. 그런데 그 고통이 지금까지도 계속되고 있다고 가정해 보십시오. 그렇다면 나는 그러한 광경을 지켜보는 데서 오는 고통으로 이미 오래 전에 죽고 말았을 것입니다. 우리 모두가 마찬가지일 것입니다. 과연 누가 그처럼 무서운 죽음이 끝날 때까지 살아남을 수 있겠습니까? "나의 하나님, 자비를 베푸사 그 고통을 제하여 주소서."라고 외치지 않을 사람이 어디 있겠습니까? 내 아내가 임종할 때 그녀의 죽음의 투쟁은 오래 지속되었으며 그것을 보는 내 가슴이 찢어질 것 같았습니다. 만일 당신이 그때 그 자리에 있었더라면 "하나님, 이 고통을 단축시켜 주십시오. 부디 이 무서운 고통이 끝나게 하시고 평안을 주소서."라고 소리쳤을 것입니다.

그런데 이런 고통이 밤낮으로 계속된다고 가정해 보십시오. 낮은 마치 천년처럼 느껴질 것이고 다시는 아침이 오지 않을 밤처럼 느껴질 것입니다. 본문에 기록된 말씀은 영원히 진행되는 죽음을 가정하고 있습니다. 그런 경우를 생각해 보겠습니다. 그런 일이 우리의 사랑하는 친구에게 실제로 일어난다고 생각해 보십시오. 그 가련한 친구의 목숨이 끊어지지 않는다고 생각해 보십시오. 그는 죽음의 고통 속에서 한 달, 일 년, 오 년, 십 년을 머물고 있습니다. 마침내 그의 친구들은 모두 그의 고통스러운 모습에서 비롯된 견딜 수 없는 공포 때문에 쓰러져 죽었는데도, 이 가련한 사람의 목숨은 끊어지지 않는다고 생각해 보십시오. 그는 그 상태로 백 년을 살고 또 백 년을 삽니다. 그처럼 무서운 고통 속에서 죽어가면서 백 년을 살아도 목숨의 끝에 이르지 못합니다. 당신은 이런 장면을 어떻게 생각하십니까? 이것은 두려운 "둘째 사망"에 대한 미미한 묘사에 지나지 않습니다.

하나님은 우리에게 죄가 얼마나 무서운 것인지, 그리고 범죄한 사람은 얼마나 무서운 형벌을 받아야 하는지 알게 하십니다. 하나님은 판결을 받은 죄인의 운명이 얼마나 무시무시한 것인지를 그러한 상징들을 통해 보여 주십니다. 당신은 죄인이 죽는 모습을 본 일이 있습니까? 그때 당신은 "분명히 하나님의 저주가 이 세상에 무섭게 임했다"고 외치지 않았습니까? 이것은 "둘째 사망" 속에 임하는 무서운 저주를 나타내는 희미한 상징에 불과합니다.

본문에서 "죄의 삯"은 사망이라고 말하고 있습니다. 사망은 죄가 받아야 하는 몫입니다. 노동을 하면 그에 대한 삯이 있으며, 대가를 주장할 권리가 생깁니다. 마찬가지로, 사람이 범죄하면 그에 대한 보수를 얻는다고 생각됩니다. 그들은 응당 자신의 보수를 받을 권리를 소유합니다. 하나님은 그들에게 마땅히 받아야 할 삯을 주어야 한다고 생각하십니다.

만일 우리에게 소망이 없거나 자비가 베풀어질 가능성이 없다면, 나는 이런 말로 당신의 영혼을 괴롭히지 않을 것입니다. 당신을 괴롭히려고 이런 말을 하는 것이 아닙니다. 이러한 사실들을 말하는 것은 당신으로 하여금 자신의 생명을 위해 이런 것에서 피하도록 하기 위해서입니다.

"죄의 삯은 사망이라." 이 말씀을 생각해 보십시오. 하나님은 온 우주에 "하나님을 경외하며 범죄하지 말라."고 선포할 하나의 기념비를 세우려 하십니다. 그리하여 사람들이 이 두려운 말씀을 대할 때마다 "죄는 대단히 무서운 것이다."라고 말할 것입니다. 사람들은 버릇처럼 "형벌은 참으로 무서운 것이다."라고 말하지만 무서운 죄의식과 악한 응보를 간과하고 있습니다. 하나님은 우리 눈앞에서 죄인을 죽음의 침상에 누이시고 죄로 인한 형벌을 보게 하십니다. 죄인은 임종의 고통으로 신음하고 떨며 고민하면서도 계속 살아갑니다. 그가 이런 상태에서 하루, 한 주일, 한 달, 일 년, 이십 년, 백 년, 천년 아니 수천 세대를 살아 있어 마침내 우주가 소멸하며 하늘이 마치 두루마리처럼 휘말려 버린다면, 그 때에는 어떻게 되겠습니까? 그 때에도 그 고통받는 자는 그곳에 누워있을 것입니다. 그는 위를 바라보며 "언제까지이니이까? 얼마나 오래 계속되어야 합니까?"라고 소리칠 것입니다. 그러면 마치 영원한 사망의 종소리 같은 소리가 그에게 임하여 "영원히, 영원히."라고 대답할 것입니다. 또 한 번의 영원한 시대가 흐르고 나서 그는 "언제까지이니이까?"라고 묻습니다. 그러나 다시 같은 대답을 듣게 될 것입니다. 이 무서운 대답은 고통과 절망의 세계로부터 마치 천둥소리처럼 울려 옵니다.

장차 이 세상 마지막 날에 심판주께서 보좌에 앉으시고 그 보좌 앞에 책이 펴진다는 것을 우리는 알고 있습니다. 장차 우리는 그 앞에 서게 될 것이며, 그곳에서 주님과의 관계를 정리하여 우리 자신이 받아야 할 몫을 받게 될 것입니다. 그 때에 당신은 무엇을 받게 될까요? 죄의 삯입니까? 당신은 "내 삯을 주십시오. 나는 그리스도의 은혜를 입지 않을 것입니다"라고 말하렵니까? 죄인이여, 그대는 삯을 받게 될 것입니다. 하나님은 반드시, 그리고 아낌없이 지불하실 것입니다. 하나님은 이미 모든 준비를 하고 계시며 당신에게 지불할 삯도 가지고 계십니다. 그러나 당신이 하고 있는 일을 조심하십시오. 마지막 도약을 하기 전에 다시 한 번 돌아보십시오. 머지않아 집행 유예 기간이 끝나고 모든 소망은 사라지게 될 것입니다. 그때에 나는 어디에 있으며, 당신은 어디에 있을까요? 하나님의 보좌 우편입니까 좌편입니까?

성경에서 지옥은 천국이 보이는 곳에 위치한다고 했습니다. 높고 거룩한 도성에서는 고통의 연기가 지옥으로부터 영원히 솟아오르는 것을 훤히 볼 수 있습니다. 성도들은 그곳에서 찬양하고 예배합니다. 그러나 부자가 누워 있는 곳을 내려다보면 죄의 값이 무엇인지 알 수 있습니다. 지옥에 있는 영혼은 타는 듯한 혀를 시원하게 해 줄 물 한 방울도 얻을 수 없습니다. 그곳으로부터는 고통의 연기가 영원히 솟아오릅니다. 오늘 당신이 행하는 일을 조심해서 하십시오.

당신이 큰 화산을 들여다보고 있다고 생각해 보십시오. 화산 속에서는 뜨거운 용암이 끓어오르고 굽이치며 출렁거리고 있습니다. 이따금 용암이 분출하여 그 밑에 있는 평원으로 홍수처럼 흘러내려 간다고 생각해 보십시오. 언젠가 에트나Etna산에 올라 분화구를 내려다 본 일이 있었습니다. 그때 나는 "무시무시하군."이라고 소리치지 않을 수 없었습니다. "저것은 지옥의 모습이다"라고 나는 말했습니다.

죄인이여, 지옥을 생각해 보십시오. 그대가 그곳에 떨어진다고 생각해 보십시오. 그곳에서는 거대한 연기와 불꽃이 영원히 그치지 않고 뿜어 나옵니다. 그 광경을 보며 우주는 "죄의 삯은 사망이라. 범죄하지 말라. 그것이야말로 용서받지 못한 죄인의 운명이라."고 소리칩니다. 하나님의 통치 속에 나타난 이것이 얼마나 훌륭한 증거인지 생각해 보십시오. 하나님이 지배하시는 모든 영역에서의 행복과 거룩함을 유지하기 위해 하나님은 큰 공의와 불변의 목적을 나타내십니다. 이것은 하나님, 그리고 하나님의 위대한 도덕적 통치의 신성함에 합당한 것이 아닐까요?

죄인이여, 그대는 이 운명을 피할 수 있습니다. 이것이 하나님이 신실하신 말씀 속에 지옥을 계시하신 이유입니다.

만일 우리가 어떤 힘에 의해 어쩔 수 없이 지옥까지 가게 되었으며, 우리 모두가 그 무서운 입구에서 떠밀리려는 순간에 천사가 급히 달려와 "구원이 가능하다. 하나님에게 영광 돌릴지어다. 하나님에게 영광."이라고 소리친다면 당신은 무엇을 생각하겠습니까? 당신은 "정말 구원이 가능합니까?"라고 크게 소리칠 것입니다. 그는 "예, 그렇습니다. 내가 사랑스럽고 넓은 팔에 당신을 안고 예수님의 발아래로 데리고 가게 해주십시오. 그분은 능력 있으시며 기꺼이 당신을 구원하고자 하십니다."라고 대답합니다.

이 모든 것이 한갓 말에 불과할까요? 내 입술을 하늘의 이슬로 축이고 내 혀를 풍부한 하늘의 샘물로 씻는다 해도 나는 사실들을 그대로 묘사할 수 없을 것입니다.

신자들이여, 당신은 재산을 얻기 위해서는 궁리하고 또 궁리하면서도 영혼들의 구원을 소홀히 하고 있습니까? 조심하십시오. 그렇지 않으면 한 번밖에 살지 못하는 뭇 영혼들을 멸망시키게 될 것입니다. 당신은 "나는 그들이 그것을 잘 알고 있다고 생각했다"라고 말하렵니까? 그들은 당신에게 다음과 같이 대답할 것입니다. "나는 당신이 전혀 믿는다고 생각하지 않았습니다. 당신은 믿는 사람답게 행하지 않았습니다. 당신은 장차 천국에 가렵니까? 그렇다면 나는 지옥에 가렵니다. 지금 나에게는 아무 도움도 없습니다. 장차 언젠가 당신이 영광스러운 하늘나라 건너편에서 어둡게 피어 올라오는 내 비통의 연기를 볼 때에 나를 생각할 것입니다. 내가 그곳에 오랫동안 머문 후에도 당신은 때때로 한때 당신 곁에 살고 있었던 내가 지옥에 있다는 것을 생각할 것입니다. 기억하십시오. 그때에 당신이 나를 위해 기도할 수 없을 것입니다. 당신은 이 세상에 있는 동안 나에게 경고했다면 나를 구원할 수도 있었으리라는 것을 기억할 것입니다."

만일 하늘나라에 괴로움이 있을 수 있다면, 그것은 그러한 방법을 통하여 그곳에 들어와 당신의 행복을 파괴할 것입니다.

3
죄인들의 핑계

"네가 내 공의를 부인하려느냐 네 의를
세우려고 나를 악하다 하겠느냐"

-욥 40:8-

    욥은 하나님에 대해 대체로 올바르게 말했습니다. 그러나 그는 지독한 시련으로 큰 고통과 혼란 속에 있었기 때문에 몇 가지 경솔하고 모욕적인 말을 했습니다. 하나님은 이것을 꾸짖으셨습니다.

    "여호와께서 또 욥에게 일러 말씀하시되 트집 잡는 자가 전능자와 다투겠느냐 하나님을 탓하는 자는 대답할지니라 욥이 여호와께 대답하여 이르되 보소서 나는 비천하오니 무엇이라 주께 대답하리이까 손으로 내 입을 가릴 뿐이로소이다 내가 한 번 말하였사온즉 다시는 더 대답하지 아니하겠나이다 그 때에 여호와께서 폭풍우 가운데에서 욥에게 일러 말씀하시되 너는 대장부처럼 허리를 묶고 내가 네게 묻겠으니 내게 대답할지니라 네가 내 공의를 부인하려느냐 네 의를 세우려고 나를 악하다 하겠느냐."_욥 40:1-8_

여기서는 이 말씀의 원래 목적과 전후의 맥락을 논의하려는 것이 아니라 이 말씀이 오늘날 죄인들의 경우에 어떻게 적용되는지를 생각해 보려 합니다.

죄에 대한 핑계는 하나님을 불의하다고 정죄하는 것

이 같은 사실은 다음과 같은 것을 생각해 보면 분명해집니다.

정당한 핑계가 있는 일은 죄가 될 수 없습니다. 이것은 자명한 사실입니다. 따라서 설명이나 증명이 필요치 않습니다. 만일 하나님이 훌륭한 핑계가 있는 일을 정죄하신다면 하나님은 옳지 못하신 분입니다. 이것 역시 자명한 사실입니다. 우리가 정당한 이유가 있기 때문에 행하는 일을 하나님이 책망하신다면, 우주의 어떤 지혜로도 그분을 정당화할 수 없을 것입니다.

하나님은 모든 죄를 책망하십니다. 하나님은 죄를 철저히 책망하시며 그에 대한 최소한의 변명이나 핑계도 용납하지 않으십니다. 그러므로 죄에 대한 핑계는 있을 수 없거나 하나님이 옳지 못하시거나 둘 중 하나입니다.

결과적으로 죄에 대한 핑계는 하나님을 비난하는 것이며, 하나님에게 독재자라는 혐의를 씌우는 것입니다. 죄에 대해 변명하는 사람은 하나님을 비난하는 사람입니다.

구체적인 변명과 예

죄인들이 내세우는 핑계는 "무능"입니다.

이것은 흔한 핑계입니다. 이것은 도처에서 계속 울려 퍼졌고, 여러 세대를 거쳐 전해 내려왔으며, 지금도 사용되고 있습니다. 사람들은 뻔뻔스러운 얼굴로 자기에게는 하나님이 요구하시는 대로 행할 능력이 없다고 선언합니다.

이것을 자세히 살펴보겠습니다. 사람들은 하나님이 할 수 없는 것을 인간에게 요구하신다고 말합니다. 하나님은 인간이 그것을 할 수 없다는 것을 알고 계십니까? 물론입니다. 그렇다면 하나님은 그런 일을 요구한 데 대해 변명하실 수 없으며, 그 요구는 비합리적입니다. 인간의 이성은 결코 그것을 정당화할 수 없습니다. 그것은 본질적으로 불가능합니다.

하나님은 인간에게 할 수 없는 일을 요구하면서 어떤 형벌로 위협하십니까? 하나님이 제시하신 형벌은 영원한 사망입니다. 자신의 "무능"을 핑계로 내세우는 사람들에 따르면 영원한 사망입니다. 하나님은 영원한 사망이라는 벌을 준다는 조건에서, 우리가 할 수 없다는 것을 아시면서도 그 일을 요구하십니다. 이것이야말로 가장 좋지 않은 의미에서 하나님을 비난하는 일입니다. 차라리 하나님을 독재자라고 비난하십시오.

　우리는 이런 조건에서 하나님을 독재자라고 비난하겠다거나, 비난하지 않겠다고 말하지 않습니다. 왜냐하면 우리는 그것을 피할 수 없기 때문입니다. 우리 이성의 법은 그것을 요구합니다.

　그러므로 이러한 근거를 토대로 하고 있는 사람들은 하나님을 독재자라고 비난합니다. 죄인이여, 무능이라는 핑계를 주장하는 것이 실제로는 하나님을 독재자라는 죄목으로 힐책하는 것이라고는 생각하지 못할 것입니다. 그리고 "무능"이라는 교리를 정통 신조의 일부로 삼고 있는 기독교인들은 그것이 하나님의 성품을 얼마나 모독하는 것인지 생각하지 못할 것입니다. 그렇다고 해서 당신이 그것을 생각하지 못했다는 것이 그 사실을 변화시키지는 않습니다. 음흉한 비난이 "무능"이라는 교리 안에 포함되어 있으며, 그것을 벗어나서는 설명되지 못합니다.

　이 비난은 하나님에 대한 모독이라고 말한 바 있습니다. 하나님이 그런 일을 하실 리가 없습니다. 하나님이 우리에게 본질적으로 불가능한 것을 요구하시고, 또 타고난 능력이 없어 명령대로 하지 못했다고 해서 그에게 영원한 사망을 선고하시겠습니까? 결코 그런 일은 없습니다. 그런데도 선한 사람이나 악한 사람이나 모두 하나님이 이러한 일을 하신다고 비난하며, 또 한두 번에 그치는 것이 아니라 태초부터 이 세상이 끝날 때까지 모든 세대, 모든 인류에게 한결같이 그렇게 행하신다고 동의합니다. 참으로 무서운 일입니다.

하나님의 통치에 있어서 그처럼 모욕적이고 무례한 일은 없습니다. 이보다 더 신성을 모독하고 거짓된 것은 없습니다. 하나님은 자신의 명령들이 가혹한 것이 아니라고 말씀하십니다. 그러나 당신은 무능이라는 핑계로 하나님의 말씀이 거짓이라고 공언합니다.

당신은 하나님의 명령은 가혹할 뿐만 아니라 본질적으로 불가능한 것이라고 선언합니다. 예수께서는 무엇이라고 말씀하십니까? "내 멍에는 쉽고 내 짐은 가벼움이라"마 11:30고 하십니다. 당신은 이것을 부인합니까? 당신은 주님의 말씀에 정면으로 도전하며 "주여, 당신의 멍에는 어려워서 사람이 견뎌낼 수 없으며, 당신의 짐은 너무 무거워서 누구도 그것을 질 수 없습니다"라고 말하렵니까? 그것은 거짓말을 모르시는 하나님에 대한 모독이며 도전이 아닙니까?

그러나 당신은 사람이 하나님의 법에 순종할 수 없다는 주장을 하고 있습니다. 장로교 신앙고백에 따르면 "인간은 홀로, 또는 이 세상에서 받은 어떤 은혜에 의해서도 하나님의 명령을 완전히 지킬 수 없으며, 매일 생각과 말과 행동으로 그것들을 범하고 있다"고 합니다. 주목하십시오. 이는 인간이 본성적으로 하나님의 명령을 지킬 수 없을 뿐만 아니라 "이 세상에서는 어떤 은혜를 받아도" 그것을 행할 수 없다고 단언하고 있습니다. 그리하여 창조주의 법을 잘못 전함은 물론 복음을 모욕할 뿐 아니라 율법과 복음에 대한 인간의 관계도 그릇 설명합니다.

이 신앙고백의 주장은 모욕이라고 하는 편이 좋겠습니다. 지옥이

나 또는 지옥 밖에 거짓이 있다면 바로 이것이 거짓이며, 그렇지 않다면 하나님은 지독한 독재자일 것입니다. 우리의 이성에게 말하게 해도 이와 다른 말이나 이보다 덜한 말을 하지 못할 것입니다. 하나님이 인간에게 이성을 주신 목적은 자신의 모든 길을 정확히 인식하게 하시려는 것이 아니었습니까?

물론 인간이 거짓말쟁이로 드러날지라도 하나님은 참되시다고 해야 합니다. 누구도 자기의 양심을 무마하지 못하며 자신이 율법을 지킬 수 없음을 확인하지 못한다는 사실은 거짓말을 하는 것은 인간이지 하나님이 아님을 나타내 줍니다.

죄인들이 대는 핑계는 "시간의 부족"입니다.

만일 내가 아들에게 "가서 이것을 행하라. 그렇지 않으면 죽도록 맞을 것이다"라고 말했는데, 아들이 "아버지, 시간이 없어서 그 일을 할 수 없어요. 아버지께서 저에게 하라고 하신 다른 일을 해야 해요. 그리고 또 달리 할 일이 없다고 해도 아버지가 허락하시는 시간 내에 그 일을 할 수는 없어요"라고 대답했다고 가정해 보십시오. 만일 그의 말이 사실이고 내가 그에게 명령을 할 때에 이 사실을 알고 있었다면 나는 독재자입니다.

마찬가지로 당신에게 시간이 없는데도 하나님이 무엇을 하라고 요구하신다면 하나님은 비난을 받으셔야 합니다. 왜냐하면 하나님은 당신에게 시간이 없다는 것을 아시면서도 무서운 벌을 주겠다고 하여 명령을 강요하신다는 사실을 부인할 수 없기 때문입니다. 그러나 과연 그런 일이 있을 수 있을까요. 하나님이 공의를 개의치 않으시고 피조물들의 행복을 고려하지 않으셔서 불쌍한 피조물들에 대한 정의와는 상관없이 그들에게 무서운 협박을 하시며 공격하실 수 있을까요? 결코 그런 일은 없습니다. 그것은 옳지 못합니다. 죄인이 하나님이 명하신 일을 할 시간이 없다고 핑계를 대는 것은 억지에 불과합니다.

죄인이여, 그대에게 묻겠습니다. 하나님이 요구하신 첫째 의무, 즉 하나님에게 당신의 마음을 바치는 데 시간이 얼마나 걸립니까? 당신이 하나님을 섬기고 사랑하겠다고 결심하는 데 얼마나 오랜 시간이 필요합니까? 마음만 먹으면 순식간에 이루어질 수 있지 않습니까? 스스로를 설득시켜 그 일을 하게 하는 데 얼마나 많은 시간이 필요합니까?

당신의 의도는 아마 이런 것일 것입니다. "주여, 내가 당신을 섬기기로 결심하는 데에는 많은 시간이 걸립니다. 저에게는 결심을 할 시간이 없는 것 같습니다. 이 내키지 않는 결정을 하려면 내 전 생애를 기울여도 부족할 것 같습니다." 죄인이여, 이것이 그대의 의도입니까?

이 주제를 여러 가지로 살펴봅시다. 내가 아들에게 "애야, 지금 이 일을 해라"고 말했는데, 아들이 "아버지께서 말씀하신 다른 일을 해야 하기 때문에 그것을 할 수 없어요"라고 대답했다고 가정해 보십시오. 하나님이 그렇게 행하십니까? 아닙니다. 하나님은 때에 따라 그에 합당한 의무만을 요구하십니다. 하나님은 다만 하나님이 우리에게 주신 능력을 충실하게 사용하기를 요청하실 뿐 그 이상의 일은 요구하시지 않습니다. 하나님은 다만 우리가 최선을 다하기를 요구하십니다. 하나님이 자신을 기쁘게 해 줄 사랑의 분량을 규정하실 때에 "너는 주 너의 하나님을 천사의 능력으로, 스랍천사와 같이 불타는 마음으로 사랑할지니라"고 하시지 않고 다만 "네 마음을 다하여" 사랑하라고 하셨습니다. 이에 대한 우스꽝스러운 죄인의 핑계 중 하나는 그가 자신의 능력만큼 할 수 없다는 것, 즉 하나님을 자기의 마음을 다하고 목숨을 다하고 뜻을 다하고 힘을 다하여 사랑할 수 없다고 하는 것입니다. "너는 네가 할 수 있는 최선을 다하라"고 하나님은 죄인에게 말씀하십니다. 그런데도 죄인은 "저는 그렇게 할 수 없습니다"라고 대답합니다. 이 얼마나 어리석고 허튼소리입니까.

당신은 하나님이 불합리하다고 비난합니다. 그러나 하나님은 만물 중에서 가장 합리적인 분입니다. 하나님은 우리가 매 순간 일을 하거나 휴식을 취하는 데 있어서 하나님의 영광을 가장 잘 드러낼 것이라면 그 무엇이라도 사용하라고 요구하실 뿐입니다. 하나님은 우리에게 주신 힘과 재능과 시간으로 우리가 마음껏 하나님을 섬기기를 요구하실 뿐입니다.

어떤 어머니는 이렇게 말합니다. "내가 어떻게 경건한 생활을 할 수 있습니까? 나는 내 아이들을 돌보아야 해요." 정말 그렇습니까? 당신에게는 하나님을 섬길 시간이 없습니까? 하나님이 당신에게 요구하시는 것이 무엇입니까? 당신이 자녀들을 포기하고 소홀히 하는 것입니까? 아니오. 그렇지 않습니다. 하나님도 당신이 자녀들을 잘 돌보기를 원하십니다. 그러므로 그 일도 하나님을 위해서 하십시오. 하나님은 당신에게 "그 아이들은 나의 자녀이니라"고 말씀하시며, 그들을 당신의 손에 맡기시고 말씀하시기를 "나를 위해 그들을 돌보아 주거라. 그리하면 그대에게 그 삯을 주리라"고 하십니다. 하나님을 위해 당신의 자녀들을 돌보는 데에는 당신을 위해 그들을 돌볼 때보다 특별히 더 많은 시간이 필요합니까? 그런데 당신은 또 "나는 아침에 일어나 식사 준비를 해야 하기 때문에 경건한 생활을 할 수 없습니다"라고 말합니다. 그렇다면 당신 자신을 기쁘게 하기 위해 식사를 준비하는 것보다 하나님을 기쁘시게 하기 위해 식사를 준비하는 데에 얼마나 더 많은 시간이 필요합니까? 당신이 경건한 마음으로 자신의 의무를 행하는 데에는 당신이 이기적으로 의무를 행하는 것보다 얼마나 더 많은 시간이 필요합니까?

   결국 이 같은 당신의 핑계는 무엇을 의미합니까? 이러한 변명들을 늘어놓는 사람은 미친 사람, 정신이 온전치 못한 사람이라는 사실입니다. 하나님이 시간이 없어서 할 수 없는 일을 무엇 때문에 요구하십니까? 하나님이 당신에게 요구하시는 것은 모든 일을 하되 하나님을 위해서 하라는 것입니다. 이런 식의 변명을 늘어놓는 사람들은 종교, 그리고 하나님이 그들에게 요구하시는 명령들의 참본질을 전혀 알지 못하는 사람입니다. 이것은 "무능"이라는 핑계를 대는 사람들도 마찬가지입니다. 죄인은 "나에게는 능력이 없습니다"라고 말합니다. 무엇을 할 능력이 없습니까? 할 수 있는 것만 하십시오. 하나님도 그 이상의 일은 요구하시지 않습니다. 그러므로 만일 하나님이 능력 이상의 일을 당신에게 요구하신다고 가정하지 않는다면 당신의 핑계는 거짓되고 우스운 것입니다. 반면에 당신이 그렇게 가정하지 않는다면 당신의 핑계가 사실이라고 해도 그것이 부당한 것이 아님을 하나님에게 나타내지 못할 것입니다.

시간이 없어서 경건한 생활을 할 수 없다고 변명하는 사람들은 신앙생활의 참개념을 전혀 알지 못하거나 왜곡하는 사람입니다. 농부는 이렇게 핑계를 댑니다. "나는 경건한 생활을 할 수 없습니다. 나는 하나님을 섬길 수 없습니다. 나는 씨앗을 뿌려야 합니다." 그래요? 그렇다면 씨앗을 뿌리십시오. 씨앗을 뿌리되 하나님을 위해 뿌리십시오. 당신에게는 할 일이 무척 많습니다. 그 모든 일을 주님을 위해 하십시오. 또 어떤 사람은 공부를 해야 하기 때문에 경건한 생활을 할 수 없다고 합니다. 그렇다면 공부를 하십시오. 그러나 하나님을 위해 공부하십시오. 그리하면 모든 것이 경건한 것이 될 것입니다. 경건한 생활을 하기 위해 씨앗 뿌리기를 소홀히 하거나 공부를 게을리 하는 사람은 미친 사람입니다. 그는 가장 명백한 사실을 가장 악하게 왜곡시키는 사람입니다. 만일 당신이 경건한 사람이 되고자 한다면 부지런해야 합니다. 농부는 씨앗을 뿌려야 하며 학생은 열심히 공부해야 합니다. 마귀가 경건할 수 없듯이 게으른 사람도 경건할 수 없습니다. 특별히 해야 할 일이 있기 때문에 경건한 생활을 할 수 없다는 것은 허튼소리에 불과합니다. 그것은 하나님은 결코 우리가 삶을 위해 적당하게 일하는 것을 금하지 않으시며, 다만 모든 일을 하되 하나님을 위해 하기를 원하신다는 위대한 진리를 완전히 무시하는 말입니다. 만일 하나님이 우리가 모든 실질적인 삶의 의무들을 태만하게 하면서 하나님 섬기기를 요구하신다면 그것은 참으로 어려운 일일 것입니다.

그러나 하나님은 우리가 삶의 의무들을 행하되 하나님을 위해 정직하고 신실하게 최선의 방법으로 행하기를 요구하십니다. 농부는 농장을 돌아보며 자신이 그 일을 잘하고 있는지 살펴보아야 하고, 무엇보다도 하나님을 위해 그 일을 해야 합니다. 그것은 하나님의 농장입니다. 그리고 농부의 마음은 하나님의 마음입니다. 그러므로 하나님을 위해 밭을 경작하며 그 마음을 오직 하나님에게만 바쳐야 합니다.

사람들은 자신의 죄악된 본성을 핑계로 삼습니다.

그러면 이 죄악된 본성은 무엇입니까? 당신이 그렇게 말하는 의도는 당신의 모든 기능과 체질의 본질까지도 아담 안에서 더럽혀지고 악하게 되었으며, 그렇게 오염된 상태로 당신에게 유전되었다는 뜻입니까? 당신은 죄 속에서 태어났으므로 당신 존재의 본질도 죄로 물들어 있으며, 따라서 당신의 모든 기능도 죄라는 말입니까? 당신은 그렇게 믿고 있습니까?

만일 그것을 사실로 인정한다면, 그것은 불쾌한 일입니다. 내 이성은 나로 하여금 "주여, 당신께서 내 본성 자체를 죄로 만드시고서도 나에게 그 죄에 대한 책임을 물으신다는 것은 불쾌한 일입니다"라고 공개적으로 소리치게 만들 것입니다. 나는 이렇게 말하지 않을 수 없을 것이며, 나의 내면 깊은 곳에서도 끊임없이 이렇게 선언할 것이며, 내 머리에 수천 번 벼락이 떨어진다고 해도 이렇게 생각하고 말하는 것을 막을 수 없을 것입니다. 하나님이 내게 주신 이성은 영원토록 그것을 증언할 것입니다.

그러나 그것은 모순된 주장입니다. "죄는 무엇입니까?"라고 하나님에게 기도해 보십시오. 하나님은 "율법을 범하는 것"이라고 대답하십니다. 당신은 자신의 본성과 하나님의 법은 어울릴 수 없다고 주장하고 있습니다. 인간의 본성은 아담으로부터 당신이 태어난 날에 이르기까지 항상 하나님의 법과 불화해 왔다고 주장합니다. 당신은 이 죄의 조류가 조상의 혈관과 피를 통해 전해져 왔다고 주장합니다. 누가 그렇게 만들었습니까? 누가 인간의 혈관과 피를 만드셨습니까? 이 같은 육체적 기질과 정신적 기질은 누구의 손에서 생겨난 것입니까? 인간이 인간을 만들었습니까? 당신의 육체적 기질과 정신적 기질을 창조하는 데 있어서 죄가 한몫을 했습니까?

당신은 그렇게 믿습니까? 그렇지 않습니다. 당신은 자신의 본성과 본래의 기능들이 하나님에 기인한다고 여기고 있습니다. 따라서 당신은 "죄악성"의 근원이 하나님에게 있다고 비난하는 것입니다.

 이것은 참으로 이상한 일입니다. 만일 인간의 죄악성에 대한 책임이 인간에게 있다면, 인간이 푸른 눈을 가졌다거나 검은 눈을 가진 것에 대해서는 나무라지 않는 것입니까? 사실 죄는 어떤 본성을 소유한다거나 어떤 본성 속에 존재하는 것이 아니라 그 본성을 악용하는 데 있는 것입니다. 창조주께서는 결코 자신이 행하시거나 이루신 일의 책임을 우리에게 전가하시지 않습니다. 우리가 자신의 능력들-지성, 감성, 의지-을 옳게 사용하기만 하면 하나님은 우리를 책망하시지 않습니다. 하나님은 타고난 본성에 대한 책임을 우리에게 지우지 않으십니다. 자세히 보면 하나님은 우리가 어떤 종류의 본성과 선천적 능력들을 소유해야 하는지 규정하시지 않았습니다. 만일 그런 법이 있다면 그 법의 위반은 죄의 정의와 어느 정도 흡사할 것입니다. 그러나 실제로 본성에 대한 법은 없으므로 본성은 죄악이 될 수 없습니다.

 만일 하나님이 인간이 어떤 본성 또는 기질을 소유해야 하는지를 규정하신다면, 그야말로 부당하고 어리석기 짝이 없는 일일 것입니다. 왜냐하면 인간의 본성은 자발적인 행위나 인간적인 행동의 범위 밖에 있으므로 법령, 명령, 형벌의 대상이 아니기 때문입니다. 그런데도 많은 사람들은 죄가 죄악된 본성에 기인한다는 교리를 주장해 오고 있습니다. 신학자들은 오랜 역사가 흐르는 동안 이 기괴한 교리를 가르쳐 왔습니다. 이 교리는 강단을 통해서 다시 울려 퍼졌고 활자화되어 출판되었으며, 사람들은 지치지 않고 이 교리를 건전한 정통성을 시험하는 시금석으로 여겨 찬양했습니다. 여호와께 대해 그보다 더 지독한 모욕은 없었습니다. 이보다 더 상식에 어긋난 교리는 없을 것입니다. 이것으로 인한 악영향을 생각해 보십시오. 또한 하나님의 법과 통치와 속성을 얼마나 비방해 왔는지 생각해 보십시오. 그 교리가 생겨난 날부터 지금까지 죄인들에게 얼마나 많은 핑계거리를 제공했는지 생각해 보십시오.

이것은 이 교리를 주장해 온 사람들이 고의적으로 이 교리로 하나님을 모욕해 왔다는 의미가 아닙니다. 이 교리가 여호와께 대해 경건치 못하고 모독적인 의미를 지니고 있다는 것을 그들이 알고 있었다는 뜻이 아닙니다. 나는 적어도 몇몇 사람들은 무지했기 때문에 이 모든 잘못을 범해 왔다고 생각할 때 안도감을 느낍니다. 순전히 무지 때문에 범한 악과 실수는 적지 않습니다.

죄인들은 자신을 변명하기 위해 크리스천이 되기를 원한다고 말합니다.

그들은 스스로 성화되기를 원한다고 말합니다. 물론 그렇게 원하겠지요. 그러나 그들에게는 커다란 문제점이 있습니다. 어디엔가 문제점이 있어, 그것이 그들을 기독교인이 되지 못하게 합니다.

진심으로 원하기만 한다면 우리는 무슨 일이든 할 수 있습니다. 그런 경우에 우리가 정신적으로 행하려는 의지만 있다면 할 수 있습니다. 그러나 죄인들은 하나님이 불가능한 일을 요구하신다는 핑계를 댑니다. 그들은 하나님이 자기들에게 정당하게 자진하여 원할 수 있는 것 이상을 요구하시며, 그것은 불가능한 일이라고 주장합니다. 만일 내가 근육을 움직이기를 원하지만 아무런 동작도 할 수 없는 상태에서 할 수 있는 일은 모두 해보았다면, 문제는 내 능력이 닿지 않는 곳에 있는 것입니다. 그 어려운 일이나 그로 인한 장애로 해서 내가 비난을 받을 이유가 없습니다. 마찬가지로 만일 내가 하나님을 섬기려 할 때 아무런 결과가 나타나지 않았어도 최선을 다했다면 하나님은 그 이상의 것을 요구하시지 않습니다. 실제로 하나님이 요구하시는 것은 하나님의 뜻대로 하려는 우리의 의지입니다. 우선 자발적인 마음만 있다면, 그것은 용납될 것입니다.

부모님들에게 물어보겠습니다. 자녀에게 무엇을 하라고 말했을 때, 그가 그 일을 하기 위해 전력을 기울이는 모습을 보면서 그에게 또 다른 일을 요구합니까? 만일 어떤 부모가 자녀에게 불가능한 일을 요구하고 맡기는 것을 본다면, 그 부모를 비난하지 않겠습니까? 비록 노예 감독이라도 자기 노예가 온 힘을 다해 일하는 모습을 볼 때에는 그를 때리지 않습니다.

신자가 되기를 원한다는 핑계는 거짓입니다. 왜냐하면 죄인은 결코 실제의 자기 존재보다 더 선하게 되는 것을 원하지 않기 때문입니다. 뜻이 올바르면 모든 것이 옳게 됩니다. 일반적으로 어떤 사람의 의지의 상태는 그의 도덕적 특성을 재는 척도가 됩니다. 그러므로 죄 속에 그대로 머물면서도 신자가 되기를 원한다는 것은 헛된 소리에 지나지 않습니다.

죄인들은 자기가 하나님의 때를 기다리고 있다고 말합니다.

필라델피아에 사는 어떤 부인이 여러 해 동안 마음으로 고민해 오고 있었습니다. 저는 그 부인을 방문하여 물었습니다. "하나님이 당신에게 요구하시는 것이 무엇입니까? 당신은 어떤 상황에 처해 있습니까?" 그녀는 이렇게 말했습니다: "하나님은 내가 그분을 찾기 시작하기 전에 오랫동안 나를 돌보아 주셨습니다. 그러니 이제는 제가 하나님이 나를 기다려 주신 만큼 기다려야 합니다. 목사님이 그렇게 말씀해 주셨습니다. 그래서 나는 하나님이 나를 받아 주시기를 고통스럽게 기다리고 있습니다."

이 말의 참된 의미는 무엇입니까? 아마도 "하나님이 나에게 의무를 행하라고 하셨으나 나는 그것을 행할 준비가 되어 있지 않습니다. 하나님은 나에게 복음의 잔치에 참여하라고 말씀하시며 나도 준비를 갖추고 있습니다. 그러나 하나님은 아직 나를 영접하실 준비가 되어 있지 않습니다"라는 의미일 것입니다.

이것은 모든 책임을 하나님에게 미루려는 태도입니다. 이것보다 더 완벽한 핑계가 있을 수 있을까요? 죄인은 "나는 준비가 되어 있고 원하고 있으며 기다리고 있습니다. 그러나 하나님은 나로 하여금 범죄를 그치게 하실 준비가 되어 있지 않습니다. 하나님의 때가 아직 이르지 않았습니다"라고 말합니다. 내가 처음으로 복음을 전파하기 시작했을 때에 나는 이러한 생각이 널리 퍼져 있다는 것을 알게 되었습니다. 사람들에게 의무를 다하라고 설교하고 난 뒤에는 의례 "당신은 죄인에게 모든 책임을 전가하는군요."라는 말을 듣곤 했습니다. 그럴 때면 "그렇습니다"라고 대답하곤 했습니다. 어느 날 설교를 마친 후 어떤 노부인이 내게 와서 말했습니다. "당신은 인간들이 스스로 신앙심을 얻어야 한다고 하고 있습니다. 당신은 사람들이 스스로 회개해야 한다고 하지만 진짜 그런 의미로 말씀하신 것이 아니지요?" 저는 "실제로 그런 의미로 말하고 있습니다"라고 대답했습니다. 그녀는 여러 해 동안 죄인의 가장 큰 의무는 하나님의 때를 기다리는 것이라고 들어 왔던 것입니다.

죄인들은 "자신이 특별한 상황에 처해 있다"고 핑계합니다.

"나는 내 의무가 무엇인지를 압니다. 그러나 내가 처한 상황은 특별합니다"라고 말합니다. 그렇다면 하나님이 당신의 상황을 이해하지 못하신다는 말입니까? 그렇지 않습니다. 당신의 상황을 이루는 데에 하나님의 섭리가 관련되어 있지 않습니까? 그렇다면 당신은 책임을 하나님에게 전가하고 있는 것입니다. 당신은 이렇게 말합니다: "주님, 당신은 너무도 가혹하십니다. 당신은 전혀 나의 상황을 고려하지 않으셨습니다."

죄인이여, 당신이 이런 핑계를 대면서 실제로 의미하는 것은 도대체 무엇입니까? 당신의 상황이 특별하므로 경건한 생활을 하지 못하는 것을 용서해 주어야 한다는 의미입니까? 그런 것이 아니라면 왜 자신의 상황을 핑계로 내세우는 것입니까? 만일 당신이 그러한 의미로 핑계로 삼는다면 크게 잘못하고 있는 것입니다. 하나님은 당신의 상황과는 상관없이 죄를 버리라고 요구하시기 때문입니다. 만일 당신이 처해 있는 특별한 상황 때문에 하나님을 섬길 수 없다면, 그 상황을 포기해야 합니다. 그러나 그런 환경 속에서도 하나님을 섬길 수 있다면 즉시 하나님을 섬기십시오.

그런데 당신은 "나는 내 환경에서 벗어날 수 없습니다"라고 합니다. 그러나 당신은 분명히 벗어날 수 있습니다. 하나님을 섬기기 위해 필요한 일이라면 그 환경을 변화시킬 수 있습니다. 그리고 만일 그렇지 못하더라도 그 속에서 회개하고 하나님을 섬길 수 있는 것입니다.

죄인들의 또 다른 핑계는 "자기의 성질이 특별하다"는 것입니다.

죄인은 "나는 신경이 예민합니다. 혹은 저는 게으릅니다. 저에게는 지각이 없는 것 같습니다"라고 합니다. 하나님이 요구하시는 것은 무엇입니까? 하나님에서는 당신이 가지고 있지 않은 것을 요구하십니까? 아니면 다만 당신이 소유하고 있는 것을 사랑의 법에 따라 사용하기를 요구하십니까?

 이것은 수많은 핑계들 중의 하나일 뿐입니다. 어떤 사람은 지나치게 냉정하고 또 어떤 사람은 지나치게 흥분합니다. 그들 모두 회개하고 하나님을 섬기지 못합니다. 어떤 부인은 내게 자기는 선천적으로 흥분을 잘하므로 자신을 신뢰하지 못하며, 따라서 회개할 수 없다고 했습니다. 또 이와는 정반대의 문제를 지닌 사람이 있습니다. 즉 지나치게 무뎌서 눈물도 없으며, 따라서 노력한다고 해도 신앙심을 이용하지 못합니다. 하나님이 당신에게 저절로 흘리는 눈물보다 더 많은 눈물을 흘리라고 하십니까? 아니면 하나님을 섬기기만을 요구하십니까? 물론 하나님을 섬기는 것이면 충분합니다. 하나님이 당신에게 주신 능력으로 하나님을 섬기십시오. 당신이 지나치게 흥분을 잘한다고 해도 그것을 하나님의 손에 맡기십시오. 하나님이 요구하시는 것은 그것뿐입니다. 나는 그 여인의 말에 공감합니다. 왜냐하면 나는 그처럼 타는 듯한 감각에 대해 많이 알고 있기 때문입니다. 하나님이 우리에게 감정과 흥분을 요구하십니까? 아니면 우리의 모든 능력들을 하나님에게 완전히 봉헌하기를 원하십니까?

 어떤 죄인은 "나는 건강이 좋지 않아 예배에 참석할 수 없으므로 경건한 생활을 할 수 없습니다"라고 말합니다.

 하나님이 요구하시는 것은 무엇입니까? 건강과 상관없이 밤이나 낮이나 모든 집회에 출석하기를 요구하십니까? 절대 그렇지 않습니다. 집회에 참석하지 못하더라도 하나님에게 마음을 바칠 수 있습니다. 만일 날씨가 좋지 못해서 집회에 참석하지 못한다면, 하나님은 매우 합리적인 분이심을 확실히 믿으십시오. 하나님은 모든 형편을 적절히 참작하십니다. 하나님은 당신의 연약함을 잘 알고 계십니다. 하나님이 병 때문에 행하지 못한 일들을 책망하시리라고 생각합니까? 아닙니다. 하나님은 그런 분이 아닙니다. 하나님은 자애로우신 아버지로서 당신의 병실에 들어오십니다. 하나님은 사랑과 긍휼 속에서 마음의 깊은 긍휼을 당신에게 쏟아 주려고 오십니다. 왜 당신은 그분의 인자하심에 응답하지 않습니까? 하나님은 당신에게 오셔서 "네 마음을 달라"고 하십니다. 당신이 "나는 마음을 가지고 있지 않습니다"라고 대답한다면, 하나님은 더 이상 당신에게 요구하실 것이 없게 됩니다. 하나님은 당신에게 마음이 있다고 생각하시며, 또 당신의 마음을 사랑과 감사 속에서 하나님 자신에게로 이끌 만큼 충분한 일을 하셨다고 생각하십니다. 하나님은 이렇게 물으십니다. "내가 너를 가혹하게 다룬 일이 있느냐? 만일 없다면, 왜 너의 죄에 대한 변명을 늘어놓아 그것으로 나에게 누명을 씌우고 비난하느냐?"

또 "나는 마음이 너무 완악해서 느낄 수 없습니다"라는 변명이 있습니다.

이것은 신앙을 고백한 사람이나 고백하지 않은 사람들 모두에게서 흔히 발견되는 핑계입니다. 이것은 "무능"이라는 핑계의 변형에 불과합니다. 실제로 모든 죄인들의 변명은 결국 "내게는 그런 능력이 없습니다", "나는 하나님이 요구하신 것을 행할 수가 없습니다"라는 것으로 귀착됩니다. 만일 완악한 마음이 핑계가 될 수 있다면, 그것은 무능에 토대를 두어야 할 것입니다.

그러면 완악한 마음은 무엇입니까? 당신의 감각이 무디기 때문에 어떤 감정도 일으킬 수 없다는 의미입니까? 아니면, 당신에게 올바르게 행동하거나 올바른 뜻을 품을 능력이 없다는 의미입니까? 여기서 생각해야 할 점은 감정들은 전혀 자발적인 것이 아니라는 것입니다. 그것들은 상황에 따라 변화되며, 따라서 하나님의 법은 결코 그것들을 요구하시지 않습니다. 그리고 그것은 신앙심이 아니며 신앙심의 일부도 아닙니다. 그러므로 만일 당신이 무딘 감각을 완악한 마음이라고 한다면, 그것은 이 주제와는 관계가 없는 것입니다. 하나님은 당신이 자기의 뜻을 버리고 당신의 사랑을 하나님에게 바치기를 요구하십니다. 당신에게 감정이 있든 없든 그것과는 상관없이 요구하십니다.

성경에서 말하는 완악함은 "완강한 의지"입니다. 어린아이의 경우에 비유한다면, 고집을 세우며 부모님이 명한 일을 하려 하지 않는 것입니다. 그 어린이는 감정적으로 이것과 깊은 관계에 있을 수도 있고 아무 관계가 없을 수도 있습니다. 그의 감각들은 예민하고 철저히 분기되거나, 동면 상태에 있을 수도 있습니다. 그러나 어떤 경우에도 완강한 고집은 있을 수 있습니다.

하나님이 죄인에게 불평하시는 완악한 마음이란 이런 종류의 것입니다. 죄인은 방종에 집착하여 그것을 단념하지 않으려 하면서도 마음의 완악함을 한탄합니다. 지극히 합리적인 일을 하라는 요청을 받은 어린이가 "내 마음이 너무 완악해서 그것을 할 수 없습니다. 나는 나 자신의 길을 가기로 결정했기 때문에 아버지의 권유에 복종할 수 없습니다"라고 말한다면 당신은 그 아이를 어떻게 생각하겠습니까?

그런데도 이런 불평은 지극히 흔합니다. 가끔 경고를 받고 함께 기도하며 울어 본 경험이 있는 죄인, 많은 확신을 지닌 백성이었던 죄인들이 이런 불평을 합니다. 그들이 이런 핑계를 대는 것은 실제로 자기의 의지가 너무 완강하여 하나님의 뜻에 복종하려는 결심을 할 수 없다는 의미입니까? 진정으로 그는 이런 뜻에서 자기의 수치를 발표하려는 것입니까? 지옥에 있는 마귀에게 가서 하나님이 요구하시는 대로 행하라고 요구해 보십시오. 그들은 "내 마음이 너무 완악해서 그렇게 할 수 없다"고 대답할 것입니다. 그들의 의도는 무엇입니까? 그것은 "내 뜻은 완강하다. 내 뜻은 완전히 죄에 젖어 있다. 그래서 잠시도 회개라는 생각에 잠길 수 없다"는 의미일 뿐입니다. 마귀가 의미하는 것이 이것입니다. 그리고 죄인이 자신에 대해 진실하고 올바르게 표현한다면 그것 역시 동일한 의미를 나타낼 것입니다. 그는 이렇게 선언함으로써 많은 해를 끼칠 뿐 아니라 모욕을 가하고 있습니다. 한 어린이가 이렇게 말했다고 가정해 보십시오. "내 마음에는 어머니와 아버지에 대한 사랑이 없다. 그들에 대한 내 마음은 지극히 완악하다. 나는 그들을 사랑하지 않는다. 나는 다만 그들을 모독하고 그들의 권위를 짓밟는 데에서만 기쁨을 느낀다." 이것은 너무도 모욕적인 말입니다.

어떤 살인자가 법정에서 재판을 받는데 형을 선고받기 전에 최후 진술을 하면서 말하기를 "내 마음은 매우 완악합니다. 나는 수많은 사람을 죽였고, 그런 습관에 젖어 있기 때문에 아무런 양심의 가책도 없이 사람을 죽일 수 있습니다. 나는 피에 굶주려 있기 때문에 기회가 있을 때마다 살인하지 않고는 견디지 못합니다. 내 마음은 완악하므로 이 일을 매우 좋아합니다"라고 했다고 가정해 보십시오. 법정은 과연 얼마나 그 진술을 들어 주겠습니까? 재판관은 이렇게 말할 것입니다. "그만두어라. 그런 변명은 더 이상 들어 줄 수 없다. 저자를 끌고 나가 이 공의의 담 안에서 처형하라. 나는 저 자가 죽을 때까지 이 자리를 뜨지 않을 것이다. 그는 할 수만 있다면 이 자리에서라도 우리 모두를 죽이려 할 것이다."

이와 같은 죄인을 우리는 어떻게 생각해야 할까요? 그는 이렇게 말합니다. "하나님, 내 마음은 완악하기 때문에 나는 당신을 사랑할 수 없습니다. 나는 진정으로 당신을 미워합니다. 그래서 사랑하고 자원하는 마음으로 순종하며 당신에게 마음을 바치겠다고 결심할 수 없습니다."

많은 사람들이 이렇게 변명을 해 왔습니다. "나는 마음이 완악하여 회개할 수 없습니다. 나는 하나님을 사랑할 수도 없고 섬길 수도 없습니다." 자, 가서 이것을 기록하고 인쇄하여 온 세상에 발표하십시오. 당신의 마음이 완악해서 하나님의 어떤 주장도 당신의 마음을 움직일 수 없다고 자랑하십시오. 만일 당신이 그런 변명을 한다면 절반도 늘어놓기 전에 온 우주가 당신을 꾸짖고 나무랄 것이며, 당신은 그들의 통렬한 질책을 피하여 숨을 곳을 달라고 소리칠 것입니다. 그들의 분노의 소리는 태풍처럼 하늘에 울려 퍼지며 말할 수 없는 혼란과 수치로 당신을 감쌀 것입니다.

감히 위대한 여호와 하나님을 욕하고 모욕하다니요? 당신은 말할 수 없는 사랑으로 당신을 지켜주시며, 당신이 병들었을 때에 부드러운 미풍을 불게 하여 시원하게 해주시며, 자신의 식탁에서 당신을 먹여 주시는 하나님을 비난하며 감사하지 않으며 그 섭리하시는 손도 보지 않는다는 말입니까? 그리고 친구들이 당신에게 회개하라고 간청하며 당신을 위하여 특별히 기도하고, 천사들은 당신 때문에 눈물을 흘리고, 보이지 않는 영들이 당신이 가고 있는 지옥길에서 경고의 음성을 보내는데도 당신은 뻔뻔스러운 얼굴로 마음이 너무 완악하여 회개할 수가 없으니 회개하든지 말든지 상관하지 말라고 하나님에게 말씀드리겠습니까? 당신은 십자가에 달리신 그분의 마음을 창으로 찌르며 "나는 미안하게 생각하지 않는다. 내 마음은 돌같이 단단하다. 나는 전혀 상관치 않으며 회개하지 않겠다"고 소리칩니다. 만일 이렇게 변명한다면 당신은 정말 불쌍한 사람입니다.

당신의 변명의 요점은 무엇입니까? 당신의 마음이 악을 행하기로 완전히 결정되었다는 것입니다. 성경 기자는 이런 경우를 분명하게 계시했습니다. "악행에 대한 진노가 속히 임하지 않으므로 사람의 아들들이 마음으로 악을 행하고자 하더라." 당신은 이처럼 무모하고 모독적인 태도로 악을 행하기로 결심하고 하나님 앞에 서 있습니다.

동일한 변명을 다른 형태로 표현한 것이 "내 마음이 너무 악하기 때문에 하나님이 요구하시는 것을 할 수 없다"는 것입니다.

어떤 사람들은 주저하지 않고 자기의 마음이 악하다고 공언합니다. 그들이 이렇게 말하는 의도는 무엇입니까? 자신이 죄 속에서 완악해져 있으며 지극히 악하기 때문에 하나님에게 굴복하지 않겠다는 의미입니다. 이것이 가장 적당한 의미이며, 가장 정확한 진리입니다.

죄인이여, 당신이 이것을 핑계로 내세운 목표는 이 딱한 마음에 대한 책임을 하나님에게 전가하려는 것입니다. 아마도 당신은 암암리에, 그러나 실제로 하나님이 당신의 악한 마음의 창조에 관련되어 있다고 암시하고 있습니다. 이것이 당신이 의도하는 모든 것입니다. 만일 당신의 마음이 악한 데 대한 책임이 하나님에게 있다는 의미가 아니라면 당신은 이런 말을 하지 않을 것입니다. 이것은 일종의 "무능"이라는 핑계이며, 쌍둥이 자매인 원죄와 짝을 이루고 창조주의 책임 하에서 피조된 인류의 혈관과 피 속에 전해 내려옵니다.

또 다른 변명으로 "내 마음은 대단히 거짓되다"는 것입니다.

어떤 사람이 자기 이웃을 속이고서 이렇게 변명을 늘어놓았다고 가정해 보십시오. "나는 당신을 속이지 않을 수 없었습니다. 당신을 욕하고 거짓말하지 않을 수 없었습니다. 내 마음은 거짓으로 가득 차 있기 때문입니다." 과연 이것이 잘못된 행동에 대한 변명이나 핑계가 될 수 있다고 생각하십니까? 물론 죄인이 자기의 죄를 발표하고 스스로를 책망하려는 것이 아닌 이상 그는 일종의 변명으로 그런 말을 하는 것입니다. 만일 그렇다면 그는 책임을 하나님에게 전가하는 것입니다.

어떤 사람들은 "나는 신자가 되려고 노력해 왔습니다."

"나는 할 수 있는 모든 일을 했습니다. 나는 진지하게 오랫동안 노력했습니다"라는 핑계를 대어 자신을 변명합니다. 당신은 기독교인이 되려고 노력했다고 말합니다. 그렇다면 기독교인이 된다는 것은 무엇입니까? 마음을 하나님에게 드리는 것입니다. 그러면 마음을 하나님에게 드리는 것은 무엇입니까? 자유의지의 능력들을 하나님에게 헌신하는 것입니다. 자신을 위해 살지 않고 하나님을 위해 사는 것입니다. 이것이 당신이 얻으려고 노력해 오고 있다고 고백한 상태, 즉 기독교인이 되는 일입니다.

이것은 흔한 핑계입니다. 그러면 "기독교인이 되려고 노력한다"는 말에 함축된 뜻은 무엇입니까? 거기에는 자신의 의무를 기꺼이 행하려는 의지가 포함되어 있습니다. 마음, 즉 의지가 올바르다는 것입니다. 그리고 노력하고 있다는 것은 단지 표면적인 노력, 실천적 행동들만을 언급합니다. 사람이 어떤 말을 하는 것은 자신이 하려고 하는 뜻이나 의도가 있기 때문입니다. 그런 말을 하는 것은 그의 뜻이 이미 선정된 목표에 찬성하며 그 목표를 달성하는 데 전념하고 있다는 것을 암시합니다.

그러므로 어떤 사람이 기독교인이 되려고 노력한다면 그의 마음은 하나님에게 순종하며 그의 노력은 표면적 행동에 관심을 두어야 합니다. 이것들은 의지와 밀접하게 관련되어 있으므로 이 관계가 깨지지 않는 한 그들은 필요의 법칙을 따르게 됩니다. 이런 일이 일어날 때에 표면적 행위를 확보하지 못한 우리의 실수의 결과로 죄가 따르지는 않습니다. 하나님은 그 책임을 우리에게 묻지 아니하십니다.

그러므로 죄인들이 이런 핑계를 대는 것은, "나는 오랫동안 하나님에게 순종해 왔습니다. 나는 의로운 마음을 소유해 왔으며 기독교인의 성품에 어울리는 외적 행위를 확보하려고 성실하게 노력해 왔습니다"라는 의미가 되어야 합니다.

  이것이 사실이라면 당신은 의무를 이행한 셈이 됩니다. 그러나 당신은 이 모든 것을 시인할 의도입니까? 당신의 대답은 "아니오"일 것입니다. 그렇다면 당신이 의미하고자 한 바는 무엇입니까?

  내가 아들에게 "아들아, 이 일을 하거라. 왜 이 일을 하지 않았느냐?"라고 말했다고 가정해 봅시다. 그런데 내 아들이 "아버지, 나는 그렇게 하려고 노력했어요"라고 대답은 했지만 실제로 그에게는 그 일을 할 생각이 없었으며 나에게 순종하려고 결심한 적도 없고 다만 "나는 노력하려 했으며, 그렇게 원하기로 결심했습니다"라는 의미였다고 생각해 보십시오.

  당신도 마찬가지 말을 합니다. "나는 신앙심을 지니려고 노력해 왔습니다." 그러면 신앙심이 도대체 무엇이기에 당신은 그것을 얻지 못했습니까? 왜 실패했습니까? 아마도 다음과 같은 식으로 노력해 왔을 것입니다. 하나님은 "나에게 너의 마음을 달라"고 말씀하셨습니다. 그러나 당신은 오히려 방향을 돌려 하나님이 친히 그 일을 하시라고 요구했거나 혹은 하나님이 그렇게 하시기를 기다리기만 했을 것입니다. 하나님은 당신에게 회개하라고 명령하셨지만 당신은 하나님이 당신을 대신하여 회개하시게 하려 했습니다. 하나님은 "복음을 믿으라"고 말씀하셨는데 당신은 다만 하나님이 당신을 대신하여 믿으시게 만들려는 생각을 했을 것입니다. 당신은 분명

오랫동안 헛되이 노력해 왔습니다. 당신은 하나님의 명령대로 하려고 노력하지 않고 오히려 하나님이 자신의 도덕적 통치 체계를 바꾸시고 자신을 당신의 처지에 놓으시어 당신에게 명하신 의무를 친히 행하시게 만들려 했을 것입니다. 이 얼마나 엄청난 타락입니까.

기독교인이 되려고 노력했다는 변명이 무슨 소용이 있습니까? 당신이 다음과 같은 사실들을 깨달을 때 그것의 소용 가치를 쉽게 알 수 있을 것입니다. 그것은 거짓된 것입니다. 그것은 하나님의 속성에 대해 부정한 의미를 함축하고 있습니다. 당신은 "주여, 나는 그것을 할 수 없다는 것을 압니다. 나는 힘껏 노력해 왔으며, 이제 나는 신자가 될 수 없음을 알고 있습니다. 나는 기꺼이 신앙심을 갖고 싶습니다. 그러나 그렇게 할 수가 없습니다"라고 말합니다.

그렇다면 그 책임은 누구에게 있습니까? 자신의 처지에 대한 당신의 말에 의하면 당신에게는 책임이 없습니다. 그렇다면 누구에게 있습니까? 당신이 "나는 마음을 다하여 하나님을 사랑하고 섬기려 노력했지만 그렇게 할 수가 없습니다"라고 말할 때 우주인들이 그 말을 믿는다면 그들은 무엇이라고 하겠습니까? 그러나 그들은 결코 무한하신 성부에 대한 그러한 모욕적인 말을 믿지 않습니다. 물론 그들은 당신에게 받아야 마땅한 운명을 선포할 것입니다.

어떤 사람은 "노력해도 아무 소용이 없을 것이다"라는 핑계를 댑니다.

당신이 이런 핑계를 대는 것은 대체 무슨 의미입니까? 하나님은 당신이 행한 봉사에 대해 마땅한 보상을 하시지 않을 것이라는 의미입니까? 아니면 당신이 회개한다 해도 하나님은 당신을 용서하시지 않을 것이라는 의미입니까? 당신은 (어떤 사람들이 생각하듯이) 당신의 은혜의 날을 범죄함으로 보냈다고 생각하는 것입니까?

설령 그렇게 되었다고 하더라도 그것이 당신이 계속 죄 속에서 생활해야 하는 이유가 됩니까? 당신은 하나님이 선하신 분이라는 것을 믿지 않습니까? 하나님은 선하신 분입니다. 그러므로 만일 우주의 선이 용납하기만 한다면 하나님은 당신을 용서하십니다. 그렇다면 하나님이 용서하시지 않으리라는 주장이 당신이 영원히 죄 속에서 행하며 무한히 선하신 하나님에 대해 격분하는 이유가 될 수 있습니까? 당신은 하나님은 자비하시고 용서하시는 분이라고 믿습니다. 그렇다면 당신은 최소한 "나는 그런 하나님에게 대항하여 범죄하기를 그만두어야 한다"고 말해야 하지 않겠습니까? 꿈속에서 지옥으로 가고 있는 사람이 천국으로 가는 사람과 헤어지면서 이렇게 말했습니다. "나는 이제 지옥으로 내려갑니다. 당신이 하나님에게 가면 내 말을 전해 주기 바랍니다. 나는 무가치한 나에게 베풀어 주신 하나님의 만 가지 자비에 대해 크게 감사하고 있습니다. 하나님은 한 번도 나에게 불의를 행하신 일이 없습니다. 나에게 베풀어 주셨던 분에 넘치는 선에 대해 감사하다고 전해 주십시오."

이때 그는 잠이 깨었습니다. 그는 회개의 눈물을 흘리며 하늘에 계신 성부께 감사를 돌렸습니다. 사람들이 이 꿈을 꾼 사람처럼 합리적으로 행한다면 그것은 고귀하고 의로운 일일 것입니다. 자신이 은혜의 날을 범죄함으로 허비했다고 생각할 때에 그들은 "나는 하나님이 선하시다는 것을 알고 있다. 나는 최소한 하나님에게 감사를 드려야 한다. 하나님은 나에게 불의를 행하지 않으셨다"고 말해야 합니다. 이렇게 한다면 적어도 감정적으로 그것이 그들의 처지에 합당한 일이라는 만족감을 소유하게 될 것입니다. 죄인이여, 그대는 이렇게 하겠습니까?

어떤 사람은 "내 마음을 그리스도께 드리려고 했지만 주님은 나를 영접하려 하지 않습니다. 주님이 나를 영접하시거나 그렇게 하기를 원하신다는 증거가 없습니다"라고 말합니다.

지난번 토론회 때에 어느 젊은 여인이 나에게 자기는 마음을 주께 드리겠다고 했지만 주님이 그녀를 영접하시려 하지 않는다고 말했습니다. 이것은 그리스도께서 거짓말을 하셨다고 비난하는 것입니다. 왜냐하면 주님은 자기에게 오는 자를 내쫓지 않는다고 말씀하셨기 때문입니다. 당신은 말하기를 "나는 주께 나 자신을 바쳤지만 주님은 나를 받으려 하시지 않았습니다"고 합니다. 그러나 주님은 "볼지어다 내가 문 밖에 서서 두드리노니 누구든지 내 음성을 듣고 문을 열면 내가 그에게로 들어가리라"계 3:20고 하십니다. 당신이 주께 마음을 바쳤는데도 주님이 당신을 쫓아내셨습니까? 주님이 "죄인이여, 가라. 없어져라"고 말씀하셨습니까? 그렇지 않습니다. 주님은 결코 그렇게 말씀하신 적이 없습니다. 주님은 결코 그런 일을 하지 않는다고 말씀하셨습니다. 주님은 자기에게로 오는 자를 내쫓지 아니하시겠다고 말씀하십니다. 주님은 "구하는 이마다 얻을 것이요 찾는 이가 찾을 것이요 두드리는 이에게 열릴 것이니라"고 말씀하십니다. 그러나 당신은 "내가 찾으나 발견치 못했다"고 말하고 있습니다. 당신은 예수 그리스도를 거짓말쟁이로 만들렵니까? 당신은 주님을 맞대 놓고 공공연하게 이런 비난을 했습니까? 당신이 "주님, 저는 당신을 찾으려고 애를 썼습니다. 당신의 문 앞에 서서 문을 두드렸지만 헛수고였습니다"라고 말하는 것이 주님을 비난하는 것이 아닙니까? 그것은 큰 문젯거리가 될 것입니다.

또 어떤 죄인은 "나에게는 구원이 없다"고 말합니다.

이것은 그리스도께서 당신을 위한 속죄 사역을 이루시지 않았다는 의미입니까? 주님은 모든 사람을 대신하여 죽으셨다고 말씀하셨습니다. 성경에는 "하나님이 세상을 이처럼 사랑하사 독생자를 주셨으니 이는 저를 믿는 자마다 멸망치 않고 영생을 얻게 하려 하심이라"고 선포되어 있습니다. 그런데도 지금 당신은 당신을 위해 예비되어 있는 구원이 없으며 당신이 구원될 가능성이 없다고 하는 것입니까? 당신은 구원 얻을 가능성이 없기 때문에 슬퍼하며 지옥으로 달려가는 것입니까? 구원의 잔이 당신의 입술에 닿을 때 당신은 그 잔을 내던지며 "이것은 내 것이 아니다"라고 말하렵니까? 당신은 하나님의 말씀이 잘못되었다고 증명할 수 있습니까? 만일 그런 죄인이 있다면 하나님의 발등상 위에 서서 크게 말해 보십시오. 만일 당신이 하나님에게 그러한 혐의를 두고 있으며 그것이 사실임을 증명할 수 있다면 말입니다. 구원의 소망은 전혀 없는 것입니까? 당신을 위한 구원이 예비되어 있지 않거나 당신에게 제공되지 않는 것이 아닙니다. 문제는 그것을 받아들일 마음이 당신에게 없다는 것입니다. 지혜를 구하는 마음이 없다는 것을 알면서 무엇 때문에 어리석은 자에게 지혜를 구할 수 있는 값을 주겠습니까?

당신은 "나는 내 마음을 변화시킬 수 없습니다"라고 변명할 것입니다.

마음을 변화시킬 수 없습니까? 아담이 첫 번째 범죄한 후 하나님이 그를 불러 회개하라고 하셨을 때에 그가 이런 변명을 했다고 가정해 보십시오. "새로운 마음과 올바른 영을 받들라"고 하나님이 말씀하시니 "나는 내 마음을 바꿀 수 없습니다"라고 대답했다고 생각해 보십시오. 실제로 창조주의 말씀에 응답하여 마음을 바꾸는 데 얼마나 오랜 시간이 걸립니까? 당신은 몇 시간 전에 마음을 바꿔 거룩에서 죄로 돌아섰습니다. 그러면서도 죄에서 거룩으로 돌이킬 수 없다고 당신의 창조주에게 말하겠습니까?

마음의 변화는 자발적인 일입니다. 그것은 당신이 스스로 하지 않는 한 이룰 수 없는 일입니다. 물론 어떤 의미에서 하나님이 마음을 변화시키신다고 볼 수도 있습니다. 그러나 그것은 다만 하나님이 죄인의 마음을 감화시키시면 그가 마음을 바꾸게 된다는 것입니다. 그러나 본질적으로 변화는 죄인 자신의 자발적인 행동입니다.

당신은 "더 큰 확신이 없는 한 내 마음을 변화시킬 수 없다"고 합니다.

이것은 당신이 자신의 의무와 죄를 충분히 알지 못한다는 의미입니까? 당신은 그렇게 말할 수 없습니다. 당신은 분명히 자기의 죄와 의무를 알고 있습니다. 당신은 하나님에게 자신을 봉헌해야 한다는 것을 알고 있습니다. 그렇다면 당신은 어떤 의미로 그런 핑계를 대는 것입니까? 당신은 반드시 해야 한다고 알고 있는 일을 할 수 없습니까? 그것은 진부한 거짓말입니다. 그것은 "무능"이라는 더러운 교리와 동일한 것이며, 부끄러움을 모르는 거짓말들의 피난처입니다. 이 새로운 형태의 핑계에 포함된 의미는 무엇입니까? 결국 그것은 하나님은 당신이 회개할 수 있도록 충분한 확신을 주시지 않았다는 말입니다. 하나님이 하셔야 할 일과 책임이 있는데 하나님은 그 일을 하시지도 않고 그 책임도 감당하시지 않는다는 의미입니다. 그렇다면 당신은 지옥으로 가는 수밖에 없습니다. 왜냐하면 하나님이 당신의 구원을 위한 일을 하시지 않기 때문입니다. 죄인이여, 그대는 정말 이렇게 믿습니까?

당신은 먼저 더 많은 성령을 소유해야 한다는 핑계를 내세웁니다.

그러면서도 매일 성령을 거부합니다. 하나님은 당신에게 자신의 영을 제공하십니다. 좀 더 자세히 말하자면, 자기의 영을 주십니다. 그러나 당신은 그것을 거부합니다. 그러면서도 더 많은 성령의 감화를 원하는 척하는 것은 무슨 의미에서입니까?

사실 당신은 성령의 감화를 원하지 않습니다. 당신은 다만 하나님이 당신을 도와 회개할 수 있도록 하나님의 역할을 하지 않았으며, 당신은 하나님의 도움 없이는 회개할 수 없으므로 따라서 당신이 회개치 않는 책임은 하나님에게 있는 것처럼 만들려는 것입니다. "하나님은 나를 무능하게 만드셨으며, 이 무능을 벗어날 수 있도록 돕지 않으신다"고 말하는 것은 또 다른 거짓말에 불과합니다.

죄인은 또 "하나님이 내 마음을 변화시켜야 한다"는 핑계를 댑니다.

하나님은 당신에게 마음을 바꾸라고 요구하시지 않습니다. 하나님은 다만 당신에게 권면하실 뿐입니다. 어떤 사람이 전략을 바꾸면서 "어떤 사람이 내 마음을 변화시켰다. 그가 나를 자기편으로 만들었다"고 말할 수 있습니다. 그러나 이것은 결코 그가 자기의 마음을 바꾸지 않았다는 의미를 함축하지는 않습니다. 이것은 그 사람이 당신을 설득했으며 당신은 그에게 굴복했다는 의미입니다.

죄인이 늘어놓는 이 변명은 그가 경건한 사람이 되기 이전에 하나님이 하셔야 할 일이 더 있다는 뜻을 함축하고 있습니다. 나는 많은 신앙고백자들이 이러한 주장을 하는 것을 보았습니다. 많은 목회자들도 죄인들에게 이렇게 말해 왔습니다. "하나님을 기다리십시오. 때가 되면 하나님이 당신의 마음을 변화시키실 것입니다. 그것은 당신 스스로 할 수 없는 일입니다. 당신이 할 수 있는 일은 다만 주께 당신의 마음을 변화시키실 기회를 드리는 일입니다. 때가 차면 당신도 모르는 사이에 새로운 마음을 주실 것입니다. 하나님은 이 문제에 있어서 주권주로 행동하시며, 자신의 방법으로 자신의 일을 하십니다."

이렇게 가르침으로써 그들은 죄인의 입에 변명들을 가득 채워주며, 그의 양심에 호소하시는 하나님의 참된 요구들에 대항해 철석같이 굳은 마음을 갖게 만듭니다.

또 죄인은 "기독교인이 된다고 해도 나는 기독교적인 생활을 할 수 없을 것입니다. 많은 사람들이 실패하는 것을 보면서 내가 그 일에 성공하기를 기대하는 것은 불합리합니다"라고 변명합니다.

내가 아는 어떤 사람은 "내가 회개하고 기독교인이 되어도 아무 소용이 없다. 왜냐하면 나보다 먼저 살았던 사람들이 행했던 것보다 내가 더 잘 행하리라고 기대하는 것은 불합리한 일이기 때문이다"라고 말했습니다. 이런 변명을 늘어놓는 죄인들은 조심스럽게 하나님에게 말합니다. "저는 보잘것없는 사람입니다. 주여, 당신은 내가 자신을 낮게 평가한다는 것을 아십니다. 저는 당신의 영광을 열망하고 있습니다. 그리고 혹시 제가 당신의 이름을 더럽힐까 두려워합니다. 이것은 결코 나를 위한 최선의 일이 아닌 듯합니다."

그렇다고 합시다. 그러면 어떻게 하겠습니까? "나는 계속 범죄하여 복음을 짓밟겠습니다. 하나님, 나는 당신을 박해하겠으며 당신의 문제로 전쟁을 하겠습니다. 신앙을 고백하고 나서 그 신앙고백을 더럽히기보다는 아예 고백하지 않는 편이 훨씬 낫기 때문입니다." 이것은 너무도 괴이한 논리입니다. 어리석은 죄인이 늘어놓는 변명의 표본입니다.

이것은 영혼이 기독교인의 생활을 하도록 도와줄 충분한 은혜가 예비되지 않으며 제공되지 않는다고 주장하는 것입니다. 이것은 우리가 이생에서 받은 은혜로는 하나님의 법에 복종할 수 있기를 기대하는 것이 불합리하다는 주장입니다. 하나님이 충분한 은혜와 도움을 주시지 않는다는 것입니다. 사람들은 이것을 성경신학이라고 가르치고 있습니다. 이러한 가르침은 그 본원지인 지옥으로 던져 버리십시오. 하나님이 연약하셔서 하나님을 의지하는 영혼을 지탱해 주실 수 없다는 말입니까? 아니면, 하나님은 도움을 베푸시는 데 인색하기 때문에 하나님을 의지하는 자녀들의 요구를 충족시켜 주시지 않는다고 생각해야 한다는 것입니까? 당신은 하나님을 설득해서는 한 방울의 은혜도 얻을 수 없다고 가정하는 듯합니다. 훌륭한 기독교인의 삶을 영위할 은혜를 얻을 수 없다니요. 이것은 하나님이 충분한 은혜를 주시지 않는다는 비난입니다.

여호와께서는 무엇이라고 말씀하십니까? "하나님은 약속을 기업으로 받는 자들에게 그 뜻이 변치 아니함을 충분히 나타내시려고 그 일에 맹세로 보증하셨나니 이는 하나님이 거짓말을 하실 수 없는 이 두 가지 변치 못할 사실을 인하여 앞에 있는 소망을 얻으려고 피하여 가는 우리로 큰 안위를 받게 하려 하심이라"히 6:17-18. 그러나 당신은 "만일 내가 피하여 이 소망을 얻는다고 해도 결국 은혜가 부족하기 때문에 실패할 것입니다. 나는 거짓말을 하실 수 없는 그 분의 말씀 안에 쉬는 데서 위안을 얻을 수 없을 것입니다. 불변하시는 하나님의 맹세는 나를 만족시키지 못합니다"라고 합니다.

그러므로 당신은 하나님의 말씀을 비방하며 자신이 회개치 않는 것에 대해 죄악된 변명을 하고 있는 것입니다.

또 다른 핑계는 "이것은 대단히 알기 어렵고 신비한 주제입니다. 나는 신앙과 중생이라는 문제를 이해할 수 없습니다"입니다.

죄인이여, 당신은 주님을 만나 이 같은 반론을 제기하며 "주님, 당신은 내가 이해하지도 못하는 일을 나에게 행하라고 요구하셨습니다"라고 말했습니까? 당신은 자신이 죄인이라는 것, 그리스도께서 당신을 위해 죽으셨다는 것, 당신은 그를 믿어야 하며 회개함으로써 모든 죄를 버려야 한다는 것을 알고 있습니다. 이것은 너무도 분명한 사실이므로 바보라도 실수할 염려가 없습니다. 그러므로 당신의 변명은 더럽고 거짓된 것입니다. 그것은 다름 아닌 하나님에 대한 비열한 모욕입니다.

당신은 "나는 믿을 수가 없습니다"라고 합니다.

당신은 동료들은 믿으면서 무한히 성실하신 하나님을 믿을 수 없다는 말입니까? 당신은 하나님이 당신에게 믿을 수 없는 일, 이성에 어긋나는 일로서 하나님이 인증하시는 어떤 증거를 보아도 도저히 인정할 수 없는 일을 믿으라고 요구하신다고 주장하려는 것입니까? 당신은 하나님에게 대항하여 이런 주장을 하려는 것입니까? 당신은 이 주장에 포함된 중요한 사실을 믿습니까?

당신은 이러한 일들을 이해할 수 없다고 거듭 주장합니다. 당신은 이러한 일들이 진실이라는 것을 알지만 이해할 수 없다고 주장합니다. 당신은 성경이 진리라는 것, 하나님이 참으로 용서하겠다고 제안하셨다는 것, 구원이 실제로 당신의 손이 닿을 수 있는 곳에 예비되어 있다는 것을 이해할 수 없다는 것입니다. 당신과 같은 사람을 어떻게 도와야 할까요? 어떻게 하면 이 진리들을 보다 분명하게 이해할 수 있습니까? 그러나 당신은 더 이상의 증거를 원하지 않고 있습니다. 그렇다면 왜 그 알고 있는 진리를 따라 행하지 않습니까? 더 이상 당신이 무엇을 요청할 수 있습니까?

당신은 자신의 주장을 하나님 앞에 가지고 가서 "하나님, 당신은 그리스도께서 나를 위해 돌아가셨다고 말씀하시지만 저는 그렇게 이해할 수가 없습니다. 그러므로 그리스도를 나의 구주로 받아들일 수 없습니다"라고 말하렵니까? 이것이 합리적인 핑계가 될 수 있습니까?

그러나 당신은 또 자신이 회개할 수 없다고 변명합니다. 당신은 하나님을 속인 일을 죄송스럽게 생각할 수 없습니다. 당신은 모든 죄를 버리겠다는 결심을 할 수가 없습니다. 정말로 그렇다면 당신은 하나님에게 순종하겠다는 결심도 할 수 없으며, 지옥에 가겠다고 결심하는 편이 더 낫습니다. 그 외에 다른 길이 없습니다.

어쨌든 지금 당신은 기독교인이 될 수 없습니다. 당신은 장차 개종하겠지만 지금 그렇게 하겠다는 결심은 할 수 없습니다. 그러나 하나님은 지금 요구하십니다. 그러므로 당신은 그 말씀에 순종하든지 아니면 그 결말을 기다려야 합니다.

당신은 "지금은 그렇게 할 수가 없다"고 말하렵니까? 그렇다면 그것을 요구하시는 하나님의 책임이 대단히 큽니다. 그러나 만일 당신이 그렇게 할 수 있다면 거짓말을 하는 것은 당신이 됩니다. 따라서 그것은 당신의 창조주께 대해 대단히 모욕적이고 무례한 거짓말입니다.

죄에 대한 핑계는 해로울 뿐만 아니라 모욕적인 것이다.

법정이나 입법자를 비난하는 변명은 죄를 더욱 악화시킵니다.

판사들은 항상 그렇게 간주합니다. 죄인과 무한하신 입법자이시며 심판주가 되시는 분의 사이에서는 더욱 그러합니다.

자기변명도 마찬가지입니다.

만일 그 변명이 거짓이라면 그것은 고발된 죄를 더욱 악화시킵니다. 이는 종종 일어나는 일이며, 이런 일이 일어날 때마다 새로이 무례와 잘못은 더해갑니다. 죄수가 법정에서 법정의 기록에 대해 거짓말을 하며, 뻔한 거짓말을 하는 것은 그의 사건 심리에 큰 손해를 끼칩니다.

반면에 어떤 죄수가 법정에서 정직하게 진술하며 죄를 자백한다면 판사는 가능한 그의 형량을 줄여 선고하려 할 것입니다. 그러나 죄수가 교묘하게 둘러대며 얼버무리고 거짓말을 한다면, 강력한 법의 힘이 그에게 임할 것입니다. 판사는 사법적 권위와 두려움을 가지고 사건을 심리하며 그 죄수를 용서하지 않으려 할 것입니다. 그 죄수는 모든 법에 대항했으므로 그가 죽든지 법 자체가 없어져야 합니다.

하나님을 모욕하고 그것에 대해 변명하는 것은 역겨운 짓입니다.

이것은 죄인들이 예부터 사용해 온 진부한 방법입니다. 에덴동산의 아담과 이브는 여호와의 음성이 다가오는 것을 알고 도망쳐 숨었습니다. 그들이 어떻게 행했습니까? 하나님이 그들을 부르시며 찾기 시작하셨습니다. "아담아, 네가 무슨 일을 저질렀느냐? 내가 너더러 먹지 말라고 명한 그 나무의 실과를 네가 먹었느냐?" 아담은 기가 죽었지만 핑계를 대었습니다. "하나님이 주셔서 나와 함께 하게 하신 여자 그가 그 나무 실과를 내게 주므로 내가 먹었나이다." 범죄한 아담은 하나님이 자기에게 그러한 성질을 주셨다고 말합니다. 그의 변명을 따르면, 이 거래에서 모든 잘못의 책임은 주로 하나님에게 있었습니다.

다음에 하나님은 여인에게 물으십니다. "네가 어찌하여 이렇게 하였느냐?" 여인도 역시 핑계를 댔습니다. "뱀이 나를 꾀므로 내가 먹었나이다." 이러한 행동은 항상 책임을 하나님에게 전가합니다. 이런 태도는 아담의 후손을 통해 오늘날까지 이어져 내려오고 있습니다. 하나님은 육천 년 동안 이런 변명을 들어 오셨습니다. 그러나 아직도 세상은 용서함을 받고 있으며, 아직 하나님의 보복이 임하여 그 모든 악한 중상자들을 지옥에 던져 넣지 않고 있습니다. 하나님은 오래 참으시는 분입니다.

결론

복음의 빛 아래 있는 죄인은 자신을 정당화하기 위해 핑계를 대지 않고서는 한 시간도 죄 속에서 살지 못합니다.

인간의 지적인 본성의 법칙에 따르면 사람들은 자신의 양심이나 그 밖의 다른 원인에 의해 잘못되었다는 고발을 받을 때에 죄를 자백하거나 자신을 정당화해야 합니다. 회개치 않는 죄인들은 후자의 길을 택합니다. 그들에게는 변명할 기회가 많으며, 편리하게 많은 변명을 합니다. 그들은 아주 쉽게 이 핑계 저 핑계로 옮겨 다닙니다. 마치 이러한 거짓된 수단들이 그들의 부족한 힘을 보상해 주는 듯합니다. 그들은 진리와 의에 비추어 볼 때 수많은 핑계가 모두 정당하지 못하다는 것을 압니다. 그러면서도 그들은 한 가지 변명을 내세우다가 또 다른 변명으로 피합니다. 그리하여 일련의 핑계들을 모두 사용한 뒤에는 다시 처음으로 돌아가 동일한 주장을 되풀이합니다. 모든 핑계를 버리고 자신이 그릇되었고 하나님은 완전히 옳으시다는 진리를 인정하는 것은 매우 어려운 일입니다. 그러므로 복음을 전파하는 목회자가 해야 할 큰 일은 죄인들의 핑계들을 찾아내어 폭로하며, 각처로 돌아다니면서 가능하다면 죄인들의 거짓된 핑계와 수단을 제거하고 그들의 마음을 진리의 축 위에 올려놓는 것입니다.

변명을 하는 사람은 회개할 수 없게 됩니다.

변명은 자기가 정당하다고 주장하는 것입니다. 자기를 정당화하는 것은 죄의 자백과 회개에 반대가 됩니다. 그러므로 변명을 찾아 택하는 것은 자신을 회개에서 가장 먼 곳에 두는 것입니다. 물론 자책하는 죄인은 하나님으로 하여금 용서하지 못하시게 만듭니다. 그는 자신을 신적인 위치에 놓고 하나님의 통치와 같은 태도를 취하므로, 그가 자신을 용서하는 것은 하나님의 보좌를 파괴하는 것이 될 것입니다. 만일 하나님이 변명으로 자신을 정당화하고 창조주를 비난하는 죄인을 용서하신다면, 하늘과 땅과 지옥이 무엇이라고 말하겠습니까?

죄인들은 하나님 앞에 자신의 모든 변명을 내놓아야 합니다.

물론 이것은 지극히 합리적인 일입니다. 나에게 빚진 사람이 빚을 갚지 못했다고 가정해 보십시오. 그가 빚을 갚지 못하는 데 대한 정당한 핑계가 있다면, 그는 당연히 나에게 와서 상황을 털어놓고 이해를 구해야 합니다. 혹시 그의 견해가 옳다면 나를 설득할 수 있을지도 모릅니다.

죄인이여, 당신은 하나님에게 이렇게 행해 본 일이 있습니까? 당신은 하나님에게 하나의 변명을 내놓고서 "당신은 나에게 거룩하라고 요구하시지만 나는 그렇게 할 수 없습니다. 주님, 나는 당신께 순종치 않는 것에 대해 좋은 핑계를 가지고 있습니다"라고 말해 본 일이 있습니까? 그렇지 않습니다. 당신은 이렇게 행하는 습관을 가지고 있지 않으며, 아마 평생 한 번도 이렇게 해보지 않았을 것입니다. 사실 당신은 하나님 앞에 자신의 핑계들을 가지고 나갈 특별한 용기가 없습니다. 왜냐하면 당신에게는 거짓말의 수단이라는 목적에 합당한 핑계만 있을 뿐 스스로 완전히 선하다고 믿는 변명을 가지고 있지 않기 때문입니다. 당신의 변명들은 자신의 이성과 양심의 판결을 견뎌내지 못할 것입니다. 그렇다면 어찌 그것들이 여호와 하나님의 엄한 눈 앞에서 견디기를 바랄 수 있습니까? 당신이 하나님 앞에 변명을 내놓지 못한다는 사실은 당신이 그것을 확신하지 못하고 있음을 증명해 줍니다.

하나님 앞에 감히 내놓지도 못할 변명들을 의지하는 것은 미친 짓입니다.

당신의 변명들이 하찮은 것들이기 때문에 이 세상에 있는 동안에 그 변명을 하나님에게 가지고 갈 엄두를 내지 못한다면, 심판 때에 어찌 당신이 하나님 앞에 설 수 있겠습니까? 죄인이여, 장차 임할 그날은 당신이 이제껏 보아온 그 무엇보다 엄하고 무서울 것입니다. 저 위대한 보좌 앞에 끌려와 모여 있는 수많은 죄인들을 보십시오. 눈이 닿는 곳에는 온통 죄인들로 우글거립니다. 이제 하나님은 무서운 나팔 소리로 그들을 소환하여 죄에 대한 변명을 하게 하십니다. 죄인이여, 당신에게 유죄를 선고해서는 안 된다는 이유로 당신은 어떤 말을 해야 합니까? 한때 당신이 그처럼 자유롭고 대담하게 늘어놓던 그 모든 변명들은 어디로 갔습니까? 왜 지금 그 변명들을 내세우지 않습니까? 들어 보십시오. 하나님은 기다리십니다. 하나님은 귀 기울여 들으십니다. 하늘에는 침묵이 흐릅니다. 그곳에 모인 모든 무리들 사이에 무서운 침묵이 흐릅니다. 그것을 느낄 수 있습니다. 그러나 그곳에 모인 무수한 죄인들은 입을 움직이지 않습니다. 한마디도 들리지 않습니다. 이제 위대하시고 무서운 심판주께서 일어나셔서 천둥 같은 소리를 발하십니다. 보십시오. 무시무시한 저주의 물결이 바다처럼 스스로 정죄한 많은 죄인들 위로 퍼져갑니다. 당신은 법정에서 판사가 죄수에게 사형을 선고하는 것을 본 일이 있습니까? 그 가련한 죄수는 비틀거리다 쓰러지고 맙니다. 그에게는 이제 그를 지탱해 주는 힘이 없습니다. 왜냐하면 사형이 선고되는 순간 마지막 희망까지 사라졌기 때문입니다.

죄인이여, 당신에게 어떤 선고가 떨어지게 될까요? 당신이 가장 깊은 지옥으로 내려갈 때에 당신의 변명들은 마치 당신의 목을 조이는 맷돌과 같이 됩니다.

죄인들에게는 변명이 필요 없습니다. 하나님은 아무 변명도 요구하시지 않습니다.

하나님은 당신이 스스로를 정당화하는 것을 원하시지 않습니다. 만일 당신의 구원을 위해 필요하다면, 나는 당신에게 공감할 수 있으며 또한 내 힘을 다해 당신을 도울 것입니다. 그러나 당신에게는 그것들이 필요하지 않습니다. 당신의 구원은 성공적인 변론과 상관이 없습니다. 변명을 하기 위해 두뇌를 혹사할 필요가 없습니다. 차라리 "나는 변명들을 원하지 않는다. 그런 변명들은 늘어놓을 가치가 없다. 아무 가치도 없는 변명은 하나도 하지 않겠다"고 말하는 편이 낫습니다. 아니면 "나는 악한 사람입니다. 하나님은 내 말이 진실이라는 것을 알고 계시므로, 그것을 감추려 해도 소용이 없을 것입니다. 나는 악인입니다. 만일 내가 살게 된다면 그것은 단지 하나님의 자비로 말미암는 것입니다."라고 말해야 합니다.

나에게도 핑계를 대며 살았던 시절이 있었습니다. 내가 그것들을 버리기까지는 무척 오랜 시간이 걸렸습니다. 나는 한 번도 목사님이 그런 주제로 설교하는 것을 듣지 못했었습니다. 그러나 나는 변명과 거짓말이 회심에 장애가 된다는 것을 경험으로 알게 되었습니다. 그것들을 버리는 순간 자비의 문이 활짝 열렸습니다. 죄인이여, 당신도 그렇게 될 것입니다.

죄인은 자신이 핑계 댄 것을 부끄럽게 여기고 회개해야 합니다.

당신이 지금까지는 이 사실을 분명히 알지 못했을 것입니다. 그러나 이제 빛의 조명을 받아 이것을 깨닫기 시작합니다. 하나님을 능욕할 생각이 없다면, 다시는 핑계를 대지 마십시오. 하나님이 보시기에 거짓되고 모독적임을 알면서도 변명을 만들어 대는 것처럼 혐오스러운 짓은 없습니다. 당신은 이미 하나님을 모욕했던 것을 모두 회개해야 합니다. 그래야 자비의 문밖으로 밀려나지 않게 됩니다.

변명을 집어치우고 자신의 의무를 받아들여야 합니다.

만일 당신에게 좋은 핑계가 있다면 당신에게는 하나님의 명령대로 행할 의무가 없습니다. 만일 당신에게 하나님에게 순종치 않아도 될 좋은 핑계가 있다면, 더 이상 순종하지 않아도 될 것입니다. 그러나 하나님은 당신에게 의무를 인정하라고 강권하시며, 또한 핑계들을 버리라고 강요하십니다.

당신은 자기의 의무를 받아들여야만 하며, 또한 의무를 행하고 있습니다.

그러므로 당신이 아직도 변명을 한다면 당신은 하나님의 얼굴을 맞대고 모욕하는 것입니다. 당신은 하나님을 무한한 독재자라고 비난하며 모욕을 가합니다.

이 설교가 당신에게 유익하다고 생각합니까? "이제부터는 모든 핑계를 영원히 버리겠습니다. 이제 하나님이 내 모든 마음을 소유하실 것입니다"라고 말할 준비가 되어 있습니까? 당신은 무엇이라고 말하렵니까? 또 새로운 핑계를 찾아내려 합니까? 당신은 "먼저 집에 보내 주십시오. 지금 당장 하나님에게 복종하라고 강요하지 마십시오. 집에 보내 주시면 그렇게 하겠습니다"라고 말하렵니까? 당신은 지금 이 시간이 얼마나 사랑스러운 시간인지, 지금 지나가는 시간이 얼마나 위태로운 시간인지 압니까? 지금 요구하시는 분은 내가 아니라 하나님이심을 기억하십시오. 하나님이 친히 지금 이 시간 당신에게 회개하라고 명령하십니다. 당신은 자신의 의무를 알고 있습니다. 신앙심이 무엇인지도 알고 있습니다. 하나님에게 당신의 마음을 바치는 것이 무엇인지도 알고 있습니다.

이제 마지막 질문을 하겠습니다. "당신은 그것을 행하겠습니까? 자책하는 죄인이여, 당신은 모든 핑계를 버리고 사랑의 하나님 앞에 엎드리겠습니까? 그리고 하나님에게 당신의 마음과 존재 자체를 이제부터 영원히 바치겠습니까? 하나님에게로 오겠습니까?"

4
죄인의 핑계에 대한
하나님의 응답

> "엘리후가 말을 이어 이르되 나를 잠깐
> 용납하라 내가 그대에게 보이리니 이는 내
> 가 하나님을 위하여 아직도 할 말이 있음
> 이라 내가 먼 데서 지식을 얻고 나를 지으
> 신 이에게 의를 돌려보내리라."
> -욥 36:1-3-

엘리후는 욥과 세 친구들이 논쟁을 하는 곳에 함께 있으면서 그들의 말을 들었습니다. 세 친구들은 하나님이 욥에게 시련을 주신 것이 욥이 악인이라는 증거라고 주장했습니다. 그러나 욥은 이를 부인하며 하나님이 사람들에게 섭리하시는 방법에 따라 그 사람이 선하거나 악하다고 판단할 수 없다고 주장했습니다. 상황으로 보아 현재의 상태가 응보와 처벌의 상태가 아니기 때문입니다. 그러나 그들은 이것이 악인의 편을 드는 것이라고 간주했으며, 따라서 욥의 이러한 행동을 비난하기를 주저하지 않았습니다.

이미 엘리후는 "욥이 끝까지 시험받기를 내가 원하노니 이는 그 대답이 악인과 같음이라"고 말했습니다. 그러나 이 토론이 끝나기 전 욥은 자신이 그처럼 현저하게 매를 맞는 것은 특별한 죄나 위선이 있어서가 아니라고 주장하여 그의 세 친구들을 당황하게 만들었습니다. 욥에게도 자신에 대한 하나님의 태도를 설명할 수 있는 단서가 없었습니다. 그것은 풀 수 없는 수수께끼였습니다. 그는 하나님이 그의 경건함을 시험해 보고 단련하려 하신다거나, 그의 의로움과 순종을 본보기로 삼아 마귀를 당황하게 하시려는 것일 수도 있다는 것을 깨닫지 못했습니다.

엘리후는 하나님을 위하여 말하려 했고, 의는 창조주에게 속하는 것이라고 했습니다. 회개하기를 거부하며 하나님의 섭리하시는 방법에 불평하는 죄인들에게 나도 이와 똑같이 하려 합니다. 먼저 한 가지 사실을 이야기하겠습니다. 몇 년 전 나는 어떤 사람을 알게 되었습니다. 그는 그 지역에서 총명하기로 유명했으며 그의 첫 부인과 둘째 부인 모두 장로교 목사의 딸이었습니다. 부인들은 그에게 종교적인 주제를 다룬 책들을 주었습니다. 그의 부인들과 친구들은 그 책들이 그에게 유익을 줄 것이라고 생각했지만 실제로는 아무 유익도 주지 못했습니다. 그는 성경의 영감설을 부인했으며, 그것을 근거로 그 책들이 문제점들을 전혀 제거하지 못했다는 견해를 제시했습니다. 사실상 그 책들은 그의 반대를 더욱 심화시켰을 뿐입니다.

내가 그곳에 부임해 갔을 때 그의 아내는 나에게 남편을 만나달라고 요청했습니다. 아내는 남편에게 새로 오신 목사님을 만나보라고 했습니다. 그 남편은 자신이 많은 목사들을 만나 대화해 보았지만 자신에게 걸림이 되는 문제들을 해결해 줄 의견을 발견하지 못해 이번에도 아무 소용이 없을 것이라고 했습니다. 하지만 아내가 간곡히 요청하자 그는 아내를 위해 나와 만나겠다고 했습니다.

나는 처음에 그에게 이렇게 말했습니다. "내가 당신과 논쟁을 하러 왔다고 생각하지 마십시오. 나는 다만 부인의 요청을 받고 당신과 대화를 나누러 왔습니다. 만일 당신이 원하신다면 신적 계시라는 커다란 주제에 대해서 말입니다." 그는 그러한 대화를 나누는 것이 기쁘다고 했고, 나는 간단하게 그의 견해를 말해 달라고 요청했습니다. 그는 "나는 자연종교의 진리들을 인정하며 영혼 불멸을 믿습니다. 그러나 성경의 영감론은 믿지 못하겠습니다. 나는 이신론자입니다"라고 말했습니다.

"그러면 당신은 어떤 근거에서 성경의 영감설을 부인합니까?"

"나는 그것이 사실일 수 없다는 것을 압니다."

"어떻게 그것을 알 수 있습니까?"

"그것은 내 이성의 주장들과 상반되기 때문입니다. 하나님이 나의 육체적 본성과 도덕적 본성을 창조하셨다는 것을 나는 알고 있으며 당신도 인정합니다. 여기에 하나님이 주셨다는 책이 있습니다. 그러나 그것은 나의 본성과 상반됩니다. 그러므로 나는 그것이 하나님으로부터 온 책일 수 없다는 것을 압니다."

물론 이것을 계기로 나는 성경이 그의 본성과 상반되는 것을 가르친다는 반론의 요점들을 끌어내게 되었습니다. 이 요점들과 그에 대한 나의 대답이 오늘 설교의 주제가 될 것입니다.

성경은 하나님을 불공정한 분으로 표현하고 있으므로 진리일 수 없습니다.

나는 무엇이 공정하고 불공정한 것인가에 대한 확신에 사로잡혀 있는 것을 발견합니다. 성경은 이런 확신들을 무시합니다. 성경에서는 하나님이 인간을 창조하시고서도 그 다음에는 다른 사람의 죄로 인해 그들을 책망하신다고 기록했습니다.

나는 말했습니다.

"정말 그렇습니까? 어디에 그렇게 기록되어 있습니까? 성경 어느 곳에서 그런 말을 하고 있습니까?"

"왜 그러십니까? 그렇지 않다는 말입니까?" 그가 말했습니다.

"그렇지 않습니다."

"장로교인입니까?"

"예, 그렇습니다."

그때 그는 요리문답을 인용하기 시작했습니다. 나는 그에게 "그만두십시오. 그것은 성경이 아닙니다. 그것은 인간이 만들어낸 것일 뿐입니다"라고 말했습니다.

"그렇습니다. 그러나 성경은 인류의 전반적인 죄와 아담의 죄를 연결하지 않습니까?"

"예, 특별하게는 그렇기도 합니다. 그러나 우리가 어떤 방법으로 그것을 이해하려 하느냐가 중요합니다. 성경에서는 이러한 관계를 직접적인 것이 아니라 부수적인 것으로 하고 있습니다. 그리고 죄인이 실제로 직접 범죄하기 때문에, 그리고 자기 자신의 죄 때문에 책망을 받는다고 설명합니다."

그는 계속했습니다.

"그러나 어린이들은 조상의 죄 때문에 고통을 받습니다."

"예, 어떤 의미에서 그렇기도 하며, 마땅히 그래야 합니다. 당신은 도처에서 어린이들이 부모들의 죄들로 인해 고난받는 것을 보지 못합니까? 반대로 부모들의 경건함으로 인해 복을 받는 것을 보지 않습니까? 당신은 이것을 보면서도 그것에 대해서는 불평하지 않습니다. 당신은 어린이들이 부모의 선한 행위나 악한 행위에 연루되어야 한다는 것을 압니다. 자녀들로서의 그들의 관계가 어쩔 수 없이 그렇게 만드는 것입니다. 어린이의 행복이나 불행이 부모에게 달려 있으며, 그리하여 그것이 부모들로 하여금 자녀들을 선하게 양육하게 하는 강력한 동기가 된다는 것은 지혜롭고 선한 일이 아닙니까? 그러나 실상 부모의 죄 때문에 그 아들이 응보를 받거나 처벌을 받는 일은 없습니다. 아들이 부모님과 관련이 있기 때문에 그 아들에게 임하게 되는 피해는 형벌적인 것이 아니라 훈육적인 것입니다."

그는 또 말했습니다.

"성경에서는 하나님이 인간을 죄인으로 창조하시고 또 그들의 죄악된 본성으로 인해 그들을 책망하신다고 기록되어 있습니다."

나는 이렇게 대답했습니다.

"그렇지 않습니다. 성경에서는 인간이 자유의지에 따라 자발적으로 율법을 범하는 것이 죄라고 정의하고 있습니다. 그리고 본성이 자발적인 범죄자가 될 수 있다고 생각하는 것은 어리석은 일입니다. 더욱이 하나님이 죄악된 본성을 지으신다는 것은 이치상 있을 수 없는 일입니다. 그것은 배나 의심스러운 일입니다. 왜냐하면 하나님이 그렇게 행하신다는 것은 본질상 불가능한 일이고, 그렇지 않다고 해도 도덕적으로 불가능합니다. 하나님이 죄를 범하실 수 없는 것처럼 그런 일을 하실 수도 없습니다."

이것을 증명하는 사실로서 성경은 결코 하나님이 이 세상에서나 심판날에 인간들의 본성을 정죄하신다고 표현하지 않습니다. 성경 어느 곳에도 하나님이 인간의 피조된 본성에 대한 책임을 인간에게 물으신다고 암시하는 곳이 없습니다. 하나님은 다만 인간이 본성을 악하고 끈질기게 악용하는 것에 대해 책임을 물으십니다. 이 문제에 대해 이것과 다른 견해들은 성경적인 견해가 아닙니다. 그것들은 다만 철학자들의 어리석은 해석에 의해 성경에 가미된 거짓 해석일 뿐입니다. 성경은 어느 곳에서나 인간은 다만 자신의 자발적인 죄들로 인해서만 정죄받으며, 이 죄들을 회개하라는 요청을 받는다고 합니다. 이것들 외에 다른 죄는 있을 수 없습니다.

성경에서는 하나님이 유대인들에게 고대 가나안 족속들을 대항하여 전쟁을 일으켜 그들을 멸절시키라고 명하신 잔인한 분으로 나타내고 있다는 말도 했습니다.

왜 이것을 잔인하게 여겨야 합니까? 성경에서는 가나안 족속들의 사악함 때문에 하나님이 이 일을 명하셨다고 분명히 알려주고 있습니다. 그들은 너무나 악했기 때문에 살려둘 수 없었습니다. 하나님은 그들이 땅을 더럽히고 사회를 타락시키는 것을 그대로 두실 수 없었습니다. 이런 까닭에 하나님은 인류의 행복을 위한 열정을 발하셨고, 땅에서 혐오스러운 것들을 씻어 버리라고 명하셨습니다. 인류를 위해 그렇게 명하신 것입니다. 그것은 잔인한 일이었습니까? 그렇지 않습니다. 이것은 진실로 자애로운 일이었습니다. 이 세상에서 그러한 족속을 멸절시켜 없애신 것은 가장 고귀한 사랑의 행위였습니다. 하나님이 유대인들을 하나님의 집행인으로 사용하시고, 그들에게 그런 일을 명하시는 까닭을 분명히 알게 하신 것은 그들이 그 일을 통하여 큰 도덕적 유익을 얻게 하시려는 의도였습니다. 다른 방법으로는 그들에게 여호와의 거룩하신 공의를 그처럼 엄숙하게 가르치실 수 없었을 것입니다. 그런데도 이 일로 인해 하나님을 비난할 사람이 있습니까? 이성적인 사람이라면 그렇게 할 수 없습니다.

그러나 성경에서는 노예제도를 인정하고 있습니다.

성경이 노예제도를 허용한다니요? 어떤 의미에서 그렇다는 말입니까? 그리고 어떤 조건에서, 어떤 종류의 노예제도를 허용한다는 것입니까? 우리가 지금 이야기하고 있는 것들의 의미와 확실성을 아는 데 있어서는 이것들은 매우 중요한 질문들입니다.

실제로 성경에서는 유대인들이 전쟁에서 사로잡힌 포로들을 죽이지 않고 노예로 삼도록 허락했습니다. 전쟁에서 이긴 쪽이 사로잡은 포로들을 죽이는 관습이 있었던 시대에 하나님은 경우에 따라 유대인들이 포로들을 살려 종으로 삼도록 허락하셨습니다. 이런 방법에 의해 이들은 우상을 섬기는 국가들로부터 빠져나와 참되신 하나님에 대한 예배와 의식을 접하게 되었습니다. 게다가 하나님은 히브리 종의 보호를 위한 법규를 제정하셨는데, 그것은 그가 죄 가운데서 죽임을 당하는 것보다 훨씬 좋은 조건을 제공했습니다. 그런데 누가 이것을 잔인하다고 하겠습니까? 유대인들의 노예제도는 미국의 노예제도와 결코 같지 않습니다. 이에 대해 자세히 이야기하려면 많은 시간이 필요합니다. 그리고 지금까지 말씀드린 것만으로도 충분히 증명되었을 것입니다.

하나님은 무자비하고 보복적이시며 무정한 분이라는 반론도 있습니다.

그는 이렇게 말했습니다 "나는 하나님이 보복적이시고 무정하시기 때문에 자기 외아들을 죽이는 조처를 취하고서야 비로소 죄를 용서하셨다고 말하는 성경을 하나님으로부터 온 것이라고 믿지 못하겠습니다."

그가 받은 교육에 비추어볼 때 그렇게 생각했다는 것은 결코 잘못된 것이 아닙니다. 나도 과거에 그렇게 느꼈던 적이 있습니다. 이 반론이 나에게도 걸림돌이 되었었습니다. 그러나 그 해답을 깨달은 후로는 거리낌이 없게 되었습니다. 그 해답은 분명했습니다. 하나님이 용서의 조건으로 그리스도의 죽음을 요구하시게 된 것은 하나님의 무정함 때문이 아니었습니다. 그것은 하나님 나라의 안전과 축복을 위한 사랑의 배려였습니다. 하나님은 속죄의 보상 없이 죄를 용서하는 것은 안전한 일이 아니라는 것을 잘 알고 계셨습니다. 사실 이런 목적으로 독생자의 희생을 승락하셨다는 것은 하나님의 용서하시는 성품을 가장 잘 나타내고 있습니다. 하나님은 자기 아들을 사랑하셨으며, 물론 그에게 불필요한 고통을 가하고 싶지 않으셨을 것입니다. 그러나 하나님은 또한 범죄하는 인류를 사랑하셨으며 그들이 멸망을 향해 달려가고 있는 것을 보셨습니다. 그러므로 하나님은 그들을 용서하기를 간절히 원하셨고 안전하게 그들을 용서할 수 있는 방법을 마련하기 원하셨습니다. 그분은 모든 오해를 피하고자 하셨습니다. 죄에 대한 하나님의 혐오감을 적절히 표현해 줄 속죄의 보상이 없이 용서한다면, 우주는 어떤 존재들이 수많은 죄를 지어도 하나님은 상관하시지 않는다고 생각하게 될 것입니다. 이것은 올바른 일이 아닙니다.

또 예수 그리스도를 포기하신 것이 단지 율법을 보존하기 위한 하나님의 자발적인 행위에 불과했으며, 결과적으로 하나님은 자신의 통치에 위험을 주지 않고 용서하실 수 있었다는 점도 생각해야 합니다.

예수님은 결코 형벌을 받으신 것이 아닙니다. 주님은 다만 죄인들을 고통이라는 통치적 필요성으로부터 해방시키기 위해서 그들을 대신하여 고난 받기를 자원하신 것입니다. 이러한 하나님의 행위에는 자비가 나타나 있습니다. 이보다 어찌 더 분명하게 나타날 수 있겠습니까?

"하나님은 영원한 사망의 고통을 주겠다고 위협하여 우리에게 불가능한 것을 요구하시므로, 하나님은 불공정하십니다"라고 반대자는 말합니다.

정말 하나님이 그렇게 하셨습니까? 어디에서 그런 요구를 하셨습니까? 율법입니까, 복음입니까? 율법과 복음에는 하나님이 우리에게 요구하신 모든 것이 들어 있습니다. 그렇다면 율법이나 복음의 어디에 하나님이 불가능한 것을 요구하신다는 기록이 있습니까? 율법에서입니까? 그러나 율법은 다만 "너는 네 마음을 다하여 주 너의 하나님을 사랑하라"고 말할 뿐입니다. 다른 사람의 마음이 아니라 오직 당신 자신의 마음으로, 그 이상도 아니고 오직 당신의 마음을 다하여 사랑하라고 말하고 있습니다. 그리고 또 "힘을 다하여" 사랑하라고 했습니다. 천사의 힘으로 사랑하라고 하지 않았으며, 당신 자신 이외의 다른 존재의 힘으로 사랑하는 것이 아니라 당신이 실제로 소유하고 있는 만큼 사랑하라는 것입니다. 율법은 당신 능력 이상의 것이나 당신 능력이 아닌 다른 것을 요구하지 않으며, 다만 당신의 능력만을 요구합니다.

그는 "이것은 그 주제에 대한 새로운 견해군요"라고 말했습니다. 글쎄요, 그러나 이것은 매우 공정하지 않습니까? 율법은 그 명령 속에 스스로의 변론을 수반하고 있지 않습니까? 어찌 율법이 우리에게 불가능한 섬김-우리에게 행할 능력이 없는 일-을 요구한다고 말할 수 있습니까? 실상 율법은 우리가 행할 수 있는 것만을 요구하며, 그 이상은 요구하지 않습니다. 그렇다면 성경에 대한 이 반론은 어디에 근거한 것입니까? 당신이 말하는 불가능은 어디에 있습니까?

그는 다시 말했습니다. "그러나 타락 이후 인간은 하나님의 명령들을 온전하게 지킬 수 없었고 오히려 매일 말과 생각과 행동으로 그것을 범하지 않았습니까?"

친구여, 그것은 성경의 말씀이 아니라 요리문답의 내용입니다. 우리는 요리문답에서 말한 것들을 성경에 전가하지 않도록 조심해야 합니다. 성경은 당신이 실제로 지니고 있는 능력과 힘을 하나님에게 봉헌하기를 요구할 뿐입니다. 하나님이 인간에게 능력 이상의 일을 하라고 촉구하신다는 말은 성경에 없습니다. 성경 어디에도 하나님이 그처럼 부당하고 잔인한 명령을 하셨다고 기록한 곳은 없습니다. 인간의 마음이 그러한 하나님의 율법관에 반기를 드는 것은 당연합니다. 만일 인간의 법이 불가능한 것들을 요구한다면 그 법은 끝없는 비난을 받게 될 것입니다. 어떤 인간도 그러한 법을 시인하지 않을 것입니다. 마찬가지로 하나님께서 인간의 통치를 더럽히고 멸망시킬 원리에 따라 행동하실 수 있다는 생각도 할 수 없습니다.

그는 또 성경에서는 하나님이 인도하시지 않는 한, 사람은 복음을 믿을 수 없다고 했다는 반론을 제기했습니다.

성경은 "나를 보내신 아버지께서 이끌지 아니하면 아무라도 내게 올 수 없느니라"고 했습니다 요 6:44. 그리고 죄인들에게는 믿지 않으면 저주를 받을 터이니 믿으라고 요구합니다. 이것은 어찌 된 일입니까?

이에 대한 대답은 다음과 같습니다. 첫째, 이 말씀의 전후 문맥을 보면 그리스도께서 교훈이나 가르침의 수단으로서 "이끈다"고 하셨음을 나타내 줍니다. 왜냐하면 주님은 자신이 이미 말씀하셨던 것을 공고히 하기 위해서 옛 성경을 인용하여 "선지자의 글에 저희가 다 하나님의 가르치심을 받으리라 기록되었은즉"이라고 하셨습니다. 그러므로 이러한 가르침을 받지 않고서는 아무도 그리스도께 올 수 없습니다. 그들은 전부터 믿음으로 주께 나아올 수 있다는 것을 알았음이 분명합니다. 그러나 그들은 무엇을 믿어야 하는지 알기 전까지는 믿을 수가 없습니다. 이러한 의미에서 가르침을 받지 못한 이교도들은 "오라"는 요청을 받지 않습니다. 그러나 일단 가르침을 받은 후에는 반드시 나아와야 하며, 나아오라는 요청을 받게 될 것이며, 만일 그 일을 거부한다면 그에 대해 핑계치 못할 것입니다.

그가 대답했습니다. "그러나 성경은 실제로 인간이 하나님을 섬길 수 없다고 가르치며, 하나님을 섬기지 못한 책임을 그들에게 지우고 있습니다. 여호수아는 모든 백성들에게 '너희가 여호와를 능히 섬기지 못할 것은 그는 거룩하신 하나님이심이라'고 말하고 있습니다."

이에 대해 생각해 봅시다. 여호수아는 백성을 불러 모아 놓고 하나님 여호와를 섬겨야 한다고 말했습니다. 그런데 그들 모두가 너무 쉽게, 그리고 그다지 진지한 마음이 없이 그렇게 하겠다고 대답했기 때문에 여호수아는 "너희가 여호와를 능히 섬기지 못할 것은 그는 거룩하신 하나님이시요 질투하는 하나님이시니 너희 허물과 죄를 사하지 아니하실 것임이라"고 말했습니다. 이렇게 말한 의도는 무엇입니까? 그것은 "너희는 하나님을 섬길 수 없다. 왜냐하면 너희는 진심으로 죄악을 버리지 않았기 때문이다. 너희가 범죄하기를 그치지 않는 한 거룩하시고 질투하시는 하나님과 사이좋게 지낼 수 없다. 이기적인 마음으로는 하나님을 섬길 수 없다. 너희가 죄를 완전히 버리지 않는 한 하나님을 기쁘시게 할 수 없다. 너희는 먼저 스스로 새로운 마음을 갖는 일에서부터 시작해야 한다"는 뜻이었습니다.

여호수아는 그들이 죄악을 버리지 않았으며, 하나님을 섬기는 일을 시작조차 하지 않았고, 참된 신앙생활의 기본 원리조차 이해하지 못하고 있음을 알았습니다. 이런 까닭에 그는 그처럼 갑작스럽게 백성들을 논박했습니다. 그는 아마도 "그만두시오. 여러분은 돌아가서 모든 죄를 완전히 제거하는 일부터 시작해야 합니다. 다른 방법으로는 거룩하시고 질투하시는 하나님을 섬길 수 없습니다. 왜냐하면 만일 여러분이 하나님을 거슬러 계속 범죄한다면 하나님은 여러분을 자기 백성으로 여겨 사이좋게 지내시지 않을 것이기 때문입니다"라고 말하려 했을 것입니다.

이 말을 인간은 하나님이 요구하시는 것을 행할 능력이 없다는 의미라고 주장하는 것은 성경을 크게 왜곡시키는 것입니다. 이 말씀의 전후에 "할 수 있다"와 "할 수 없다"는 표현이 등장합니다. 그러나 이런 표현들이나 이와 유사한 표현들은 반드시 그 주제의 본질에 비추어 해석되어야 합니다. 이성적인 사람들은 모든 일상 언어를 이처럼 직관적으로 해석합니다. 성경은 일상적인 생활 용어를 일상적인 방법으로 사용합니다. 그러므로 당연히 일상적으로 해석되어야 합니다.

요셉의 형들이 "그를 미워하여 그에게 편안하게 말할 수 없었더라"창 37:4는 말씀은 그들의 발음기관이 친절한 말을 구사할 수 없었다는 의미가 아닙니다. 그것은 그들의 마음의 문제점을 지적해 주는 것입니다. 그들은 요셉을 미워했기에 즐거운 말을 할 수 없었습니다. 또 성경 기자는 그들이 증오심을 즉시 극복하고 요셉을 형제로 여길 수 없었다고 가정하지도 않습니다. 성경 기자들은 이런 식으로 죄를 변명하지 않습니다.

롯을 죄악된 도시 소돔에서 끌어내기 위해 파견되었던 천사들의 예를 들어 봅시다. 한 천사는 "그리로 속히 도망하라 네가 거기 이르기까지는 내가 아무 일도 행할 수 없노라"창 19:22고 했습니다. 이것은 롯이 소돔에 거하는 한 하나님이 그 도시를 멸망시킬 능력을 갖지 못하신다는 의미입니까? 물론 그런 의미가 아닙니다. 그것은 단지 롯이 그 도시에서 빠져나가기 전에는 그 도시를 멸망시키지 않으려는 것이 하나님의 뜻이라는 의미입니다. 실제로 사람들은 일상생활에서 이런 식으로 언어를 사용합니다. 당신이 마을의 어느 상점에 들어가서 주인에게 "당신은 당장에 2톤의 물건을 들어 올릴 수 있습니까?"라고 말하거나 "저 옷감을 1야드에 11실링씩 받고 팔 수 있습니까?"라고 묻는다면, 그는 "아니오"라고 대답할 것입니다. 그러면 이 두 가지의 "할 수 있느냐?"라는 단어의 의미가 동일한 것입니까? 그렇지 않습니다. 그러면 그 차이점을 어떻게 알 수 있습니까? 육체적으로 "할 수 없다"는 것과 정신적으로 "할 수 없다"는 것을 어떻게 그처럼 쉽게 알 수 있습니까? 그것은 그 주제의 본질이 당신에게 말해 주기 때문입니다.

그런데 당신은 동일한 단어는 항상 동일한 의미를 나타내야 한다고 주장하고 있습니다. 만일 그렇게 되어야 한다 해도 이제까지 인간이 사용한 언어로는 그렇지 못합니다. 그리고 만일 사람들이 정직하게 말하고 정직하게 들으며 상식을 발휘한다면, 불완전한 인간의 언어를 이해하는 데에도 어려움이 없을 것입니다. 그들은 다루고 있는 주제의 본질에 따라서 직관적으로 언어를 이해합니다. 성경에서 죄인은 악한 마음을 가지고 있기 때문에 의롭게 행할 수 없으며 하나님을 기쁘시게 할 수 없다고 가정합니다. 성경은 하나님이 위선을 혐오하시며-마음이 깃들어 있지 않은 형식적이고 직업적인 예배에는 만족하실 수 없으며, 따라서 하나님이 가납하시는 예배는 새롭고 진정한 마음을 준비하는 일에서부터 시작해야 한다고 주장합니다.

여기에 또 하나의 문제점이 있습니다. 내가 홀로 새로운 마음을 이룰 수 있습니까?

그렇습니다. 만일 당신이 그 말이 무엇을 의미하는지, 그리고 그것이 무엇인지를 이해하면 분명히 그렇게 할 수 있습니다.

에덴동산의 아담과 이브를 보십시오. 그들의 마음은 어떤 것이었습니까? 하나님이 그런 마음을 창조하셨습니까? 그렇지 않습니다. 하나님이 그런 마음을 창조하셨을 리가 없습니다. 왜냐하면 여기서 마음이란 물질적 창조의 주제가 아니기 때문입니다. 하나님이 아담을 지으시고 그에게 도덕적으로 행할 수 있는 능력을 주셨지만, 아담이 도덕적으로 행동하게 되기 전까지 그는 선한 마음이나 악한 마음을 소유하지 않았습니다. 그는 언제 처음으로 정신적 마음을 소유했습니까? 그의 정신적인 의식이 깨어났으며 그의 마음을 하나님에게 바쳤을 때입니다. 그가 하나님의 현현顯現을 보고 그를 아버지로 신뢰하고 사랑과 순종으로 하나님에게 자기 마음을 드렸을 때입니다. 그는 하나님에게 온전히 자기의 뜻을 바쳤기 때문에 이 거룩한 마음을 소유했습니다. 이것이 그의 최초의 거룩한 마음이었습니다.

그러나 유혹의 시간이 다가와 아담에게 하나님을 향한 마음을 거둬들여 스스로를 기쁘게 하라고 유혹했습니다. 유혹하는 자는 이브에게 말했습니다. "하나님이 참으로 너희에게 동산 모든 나무의 열

매를 먹지 말라 하시더냐?" 이렇게 묻고서는 하나님이 정말로 범죄하면 죽는다고 위협하셨는지, 아니면 그렇게 행하는 것이 의로운 일인지에 대해 질문을 제기했습니다. 어쨌든 그것은 순종에 대한 질문이었으며 유혹을 향해 마음의 문을 열어 놓게 했습니다. 그때에 그녀의 마음 앞에 그 실과가 다가왔습니다. 그것은 먹음직도 하고 보암직도 했습니다. 그녀는 식욕이 동해 먹고 싶은 생각이 들었습니다. 그때에 뱀은 그것을 먹으면 눈이 밝아 하나님과 같이 되어 선악을 알게 된다고 했습니다. 이것은 그녀의 호기심을 자극했습니다. 이 유혹에 굴복하여 스스로를 즐기기로 결심하면서 그녀는 스스로 새로이 죄의 마음을 만들었습니다. 그녀는 자기의 마음을 거룩에서 죄로 바꾸었으며, 최초의 도덕적 상태로부터 타락했습니다. 아담 역시 유혹에 굴복하면서 마음을 바꾸었습니다. 그는 이기심과 죄에 항복했습니다. 이것이 그 후의 생활에 있어서의 모든 이기적인 행동들을 설명해 줍니다.

아담과 이브는 다시 하나님 앞에 섰습니다. 하나님은 아담에게 "나에게 네 마음을 달라. 네 마음을 바꾸라"고 말씀하십니다. 그러나 아담은 "무슨 말입니까. 나는 내 마음을 바꿀 수 없습니다"라고 말합니다. 그러나 하나님은 다시 물으시기를 "네가 마음을 바꾼 지 얼마나 되었느냐? 너는 어제 네 마음을 거룩에서 죄로 바꾸지 않았느냐? 왜 그것을 다시 바꿀 수 없다는 말이냐?"고 하십니다.

모든 경우에나 마찬가지입니다. 마음의 주도적 경향이나 목적을 바꾸는 것도 그 예가 됩니다. 과연 누가 "나는 그렇게 할 수 없다"고 말할 수 있습니까? 당신은 그렇게 할 수 있습니까? 당신은 자신을 하나님에게 드릴 수 없습니까?

당신이 하나님을 기쁘시게 하지 못하는 까닭은 당신의 목적이 옳지 못하기 때문입니다. 당신의 동기가 옳지 못한 이상 당신이 행하는 일은 모두 이기적인 일이 됩니다. 왜냐하면 모든 것이 자신을 즐겁게 하려는 목적에서 행해지기 때문입니다. 당신은 하나님의 거룩하신 뜻대로 행하려는 목적과 의도를 가지고 하나님을 즐겁게 하기 위한 일은 전혀 하지 않습니다. 이런 까닭에 당신이 행하는 일은 모두, 심지어 종교적 의무를 행하는 것까지도 하나님을 불쾌하시게 할 뿐입니다. 만일 성경 어느 곳에서라도 하나님이 당신의 위선적인 예배들을 즐겨 받으신다고 표현했다면 그것은 거짓입니다. 왜냐하면 그것은 결코 있을 수 없는 일이기 때문입니다.

당신은 "성경은 나에게 속 사람, 즉 마음으로 시작하라고 요구합니다. 그러나 나는 거기에 도달할 수 없습니다. 나는 내 마음에 도달하거나 그 마음을 변화시킬 수 없습니다"라고 말합니다.

당신은 정말 잘못 알고 있습니다. 이것이야말로 당신이 할 수 있는 일입니다. 이것이야말로 당신이 가장 확실하게 할 수 있으며, 절대적으로 당신의 능력 안에 있는 일입니다. 만일 가로질러 걷는 것에 구원이 있다고 해도 당신은 그렇게 할 수 없을 것입니다. 혹은 눈꺼풀을 들어올리거나 앉은 자리에서 일어나는 것이나 근육을 조금 움직이는 것에 당신의 구원이 있다고 해도 전혀 그렇게 할 수 없을 수도 있습니다. 당신은 요구된 그 움직임을 원하여 그대로 하려고 노력할 수도 있으나 근육들이 행동의 능력을 소유하고 있지 못할 수도 있습니다. 당신은 하나님이 당신의 구원의 조건을 근육의 움직임에 두셨다면 훨씬 쉬웠을 것이라고 생각합니다. "만일 하나님이 나에게 표면을 조절할 것을 요구하셨더라면 좋았을텐데. 어찌 내가 내면을 조절할 수 있겠는가"라고 생각합니다. 그러나 당신의 내면이야말로 당신이 마음대로 조절하고 움직일 수 있는 것입니다.

만일 하나님이 요구하시는 것이 표면이었다면 당신은 죽을 때까지 애쓰고 신음할 것이며, 영원한 지옥에 떨어질 것이라고 해도 하나의 근육도 움직일 수 없을 것입니다. 그러나 하나님은 다만 "네 뜻을 바꾸어라"고 말씀하시므로 모든 것은 당신이 통제할 수 있는 범위 안에 놓입니다. 이것은 당신이 언제라도 할 수 있는 일입니다. 하려고만 한다면 언제나 당신의 마음을 드릴 수 있습니다. 그렇다면 당신의 문제점과 반대하는 원인은 도대체 어디에 있는 것입니까? 하나님은 당신이 자유로이 행동하기를 요구하십니다. 즉 하나님이 당신에게 주신 자유롭고 자발적인 행동 능력을 행사하기를 원하십니다. 그분은 당신이 자신의 모든 능력의 근원을 발견하기를 요구하시며, 당신의 주요 능력이 있는 곳에서 행동하기를-당신이 이성적 정신과 도덕적 본성을 소유하는 한 당신이 항상 능력을 지니고 있는 곳에서 행동하기를 요구하십니다. 당신의 자유는 임의로 근육들을 움직일 수 있는 능력 속에 있는 것이 아닙니다. 왜냐하면 근육들과 의지의 관계는 언젠가 깨어질 수도 있을 것이며, 어쨌든 당신의 육체가 정상적일 때에 항상 필요하기 때문입니다. 그러므로 하나님은 오직 당신의 뜻을 바꿀 것을 요구하시는 것입니다. 다른 모든 것들과 비교해 볼 때, 이것은 당신이 언제든 확실하게 할 수 있는 것입니다.

　의지의 작용은 궁극적인 목적과는 구별되며 실질적인 행동들 앞에 존재하는 것이라고 여길 때, 하나님이 요구하시는 것은 그러한 의지 작용이 아닙니다. 하나님은 직접적으로 궁극적인 목적에 입각한 명령을 하십니다. 궁극적인 목표들이 주어지게 되면 종속적인 의지 작용은 반드시 따르게 됩니다. 그러므로 엄격히 말하자면 당신의 자유는 앉거나 걷거나 말하는 것과 같은 종속적인 의지 작용 안에 존재하지 않습니다. 그러나 당신은 모든 의지 작용을 조절하며 주된 목표와 관련되어 있는 궁극적 목표를 추구할 것입니다. 예를 들면 당신이 모든 일에 있어서 하나님을 기쁘시게 할 것인지, 자신을 기쁘게 할 것인지는 당신의 행동의 자유가 놓여 있는 중요한 문제이므로 하나님은 이것에 입각하여 도덕적 명령을 요구하십니다. 모든 문제는 당신이 하나님을 기쁘시게 하느냐, 아니면 자신을 기쁘게 하느냐로 귀결됩니다. 당신의 마음을 하나님에게 드리겠습니까, 아니면 이기적인 기쁨에 바치겠습니까?

당신이 이기적인 쾌락에 마음을 바치며 하나님으로부터 마음을 거두어들이는 한, 당연히 범죄하게 됩니다. 이것이 죄인들이 범죄하는 이유입니다. 그들의 의지와 마음이 죄로 기울어져 있으므로 그들이 해야 하는 일은 이 주도적 목적과 경향을 성취하는 것입니다. 이 지배적 목적을 바꾸기만 하면, 당신은 모든 실천적 행동들에서 마찬가지로 자연스럽고 손쉽게 순종을 발견할 것입니다. 그렇게 되면 모든 일에 있어서 당연히 하나님을 기쁘시게 할 수 있습니다. 지금으로서는 당신 자신을 기쁘게 하는 것이 당연합니다. 왜냐하면 당신은 자신을 기쁘게 하는 데 전념하고 있기 때문입니다. 그러나 이 목표를 바꾸어 새로운 헌신을 하며, 범죄하던 마음을 뒤집어 하나님을 향한다면 모든 죄가 쉽게 여겨졌던 것처럼 이 모든 의무가 쉽게 여겨질 것입니다.

당신이 자신의 마음을 새롭게 할 수 없다는 것은 사실이 아닙니다. 만일 당신을 감동시켜 회개하게 하시려는 하나님의 노력에 저항하지 않았다면 당신은 이미 오래 전에 마음을 새롭게 했을 것입니다. 당신은 자신이 하나님의 성령을 거역했다는 것을 잘 알고 있습니다. 당신은 하나님을 위해서 살아야 한다는 것을 확신하고 있었기 때문에 오히려 양심의 호소를 거부하고 스스로 알고 있는 의무에 도전하여 앞으로 나아가며 하나님을 직접적으로 거역했습니다. 만일 당신이 이성의 소리와 양심의 요구에 귀를 기울였다면 이미 오래 전에 새 마음을 가졌을 것입니다. 그러나 당신은 하나님이 당신을 권면하여 새로운 마음을 갖게 하려고 하실 때에 하나님에게 저항했습니다. 죄인이여, 당신은 얼마나 강력하게 하나님에게 저항 했던지요. 당신은 당신의 지성과 이성에 호소하는 모든 사항들을 얼마나 강력하게 거역했는지요. 당신은 이상하게도 범죄를 찬성하는 사항들에는 귀를 기울였습니다. 그것들은 비참하고도 하찮은 것들입니다. 그리스도께서 당신에게 이렇게 물으신다고 생각해 보십시오: "이 세상에서 네가 그처럼 사랑하는 것은 무엇인가? 네가 나의 호의와 사랑보다 더 귀중하게 여기는 것은 무엇이냐? 저 사소한 도락들, 그것들은 사용함으로써 멸망하는 하찮은 것이 아니냐?" 헛되고 헛되며 모든 것이 헛됩니다. 그것들은 지극히 경멸스러울 뿐입니다. 당신은 아무런 타당한 동기도 없이 고집스럽게 범죄하기를 주장해 왔습니다.

　당신이 그처럼 대적하고 저항한 것이 무엇인지를 생각해 보십시오. 당신은 무한히 강력한 동기(목적)들에 저항해 왔습니다. 하나님의 율법에서 비롯된 동기들은 본질적으로 탁월한 것이지만 범죄자에게 가하는 형벌은 지극히 무섭다는 것을 생각해 보십시오. 그리고 복음 속에 나타나 있는 무한하신 하나님의 사랑을 생각해 보십시오. 하나님은 위대한 마음에서 흐르는 생명의 물길을 열어 놓아 축복이 충만히 흐르게 하십니다. 그럼에도 불구하고 당신은 하나님을 모욕했습니다. 당신은 마치 죄의 동기들은 설득력이 있으며, 행복을 약속하는 죄의 약속들이 하나님의 약속들보다 더 신뢰할 만한 것처럼 계속 그 길로 나아갔습니다. 하나님이 당신 앞에 하늘의 영광들을 펼쳐 놓으시고 성결의 아름다움 속에서 매력적이고 즐겁게 만드셨을 때, 당신은 냉정하게 "이 세상이 훨씬 더 좋습니다. 내가 이 세상을 소유할 수 있는 동안에는 이 세상을 주시고, 내가 이 세상을 소유할 수 없게 될 때에 하늘나라를 주십시오"라고 대답했습니다. 만일 당신이 하나님을 대적하지 않고 그분의 초청과 호소를 짓밟지 않았다면 이미 오래 전에 회개하고 새 사람이 되었을 것입니다.

이 도덕적 힘은 대단한 것입니다. 그것의 능력은 어마어마하며 따라서 그 책임도 큽니다. 하나님이 도덕적 전능의 힘으로써 빛과 능력의 물결 속에서 영향력을 쏟아 주실 때에도 당신은 모든 것에 저항하고 버티고 있습니다. 당신은 하나님과는 상관없이 당신 마음대로 할 수 있는 사람 같습니다. 하나님의 영향력이 미미하여 죄를 향해 목적을 굳힌 당신의 마음을 움직일 수 없는 것 같습니다.

당신의 무기를 버리는 데 그처럼 큰 힘이 필요합니까? 사실 이것은 완전히 새로운 일입니다. 사람들은 그것에 저항하여 싸우는 데에 큰 힘이 필요하다고 가정하려 합니다. 그리고 당신은 하나님을 거역하여 싸우는 데에 큰 힘을 쏟으며, 무기들을 버릴 수 있을 만큼 큰 힘이 없다고 믿으려 합니다. 죄의 어리석음이여. 어리석은 죄인들의 변명이여.

당신은 "나는 성령을 소유해야 한다"고 합니다. 물론 소유해야 합니다. 그러나 그것은 당신의 자발적인 반대를 극복하기 위해서 필요한 것입니다.

이렇게 여러 가지로 토론을 한 뒤 그 신사는 대단히 고민했습니다. 그는 땀을 뻘뻘 흘렸습니다. 그는 고개를 숙인 채 깊은 생각에 잠겨 있었습니다. 나는 집회를 인도하기 위해 떠났습니다. 그런데 집회가 진행되고 있는 동안 그가 그곳에 왔습니다. 그는 완전히 변화되었습니다. 그는 이렇게 말했습니다. "사랑하는 아내여, 나는 불신의 결과가 무엇인지 알지 못했소. 나는 지옥에 가야 하오. 나는 하나님을 크게 비난했었소. 그런데도 하나님은 매우 자비하셔서 참아 주시고 나를 살려 두셨습니다." 그는 자신이 행한 모든 것이 잘못이었음을 깨달아 그것들을 버리고 하나님 앞에서 어린아이처럼 되었습니다.

죄인이여, 당신은 하나님을 위해 살아야 한다는 것을 알면서도 그대로 살지 않습니다. 당신은 주께서 당신이 범한 율법의 권위를 보상하기 위해 제물이 되셨음을 알면서도 주님을 배격하고 있습니다. 주님은 율법에 따른 형벌을 받으신 것이 아니라 당신을 법적으로 대신하기 위해 자발적인 제물이 되셨습니다. 그런데 주님의 대속이 헛된 것입니까? 당신은 "나는 하나님과 성경이 싫습니다"라고 말하렵니까? 당신은 성경과 하나님을 싫어하기 때문에 회개하지 않으렵니까? 참으로 무서운 일입니다. 당신이 지금껏 그처럼 오랫동안 어리석게 행동했으며 많은 잘못을 범한 것만으로도 충분합니다. 그것은 모두 그릇된 것이었습니다. 이제 즉시 돌아서서 하나님에게 헌신하십시오. 왜 당신은 이기적인 생활을 하려 합니까? 그렇게 하는 것은 결코 당신에게 유익하지 못합니다.

하나님에게로 나아오십시오. 하나님을 기쁘시게 하기는 지극히 쉽습니다. 당신 자신을 만족시키기보다 오히려 하나님을 기쁘시게 하는 편이 훨씬 쉽습니다. 어린아이라도 하나님을 기쁘시게 할 수 있습니다. 종종 어린이들이 하나님 보시기에 가장 아름다운 믿음을 소유하기도 합니다. 왜냐하면 그들은 마음이 단순하기 때문입니다. 그들은 하나님을 기쁘시게 하기 위해 무엇을 해야 하는지 알고 있으며, 정직하게 하나님을 기쁘시게 하려 하므로 결코 실패하지 않습니다. 비록 그들의 마음은 지극히 단순하지만 하나님을 기쁘시게 하려면 반드시 그렇게 합니다.

정직하게 하나님을 기쁘시게 하는 길을 택하며 그러한 목적을 가지십시오.

5
구원의 조건

"내가 어떻게 하여야 구원을 받으리이까?"
-행 16:30-

  이 주제는 새로운 것은 아니지만 우리 모두가 반드시 알아야 하는 것입니다. 본문에 기록된 질문을 하게 된 상황을 간단히 설명하면 다음과 같습니다. 바울과 실라는 복음을 전파하기 위해 빌립보로 갔습니다. 그러나 그들의 설교는 큰 반대에 부딪쳤고 사람들은 소동을 일으켰습니다. 사람들은 그들을 잡아 감옥에 가두고 간수에게 단단히 지키라고 명했습니다. 밤중에 바울과 실라가 기도하고 하나님을 찬양하니 하나님이 내려오셨으며 큰 지진이 나서 감옥이 흔들리고 감옥문이 열리고 그들을 묶었던 쇠사슬이 풀어졌습니다. 깜짝 놀라 일어난 간수는 죄수들이 도망갔을 것이라고 짐작하고 자결하려 했습니다. 그때 바울이 소리쳤습니다. "네 몸을 상하지 말라 우리가 다 여기 있노라." 간수는 등불을 달라고 하며 뛰어 들어가 무서워 떨며 바울과 실라 앞에 엎드렸습니다. "그들을 데리고 나가 이르되 선생들이여 내가 어떻게 하여야 구원을 받으리이까"라고 물었습니다. 이것이 본문의 개요입니다.

죄인들이 구원을 얻기 위해 하지 말아야 할 것은 무엇인가?

최초로 복음이 전파되었을 때에 사탄은 지금처럼 많은 미혹거리로 사람들을 현혹시키지 않았습니다. 그 당시에는 바울이 했던 것처럼 사람들에게 그들이 당장 무엇을 해야 하는지 간단하고 직접적인 대답을 하는 것으로 충분했습니다. 그러나 오늘날은 이것으로 충분치 못한 것 같습니다. 많은 미혹들과 왜곡 때문에 사람들의 마음이 당황하고 있으며 어두워졌으므로 구원에 대해 초대시대와 같은 단순한 견해로 되돌아가게 만들기 위해서는 많은 가르침을 필요로 합니다. 그러므로 죄인들이 구원을 받고자 할 때에 그들이 해서는 안 되는 것이 무엇인가를 설명하는 것이 중요합니다.

자신이 해야 할 일이 없다고 생각해서는 안 됩니다.

바울의 시대에는 아무도 이런 생각을 하지 않았던 것 같습니다. 그 시대에는 보편구원론이라는 교리가 발달되지 않았습니다. 사람들은 자신이 아무 일도 하지 않고 구원된다고는 꿈도 꾸지 않았습니다. 그들은 죄인들이 구원을 얻기 위해 할 일은 없다고 배우지 않았습니다. 만일 최근에 널리 퍼져 있는 생각이 그 당시 빌립보에 유행하고 있었다면 간수는 본문에 기록된 바와 같은 질문은 하지 않았을 것입니다. 어떤 죄인도 무서워 떨며 "내가 어떻게 하여야 구원을 얻으리이까?"라고 소리치지 않았을 것입니다.

자신이 할 일은 없다고 생각하는 사람은 구원받지 못합니다. 거짓과 거짓말은 본질적으로 인간의 영혼을 구원하지 못합니다. 자기가 해야 할 일이 없다는 관념보다 더 거짓된 것은 없을 것입니다. 사람들은 구원을 얻기 위해 무엇인가 해야 한다는 것을 알고 있습니다. 그런데 왜 그들은 자신의 의무를 행하기를 거부하며, 또 모두가 구원을 받을 것이라고 주장합니까? 이 생각은 대단히 불합리한 것입니다. 상식과 양심을 거역하는 자들만이 이런 생각을 받아들입니다.

당신이 무엇을 해야 하는지 오해해서는 안 됩니다.

죄인들에게 요구하는 의무는 지극히 단순한 것입니다. 종교란 무엇인가, 그리고 하나님이 구원의 조건으로 요구하시는 것이 무엇인가에 대한 거짓된 사상들이 없다면, 그것은 대단히 쉽게 이해할 수 있습니다. 그러나 이러한 점들에 관해서 많은 그릇된 견해들이 퍼져 있으므로 오해하게 될 위험이 있습니다. 이처럼 중요한 일을 오해하여 현혹되지 마십시오.

하나님이 당신에게 요구하시는 일을 할 수 없다고 하거나, 할 수 없을 거라고 가정하지 마십시오.

오히려 하나님의 명령대로 할 수 있다고 생각하십시오. 만일 당신이 하나님의 요구대로 할 수 없다고 생각한다면, 이 생각은 당신의 구원에 치명적인 영향을 줄 것입니다.

당신의 의무 이행을 뒤로 미루지 마십시오.

구원받기를 원한다면, 이 위험한 망상에 냉혹하게 대항해야 합니다. 당면한 의무를 회피하기 위한 것으로서 이것보다 더 널리 유행한 형태는 없을 것이며, 이처럼 인간의 영혼을 멸망시킨 것도 없을 것입니다. 복음의 국가에서는 거의 모든 사람들이 죽음을 예비하며, 죽기 전에 회개하고 경건하게 살려고 합니다. 보편구원론자들도 언젠가는 경건해지기를 기대합니다. 아마 그것은 죽은 뒤에 그들의 죄가 정화의 불에 의해 깨끗하게 된 뒤의 일일 것입니다. 웬일인지 그들은 거룩해지기를 기대합니다. 왜냐하면 그들은 하나님을 보고 그분의 임재를 즐길 수 있게 되기 전에 거룩해져야 한다는 것을 알기 때문입니다. 그러나 그들은 성결하게 되어야 한다는 이 문제를 되도록 멀리 밀어버리고 뒤로 미룹니다. 그들은 그것을 싫어하기 때문에 비록 이 세상에서 그와 같은 하나님의 능력을 좌절시킨다 해도 하나님은 내세에서 그것이 시행되도록 돌보실 것이라고 생각합니다. 거룩하게 되거나 거룩하게 되지 않거나 선택권은 그들에게 있으므로 그들은 시간을 이용하여 죄를 즐깁니다. 그리고 내세에 그들을 거룩하게 만드는 일은 하나님에게 미루어 버립니다. 끈기는 보배입니다.

장차 경건하게 되리라는 망상을 품고 있기 때문에 지금 경건하게 살지 않고 뒤로 미루는 사람들은 모두 이 세상에서나 내세에서나 이러한 변덕을 발휘합니다. 당신은 어리석게도 지금 스스로 저지하려고 최선을 다하고 있는 일이 일어나기를 희망합니다.

많은 죄인들이 이러한 망상 속에서 지옥으로의 길을 재촉하고 있습니다. 그들은 종종 하나님의 요구들로 강권을 받게 되면 장차 회개할 때를 정하기도 합니다. 그것은 때로 대단히 가까운 때일 수도 있습니다. 그들은 집회를 마치고 집에 돌아가자마자, 또는 설교가 끝나자마자 회개하겠다고 합니다. 혹은 더 멀리 잡아서 교육 과정을 마친 후, 생활이 안정된 뒤, 재산을 모은 뒤, 또는 도덕성이 의심스러운 사업을 버릴 준비가 된 뒤에 회개하겠다고 약속합니다. 그러나 그들이 회개의 시간을 가까운 시일로 정하든, 먼 미래로 정하든 그들은 치명적인 망상에 사로잡혀 있는 것입니다. 뒤로 미루려는 생각은 영혼을 죽이는 것입니다. 죄인들은 사탄이 그들에게 자기의 영을 쏟아넣어 그들을 자기 마음대로 끌고 간다는 것을 알지 못하고 있습니다. 사탄은 죄인들이 회개를 잠시 뒤로 미루거나 오랜 시간 뒤로 미루거나에 상관하지 않습니다. 물론 사탄은 우리의 회개를 오랜 시간 뒤로 미루게 하는 것을 매우 기뻐합니다. 하지만 잠시 뒤로 미루게 한다고 해도, 또 다시 뒤로 미루게 만들 수 있으므로 궁극적으로 자신의 목적을 이룰 수 있다고 확신합니다.

 죄인이여, 구원받기를 원한다면 이러한 사탄의 영에 저항하여 그를 낙담하게 해야 합니다. 뒤로 미루어서는 안 됩니다. 언젠가는 경건한 생활을 하겠다고 약속하며 뒤로 미루는 이상 결코 회심할 수 없습니다. 세상의 일을 할 때도 자꾸 미룬다면 과연 그 일을 성취할 수 있겠습니까? 당신이 명예나 재산이나 생명 등과 관련된 중요한 사업을 하려는데 얼마나 신속하게 착수해야 하는지 정확히 모른다고 생각해 보십시오. 그렇다면 지금 착수하는 것이 나중에 하는 것보다 안전하고 용이할 것입니다. 물론 당신이 잠시 뒤로 미루고 지체하더라도 이루어질 수는 있을 것입니다. 그러나 한 순간씩 지체할 때마다 그것을 할 수 있을지는 불확실해집니다. 당신은 단 한 시간의 지체가 치명적인 영향을 줄 수도 있다는 것을 잊고 있습니다. 이런 경우에 지각 있고 분별력 있는 사람이라면 어떻게 하겠습니까? 즉시 깨어 일어나지 않겠습니까? 그처럼 위험하고 불확실한 일을 뒤로 미룰 수 있겠습니까? 그렇지 않습니다. 만일 그런 조건에 백 달러가 달려 있다면 사업하는 사람들이라면 누구나 열중할 것이며, 그를 유혹하여 한 시간 뒤로 미루게 할 수 없을 것입니다. 그는 "이것은 내가 해야 할 중요한 사업이므로 다른 것은 포기해야 합니다"라고 말할 것입니다. 그러나 그가 회개에 대해서는 죄인처럼 행동하며, 내일도 오늘도 같은 날일 것이라고 기대하며 계속 아무것도 하지 않는다면 당신은 그가 미쳤다고 생각하지 않겠습니까? 당신은 그의 사업이 이루어지고 그의 돈이 보장되고 그의 수입이 증진되리라고 기대할 수 있습니까?

그러므로 의무 수행을 뒤로 미루는 죄인은 멸망을 초래할 뿐입니다. 그가 "지금이 바로 그때이다. 오늘 나는 내 모든 의무를 행하겠다"고 말하지 않는 한 그는 오직 어리석은 짓을 행하며 그에 따른 삯을 쌓고 있을 뿐입니다. 이처럼 중요하고 위험할 정도로 불확실한 일을 뒤로 미루는 것이야말로 미친 짓입니다.

구원을 받으려면 하나님이 당신에게 명하신 일을 하나님이 행하시기를 기다려서는 안 됩니다.

하나님은 당신의 구원을 위해 스스로 하실 수 있는 모든 일을 하십니다. 하나님은 당신의 상태와 방침이 허락하는 순간에 이미 자신이 해야 할 일을 이루시거나 행할 준비를 하십니다. 당신이 태어나기 전부터 하나님은 당신에게 필요한 것들을 예상하시고 공급해 주기 시작하셨습니다. 그분은 자신의 아들을 죽게 하셨으며, 구속이라는 방법으로 필요한 모든 일을 행하고 계십니다. 오래 전부터 하나님은 당신에게 의무를 가르치기 위해 말씀과 성령을 보내셨습니다. 하나님은 당신의 구원을 원하시는 분으로서, 하나님 자신이 정력적이고 신속하게 일하신다는 최고의 증거를 주셨습니다. 당신은 이것을 알고 있습니다. 자기를 구원하는 일에 있어 하나님이 하나님의 일을 소홀히 하시지나 않을까 두려워하는 죄인이 있을까요? 한 사람도 없습니다. 많은 사람들은 하나님이 구원을 확보하려는 사역을 하시면서 너무 진지하고 정력적으로 자신에게 강요하신다고 여겨 몹시 화를 냅니다. 당신은 하나님이 당신이 해야 할 의무를 행해 주시기를 기다리고 있다는 핑계로 자기의 양심을 무마시킬 수 있습니까?

하나님이 하실 수 없으며 반드시 당신이 해야 할 일들이 있습니다. 하나님이 구원의 조건으로서 당신에게 계시하시고 요구하신 일들은 하나님이 하실 수도 없으며 친히 하시려고 하시지도 않습니다. 만일 하나님이 친히 하실 수 있었다면 당신에게 요구하시지도 않았을 것입니다. 죄인들은 이 점을 기억해야 합니다. 하나님은 회개와 믿음을 요구하십니다. 왜냐하면 다른 사람이 대신 행한다는 것은 불가능하기 때문입니다. 그것들은 당신의 개인적인 일들입니다. 즉 마음에서 비롯되는 자발적인 행위인 것입니다. 하늘이나 땅이나 지옥에 있는 어떤 존재도 당신을 대신할 수는 없습니다. 속죄의 경우에는 본질적으로 대속이 가능하기 때문에 하나님은 그것을 도입하셨습니다. 하나님은 주저하지 않고 구속 사역에 포함된 모든 자기 부인들을 충족시키고 견디셨습니다.

구원받기를 원한다면, 어떤 일이든지 하나님이 하시기만을 기다려서는 안 됩니다.

당신이 기다려야 할 것은 아무것도 없습니다. 하나님은 이미 모두 행하셨습니다. 더 이상 남아 있는 일이 있다면, 이번에는 당신이 자신의 의무를 행하여 하나님이 모든 필요한 은사를 나누어 주시기를 기다리고 준비하는 것입니다.

거짓말로 도피하지 마십시오.

거짓말은 당신을 구원하지 못합니다. 당신을 구원할 수 있는 것은 오직 진리뿐입니다. 나는 사람들이 왜 보편구원론이 사람을 구원할 수 있으리라 생각하는지 궁금합니다.

사람들은 진리에 의해 거룩해져야 합니다. 성경 중에서 이보다 더 분명한 가르침은 없습니다. 그리고 이보다 이성과 도리의 지지를 받는 성경 교리도 없습니다.

보편구원론이 사람을 거룩하게 만들어 줍니까? 보편구원론자들은 당신이 자신의 죄로 인해 형벌을 받아야 하며, 그렇게 되면 그 죄들이 완벽하게 제거된다고 합니다. 마치 연옥의 불이 모든 죄를 완전히 없애 주며 죄인을 순결하게 해주듯이 말입니다. 이것이 진리에 의해 거룩해지는 것입니까? 차라리 화염방사기의 액화液火를 마시고 구원되기를 바라는 편이 나을지도 모릅니다. 내세에 자신의 영혼이 불로써 죄로부터 정결하게 되기를 기대할 바에야 이 세상에서 기대하는 편이 더 낫지 않습니까?

  사람들이 이처럼 큰 오신誤信에 의해 구원받고 성화되기를 바라는 것은 참으로 놀라운 일입니다. 하나님은 당신이 진리에 의해 성화되어야 한다고 말씀하십니다. 만일 당신이 망상을 믿는다면, 그것이 당신을 거룩하게 만들 것이라고 생각합니까? 그것이 당신을 겸손하고 경건하고 죄를 미워하고 자비하게 만들 것이라고 믿습니까? 사탄은 거짓의 아버지이며 당신을 구원할 수 없다는 것을 확실히 믿으십시오. 실제로 사탄은 당신을 구원할 수 있다고 해도 구원하지 않을 것입니다. 그는 당신을 구원하기 위해서가 아니라 멸망시키기 위해 거짓말을 피합니다. 그의 목적에 이보다 더 적합한 것은 없습니다. 거짓말은 영혼을 죽이는 독약입니다. 그런데도 당신은 위험을 무릅쓰고 그 약을 복용하려 합니다.

  제멋대로 방종한 구원의 방법을 구하지 마십시오.

  죄인들은 방종에 의해 구원받으려고 크게 노력하고 있습니다. 그들은 자기 부인이 반드시 필요하다는 것, 즉 철저한 자기 부인이 구원의 조건이라는 것을 여간해서는 인정하지 않습니다. 쉽고 마음에 드는 방법으로 구원을 받을 수 있다고 생각하지 마십시오. 사람들은 이기심이 완전히 제거되고 이기심의 요구들은 억제되어야 한다는 것을 알아야 합니다.

  나는 종종 이렇게 자문하곤 합니다. "내가 전파하고 있는 구원의 체계는 완전히 내 이성의 직관과 조화를 이루어 복음이야말로 내게 필요하다는 것을 내면에서부터 알고 있는가? 그것은 내 지성의 요구들을 완전히 충족시키는 것인가? 그것의 명령들은 정당하고 올바른 것인가? 그것이 규정하고 있는 구원의 조건들은 하나님 앞에서의 인간의 도덕적 상태 및 하나님의 통치에 대한 도덕적 관계에 적합한가?"

이러한 질문들이나 이와 유사한 질문들에 대해 나는 긍정적으로 대답하지 않을 수 없습니다. 나이가 들수록 나는 복음의 체계야말로 인간 지성의 요구들을 충족시키고 범죄하고 타락한 인간의 마음에 필요한 것들을 공급해 줄 수 있는 유일한 것임을 깨닫게 됩니다. 죄인들에게 부과된 의무들은 내가 이치상 구원의 조건들이라고 알고 있는 것들입니다. 그런데 왜 어떤 죄인은 이것이 아닌 다른 조건들에 의해 구원받으려는 생각을 하는 것입니까? 그것이 대단히 실천하기 쉽다고 하지만, 왜 그것을 원하는 것입니까?

장차 더 좋은 기회가 오리라 기대하지 마십시오.

회개하지 않는 죄인들은 장차 지금보다 더 좋은 기회가 있을 것이며 지금은 그다지 좋은 기회가 아니라고 생각합니다. 그러므로 그들은 장차 있을 더 좋은 때를 기대하며 회개를 뒤로 미루어 버립니다. 그들은 장차 더 많은 확신을 갖게 되고 장애와 방해를 덜 받게 될 때가 올 것이라고 생각합니다. 펠릭스Felix도 그렇게 생각했습니다. 당신이 구원을 포기하지 않는 것과 마찬가지로 그도 구원을 포기하려 하지 않았습니다. 그 당시 그는 대단히 바빴으며, 특별히 절박한 것처럼 보이는 어떤 목적을 이루어야 했습니다. 그래서 그는 장차 보다 편리할 때가 되면 그 주제에 성실하게 주의를 기울이겠다고 약속하는 것으로 핑계를 대려 했습니다. 그러나 그 편리한 때가 도래했습니까? 그렇지 못했습니다.

이와 비슷한 태도로 하나님의 엄숙하신 부르심에 저항하고 그의 성령을 슬프게 하는 사람들에게도 그때는 오지 않습니다. 과거 그가 말했던 것처럼 "이번에는 혼자 가십시오. 편리할 때가 되면 당신을 부르겠습니다"라고 말했던 많은 사람들은 지금 지옥의 고통 속에서 기다리고 있습니다. 죄인이여. 언제 당신에게 편리한 때가 임하겠습니까? 하나님이 당신의 주의를 진지하고 엄숙하게 이 주제로 환기시키시지 않는 한, 당신에게 편리한 때는 있을 수 없다는 것을 알고 있습니까? 그리고 하나님이 택하신 시간에 그분의 부르심을 비웃고도 장차 당신이 선택한 시간에 하나님이 이 일을 해주시리라고 기대할 수 있습니까? 당신은 다음과 같은 하나님의 말씀을 듣지 못했습니까?

"내가 불렀으나 너희가 듣기 싫어하였고 내가 손을 폈으나 돌아보는 자가 없었고 도리어 나의 모든 교훈을 멸시하며 나의 책망을 받지 아니하였은즉 너희가 재앙을 만날 때에 내가 웃을 것이며 너희에게 두려움이 임할 때에 내가 비웃으리라 너희의 두려움이 광풍

같이 임하겠고 너희의 재앙이 폭풍 같이 이르겠고 너희에게 근심과 슬픔이 임하리니 그 때에 너희가 나를 부르리라 그래도 내가 대답하지 아니하겠고 부지런히 나를 찾으리라 그래도 나를 만나지 못하리니"잠 1:24-28.

죄인이여. 그것은 마지막 운명이 될 것이며, 그리고 하나님의 세계의 많은 소리들은 "아멘"이라고 응답할 것입니다.

지금보다 좋지는 못해도 지금과 비슷한 시기를 발견하게 될 것이라고 생각하지 마십시오.

많은 사람들은 앞으로 그들을 위해 더 좋은 때는 오지 않을지 모르겠으나 최소한 지금과 동일한 때는 있을 것이라고 생각하려 합니다. 분명 이것은 망상입니다. 죄인이여, 당신은 이미 열 달란트를 빚지고 있습니다. 그런데 당신은 그 달란트를 활용하여 증식시키는 데는 관심이 없으면서도 이 빚을 탕감받는 것이 쉬울 것이라고 생각합니까? 이렇게 만사가 채권자의 은혜를 확보하는 데 달려 있는 때에 당신은 그의 면전에서 적극적으로 그를 모욕함으로써 그것을 얻기를 바랍니까?

상황을 달리 생각해 봅시다. 당신은 진심으로 죄를 회개해야 하며, 만일 그렇지 않으면 영원한 저주를 받는다는 것을 압니다. 또한 일련의 연속적인 죄들은 마음의 완악함을 더해 주고 더욱 회개하기 어렵게 만든다는 것도 알고 있습니다. 그런데 어찌 당신은 장차 회개하기에 좋은 때가 있으리라 기대할 수 있습니까? 당신의 목이 쇠기둥처럼 딱딱해지고 마음이 철석같이 굳어진 후에도 당신은 전처럼 쉽게 회개할 수 있으리라 생각합니까?

죄인이여, 당신은 하나님이 지금 즉시 죄를 버리라고 요구하신다는 것을 알고 있습니다. 그러나 당신은 하나님의 얼굴을 올려다보며 이렇게 말합니다: "주님, 장차 편리한 때에 중지해도 마찬가지입니다. 주님, 만일 내가 궁극적으로 구원을 얻을 수만 있다면 내가 계속 당신을 모욕하고 능욕한 것에 대해 보응을 받는 것은 내 소득으로 생각하겠습니다. 당신은 자비하시고 오래 참으시는 분이므로 내가 몇 달이나 몇 년 동안 더 당신을 대적하여 범죄하고 배반해도 괜찮을 것입니다. 주님, 나를 재촉하지 마시고 내 마음대로 하게 내버려두십시오. 괜찮으시다면 내가 당신을 능욕하고 당신의 얼굴에 침을 뱉어도 내버려두십시오. 내가 알맞은 때에 회개하여 궁극적으로 구원을 받기만 한다면 결과는 마찬가지가 아닙니까? 나는 당신이 지금 나에게 회개하라고 간청하고 계시다는 것을 압니다. 그러나 나는 때를 기다리겠습니다. 언젠가 회개하기만 하면 괜찮을 것입니다."

하나님이 이것을 인정하시면서 "죄인아, 네 말이 옳다. 나는 네 태도를 인정하고 보증하겠다. 너의 창조주이시며 아버지이신 분에 대한 네 의무에 관해 그러한 견해를 가지는 것은 좋은 일이다. 그대로 진행하거라. 네가 가는 길은 네 구원을 보증해 줄 것이다"라고 말씀하시리라고 생각합니까?

구원을 받으려면, 다른 사람들이 어떻게 행하고 말하는지 알려고 해서는 안 됩니다.

최근에 나는 어느 젊은 부인이 자기가 하나님에게 마음을 바쳤다는 것을 사랑하는 오빠가 알면 어떻게 생각할지 크게 고민하는 것을 보고 놀란 일이 있었습니다. 그녀는 자기의 의무를 알고 있었습니다. 그러나 그녀의 오빠는 회개하지 않고 있었습니다. 만일 그녀가 지금 회개한다면 그가 어떻게 생각할는지 그녀가 어찌 알 수 있겠습니까? 그래서 그녀는 하나님에게 나아가 말했습니다: "위대한 하나님, 회개해야 한다는 것을 알고 있지만 지금은 회개할 수가 없습니다. 왜냐하면 오빠가 그것을 좋아할는지 알지 못하기 때문입니다. 물론 오빠도 죄인이므로 회개하지 않으면 그의 영혼이 벌을 받게 된다는 것을 나는 압니다. 그러나 나는 당신의 찌푸린 얼굴보다 오빠의 찌푸린 얼굴이 더 무섭습니다. 나는 당신의 허락보다는 오빠의 허락에 더 관심을 갖고 있습니다. 그러므로 나는 오빠가 회개하기 전에는 회개하지 못하겠습니다." 참으로 무서운 말입니다. 이러한 문제를 다루는 데 있어서 사람들이 "다른 사람들이 나에 대해 뭐라고 할까?"라고 묻는 것은 이상한 일입니다. 당신에게는 하나님에게 순종할 의무가 있습니까? 그렇다면 사람들이 하나님에 대한 당신의 의무에 대해 무엇이라고 말하게 해야 합니까? 하나님은 당신은 물론 그들에게도 회개를 요구하십니다. 왜 당신은 지금 즉시 회개하지 않습니까?

얼마 전, 내가 외국에서 설교를 하고 있을 때에 그 도시의 주요 인사 한 분이 집회에 참석했습니다. 그는 분명히 죄를 깨닫고 자기 영혼 때문에 크게 번민하고 있었습니다. 그러나 그는 정치적으로 높은 지위에 있는 사람이었으며 스스로 친구들에게 크게 의존하고 있다고 생각했으므로 이 문제를 친구들과 의논하고 그들의 의견을 존중해야 한다고 주장했습니다. 나는 세 시간이나 노력했지만 그의 주장을 물리칠 수 없었습니다. 그는 기꺼이 회개할 준비가 된 것 같았으며 나는 그가 분명히 회개하리라고 생각했습니다. 그러나 그는 영속적인 타락으로 다시 돌아서서 빠져나가 버렸습니다. 아마 장차 그는 지옥에 있는 버림받은 자들 속에서 발견될 것입니다. 그 사람이 그런 핑계를 대며 뿌리치고 떠났는데도 당신은 그런 결과를 예상하지 못하겠습니까?

남들이 뭐라거나 상관하지 말아야 합니다. 그들 마음대로 지껄이게 내버려두십시오. 문제는 당신 자신의 영혼과 하나님 사이의 일이며, "네가 만일 지혜로우면 그 지혜가 네게 유익할 것이나 네가 만일 거만하면 너 홀로 해를 당하리라"잠 9:12는 것입니다. 당신은 자신을 위해 죽어야 하며, 심판 때에 자신을 위해 하나님 앞에 서야 합니다.

젊은 부인이여, 당신의 오빠에게 "내가 심판을 받을 때에 당신이 나를 책임지겠습니까? 당신이 내 대신 그곳에서 나를 책임지겠다고 맹세할 수 있습니까"라고 물어 보십시오. 그가 그렇게 할 수 있다고 믿을 근거가 없는 한, 그의 의견이 당신에게 방해가 된다면 무시하는 것이 현명합니다. 당신의 즉각적인 회개를 반대하는 사람에게 이렇게 말하십시오. "당신은 심판 때에 나를 보호해 줄 수 있습니까? 만일 당신이 그렇게 할 수 있으며 그렇게 하리라고 확신할 수 있다면, 당신을 나의 구주로 삼겠습니다. 그러나 그렇지 못하다면, 나는 내 구원에 주의를 기울이고 당신은 당신의 구원에 주의를 기울여야 합니다."

이 중요한 문제에 있어서 내가 회심하던 때의 일을 잊을 수 없습니다. 나는 기도하기 위해 조용한 곳을 찾아 깊은 산속으로 들어갔습니다. 몇 개의 큰 통나무 뒤에 있는 한적한 장소를 발견하고 그곳에 무릎을 꿇고 엎드렸습니다. 그런데 갑자기 나뭇잎이 바스락거리는 소리가 들렸습니다. 나는 벌떡 일어났습니다. 분명 누군가 오고 있었고, 그렇다면 누군가 내가 기도하는 것을 보게 될 것이기 때문이었습니다. 나는 다른 사람들이 나에 대해 하는 말에 신경을 쓰고 있다는 것을 깨닫지 못했었습니다. 그러나 그곳에서의 내 행동을 살펴보고는 이제까지 다른 사람들의 생각에 크게 신경을 쓰고 있음을 알 수 있었습니다.

다시 눈을 감고 기도하려는데 또 소리가 들렸습니다. 그때 "나는 내 죄를 고백하는 것을 부끄러워하고 있구나"라는 생각이 밀려왔습니다. 어찌된 일입니까? 하나님과 대화하고 있는 모습을 부끄러워하다니요. 이처럼 부끄러워한다는 사실을 내가 얼마나 부끄럽게 생각했었는지 모릅니다. 이 생각이 내 마음에 새겨준 그 강력하고 압도적인 느낌을 말로 설명할 수 없습니다. 나는 큰 소리로 기도했습니다. 이 세상 모든 사람들과 지옥의 마귀들이 내 기도하는 모습을 보고 기도 소리를 들을지라도 나는 움츠리지 않고 계속 기도하겠다고 결심했기 때문입니다. 내가 내 구주 하나님의 얼굴을 찾고 있는 모습을 다른 사람들이 보는 것이 나와 무슨 상관이 있습니까? 나는 서둘러 심판대를 향해 가고 있습니다. 장차 그곳에 설 때 나는 심판주를 나의 친구로 모신 것을 부끄러워하지 않을 것입니다. 그곳에 설 때, 이 세상에서 내가 하나님의 얼굴과 용서를 구했던 일을 부끄러워하지 않을 것입니다. 그곳에서는 온 세상이 나를 응시해도 위축되지 않을 것입니다.

만일 죄인들이 심판대 앞에서 숨을 수 있다면, 그들은 기뻐할 것입니다. 그러나 그들은 그렇게 할 수 없습니다. 또 그들은 서로의 죄를 책임지기 위해 서로를 대신하여 심판대 앞에 설 수도 없습니다. 저 젊은 부인이 그때 이렇게 말할 수 있을까요? "오빠, 당신이 나를 책임져 주어야 해요. 나는 당신을 기쁘게 하기 위하여 그리스도를 거역하고 내 영혼을 잃었으니까요." 그녀의 오빠도 범죄한 배반자로서 심판주 앞에서 어쩔 줄 모르고 고통하며 떨고 있습니다. 그 무서운 순간에 그가 당신의 편을 들 수 있겠습니까? 지금 이 세상에서 그를 불쾌하게 만드는 것을 두려워하지 마십시오. 오히려 그에게 경고하십시오. 하나님의 진노가 뜨겁게 달아올라 치료책이 없게 되기 전에 그의 생명을 구하라고 말해 주십시오.

구원을 얻으려면 하나님, 하나님의 사역자들, 기독교인, 또는 기타 경건한 것에 대한 편견을 가져서는 안 됩니다.

어떤 사람들은 쉽사리 유혹을 받아 강력한 편견을 갖기 때문에 자기 영혼을 상실하게 되는 큰 위험에 처합니다. 그들은 사람이나 사물에 대해 호감이나 혐오감을 갖게 되면 전적으로 그 감정에 휩싸여 전혀 정직하지 못하게 됩니다. 그들의 편견의 대상이 종교와 밀접한 관계를 지니고 있다면 그 편견은 위대한 구원의 조건들을 성취하는 것에 반대하게 되고, 그 결과는 파괴적인 것이 될 수밖에 없습니다. 온전히 정직해야 한다는 것이 구원의 필수조건이기 때문입니다. 당신의 영혼은 하나님 앞에서 성실하고 진실되게 행동해야 합니다. 그렇지 않으면 당신은 회심할 수 없습니다.

나는 부흥회에서 크게 회개한 사람들이 오랫동안 하나님에게 순복하지 않는 상태로 남아 있는 것을 보았습니다. 자세히 살펴보니 그들은 편견의 울타리에 에워싸여 있었으며, 스스로 이 사실을 깨닫지 못하고 있으므로 자신이 편견을 가지고 있다는 것을 인정하지 않았습니다. 나는 양심의 가책을 받고 있는 죄인들을 관찰하면서 영혼 구원에 있어서 가장 큰 장애물 중의 하나가 이것임을 발견했습니다. 종교를 대적하며 이런 심령 상태에 남아 있는 사람은 회개할 수 없습니다. 하나님은 당신의 편견들을 만족시켜 주시거나 당신의 기분에 맞춰 하나님이 정하신 구원의 조건들을 낮추시지 않습니다.

실제로 피해를 입었을 때에 적대감을 버려야 합니다.

나는 하늘나라에서 추방된 사람들을 본 적이 있습니다. 그들은 실제로 피해를 입었을 때에 용서하지 않고 잊어버리지 않으며 저항하고 보복하려는 심령 상태로 남아 있었으므로 필연적으로 하나님에 대한 죄를 회개할 수도 없었으며, 또한 하나님도 그들을 용서하실 수 없었기 때문입니다. 물론 그들은 천국을 잃었습니다. 나는 사람들이 "나는 용서할 수 없습니다. 용서하지 않겠습니다. 나는 피해를 입었습니다. 그 부당한 일을 결코 용서하지 않겠습니다"라고 말하는 것을 봅니다. 그런 감정을 고집해서는 안 됩니다. 그런 감정에 사로잡혀 있으면 구원받지 못합니다.

다른 사람들의 편견 때문에 비틀거려서는 안 됩니다.

때로 나는 가정에서 일어나는 사태로 인해 놀라는 일이 있습니다. 어떤 가정에는 어른들이 목회자에 대해 편견을 가지고 있는 경우가 있습니다. 나는 그들이 왜 좀 더 현명하게 행동하지 못하는지, 왜 자녀들이 가는 길에 걸림돌을 놓아 그들의 영혼을 망치게 하는

지 의심스럽습니다. 어린이들이 회심하지 않는 참된 이유가 여기에 있는 경우가 있습니다. 그들은 마음으로 복음을 전파하는 목회자들을 거역하고 있기 때문에 복음을 거역합니다. 나는 사람들이 자신에게 복음을 전하는 이들을 비방하도록 내버려두기보다는 차라리 우리 집에 들어오게 하여 내 자녀들 앞에서 저주하고 맹세하게 만들겠습니다. 부모들은 자녀가 들어갈 천국 문을 닫지 않으려면 말을 조심해야 합니다.

고정 관념에 사로잡혀 의무를 회피하지 마십시오.

어떤 사람들은 소위 "속죄석"(부흥회 때에 속죄를 바라는 사람이 앉는 자리)에 앉지 않으려 합니다. 따라서 그들은 회심하기에 적절한 상황, 회심하기를 거부한다면 나쁜 태도를 갖게 되는 상황에서도 앞으로 나아가기를 거부하여 자신의 회심에 치명적인 영향을 줍니다. 이것을 알아야 합니다.

합법성이나 적법성이 의심스러운 일에 매달리지 마십시오.

어떤 일이 옳지 못하다고 납득하지 못하면서도 옳다고 납득할 수도 없는 경우가 있습니다. 이런 경우에 "아무개 신자도 그렇게 행동했어"라고 말하는 것으로는 충분치 못합니다. 당신은 자신의 행동에 대해 이보다 더 훌륭한 이유를 댈 수 있어야 합니다. 구원받기를 기대한다면 의로운 일인지 불의한 일인지 의심스러운 모든 관습을 버려야 합니다. 이 원리가 "의심하고 먹는 자는 정죄되었나니 이는 믿음을 따라 하지 아니하였기 때문이라"롬 14:23는 말씀 속에 함축되어 있습니다. 정당성이 의심스러운 일을 행하는 것은 하나님의 권위를 함부로 다루는 것입니다. 이것은 당신이 구원받기를 원한다면 소중히 해야 하는 범죄에 대한 두려움을 당신의 마음속에서 파괴해 버리게 됩니다.

구원을 받으려면, 다른 신앙고백자들이 하나님의 위대한 사역에 참여하게 되기를 기다리지 마십시오.

그들이 행해야 할 의무를 행하지 않더라도 내버려두십시오. 그들 스스로 무서운 책임을 감당하게 하십시오. 종종 회개한 죄인들은 스스로를 이미 신앙을 고백한 신자들과 비교하여 신자들이 의무를 지체하는 것으로 자신의 의무를 지체하는 핑계를 삼습니다. 구원을 받으려면 이렇게 행해서는 안 됩니다. 마음만 먹는다면 당신이 범죄하는 신앙 고백자들을 찾아내어 그들 때문에 지옥에 가는 것도 가능합니다.

그러나 실제로 대부분의 신앙고백자들이 당신이 생각하듯이 그렇게 악하지는 않을 것입니다. 그러므로 당신은 그들의 행동을 악의로 해석하여 흠잡으려 해서는 안 됩니다. 그들이 어떻게 행하든지 상관하지 마십시오. 신앙을 고백한 신자들의 행동에서 흠을 잡는 습관을 버리지 않는 한, 당신은 결코 구원받을 수 없습니다.

신앙고백자들을 의지하지 마십시오.

그들의 기도나 감화 등 무엇에도 의지하지 마십시오. 나는 어린이들이 예수 그리스도, 또는 자기의 의무를 행하려는 노력 대신에 부모의 기도를 제시하는 것을 보았습니다. 이런 태도야말로 사탄을 기쁘게 해주는 것입니다. 사탄이 당신을 손에 넣기 위해서는 그 이상의 것을 요구하지 않을 것입니다. 그러므로 이 세상에서 가장 거룩한 신자들의 기도에도 의지하지 마십시오. 당신의 회심은 당신과 하나님 사이의 문제입니다.

핑계를 대거나 변명하지 마십시오.

가끔 사람들이 변명을 하면서도 스스로 그것을 의식하지 못하는 일이 있습니다. 그들의 영적 상태에 관해 대화하는 중에 "보십시오. 당신은 핑계를 대고 있지 않습니까?"라고 말해 주면, 그들은 "제가 그랬습니까? 몰랐습니다"라고 대답하곤 합니다.

걸림돌을 구하지 마십시오.

자신의 어리석음 때문에 불안해하는 죄인들은 자기 변론을 위해 걸림돌을 찾기 시작합니다. 그들은 갑자기 마치 모든 교회를 돌보려는 듯이 신앙고백자들의 허물에 눈을 돌리기 시작합니다. 그러나 실상 그들은 다른 사람들의 허물을 찾아내어 자기 양심을 아프게 하는 진리의 날을 무디게 하는 데 열중하는 것입니다. 이것은 그들 자신의 구원에 도움을 주지 못합니다.

하나님의 인내를 시험하지 마십시오.

만일 그런 짓을 한다면 당신은 영원히 버림받을 큰 위험에 처하게 됩니다. 당신이 좀 더 죄 속에 머물러 있어도 자비의 문을 발견할 것이라고 생각하지 마십시오. 이런 생각은 많은 영혼들의 멸망의 길을 닦아 놓고 있는 것입니다.

구원을 포기하고 "나를 위한 자비는 존재하지 않는다"며 불신앙에 빠지지 마십시오.

절망하여 하늘나라로부터 자신을 쫓아내서는 안 됩니다. 그리스도와 회개가 없다면 당신이 절망하여 구원을 포기하는 것도 당연합니다. 그러나 복음을 믿어야 합니다. 복음을 믿는다는 것은 예수 그리스도께서 죄인을 구원하기 위해 세상에 오셨으며 "내게 오는 자는 내가 결코 내쫓지 아니하리라"요 6:37는 기쁜 소식을 믿는 것입니다. 당신에게는 이 말씀을 믿지 않을 권리가 없으며, 또한 그 안에 진리가 없는 것처럼 행동할 권리도 없습니다.

보다 큰 확신을 얻기를 기다려서는 안 됩니다.

더 많은 확신이 필요한 이유가 무엇입니까? 당신은 자기의 죄를 알고 있으며 현재의 의무를 알고 있습니다. 그러므로 더 큰 확신을 갖게 되기를 기다리는 것보다 터무니없는 일은 없습니다. 만일 당신이 스스로 죄인이라는 사실이나 범죄하고 있음을 알지 못하고 있다면 이러한 점에 대한 진리의 확신을 추구하는 것이 적절한 것일 수 있을 것입니다.

더 많은 감정이나 다른 감정이 임하기를 기다리지 마십시오.

죄인들은 종종 "내가 그리스도께 나아가려면 먼저 다르게 느껴야 한다" 또는 "더 많은 감정을 느껴야 한다"고 말합니다. 그들은 마치 이것을 하나님이 그들에게 요구하시는 큰 일인 것처럼 생각합니다. 이것은 잘못된 생각입니다.

보다 완전하게 준비를 갖추게 될 때를 기다려서는 안 됩니다.

기다리는 동안에 당신은 더욱더 악해지고 신속하게 자신의 구원을 불가능하게 만듭니다.

하나님이 당신의 마음을 변화시켜 주시기를 기다리지 마십시오.

왜 당신은 하나님이 당신에게 명령하셨으며 순종하기를 기다리고 계시는 일을 하나님이 행하시기를 기다리고 있습니까?

기도나 눈물이나 그 밖의 다른 것에 의해서 하나님의 마음에 들려고 하지 마십시오.

당신이 기도를 하면, 하나님은 당신을 용서하셔야 할 의무를 갖게 된다고 생각합니까? 당신이 어떤 사람에게 오백 달란트를 빚지고 있는데 일주일에 백 번 그에게 가서 빚을 탕감해 달라고 애원하고, 당신의 채권자를 상대로 하여 손해배상을 하게 해 달라는 기도를 하기 시작하여 그 빚을 탕감받으려 한다면 당신이 미친 사람이라는 것밖에 증명되는 것이 없습니다. 그런데도 죄인들은 기도하고 눈물을 흘리면 주님께서 그들을 용서해 주실 의무를 가지게 된다고 생각하는 듯합니다.

십자가에 못 박히신 예수 그리스도만 의지하십시오.

많은 사람들이 그렇듯이 자신이 고난을 받음으로써 무엇인가 보상을 할 수 있기를 바라는 것은 당치 않은 생각입니다. 나도 처음에는 단번에 회심하기를 기대할 수 없고 오랫동안 부복해야 한다고 생각했습니다. 나는 "내가 지금 느끼는 것보다 더 유감스럽게 느끼지 않는 한 하나님은 나를 긍휼히 여기시지 않을 것이다. 내가 지금보다 더 큰 영혼의 고통을 느끼지 않는 한 하나님이 나를 용서해 주시기를 기대할 수 없다"고 중얼거렸습니다. 비록 내가 계속 고통을 증가시켜 마침내 그 고통이 지옥의 고통이 된다 해도 그것은 하나님을 변화시킬 수 없습니다. 하나님은 당신에게 고난을 요구하시지 않습니다. 당신의 고난이 구속에 도움이 될 수는 없습니다. 그런데 왜 당신은 하나님의 섭리 방법을 밀쳐놓고 당신의 방법을 밀어 넣으려 합니까?

이에 대한 또 다른 견해가 있습니다. 하나님이 당신에게 요구하시는 것은 당신의 완강한 의지를 하나님에게 굴복시키는 것입니다. 순종치 않는 어린이에게 순종하라고 요구하면 그는 아버지의 동정심을 자아내기 위해 울고 신음하는 등 온갖 고통을 나타내며 심지어 자신을 괴롭히기도 합니다. 그러면서도 그는 아버지의 권위에 복종하기를 거부합니다. 그는 아버지께서 요구한 순종 대신에 자신의 고난을 제시하기를 즐깁니다. 죄인의 태도가 바로 이런 것입니다. 그는 하나님에게 순종하는 대신 스스로 고난을 받아 하나님의 동정을 받으려 합니다. 그리하여 하나님이 회개와 순종이라는 어려운 조건을 거두어들이시기를 바랍니다.

구원받기를 바란다면 당신을 동정하는 사람들, 암암리에 하나님을 대적하고 당신의 편을 들며 당신이 스스로의 생각처럼 악한 사람이 아니라고 생각하게 만들려는 사람들의 말에 귀를 기울이면 안 됩니다.

내가 아는 부인은 오랫동안 고통스러운 죄의식으로 번민하다가 크게 절망하여 건강을 해치고 거의 죽게 되었습니다. 그녀는 아무런 위안도 얻지 못했으며, 다만 무서운 절망 속으로 더욱 깊이 빠져

들어가는 것 같았습니다. 그녀의 친구들은 신실하게 그녀를 대하지 않았으며 그녀의 죄악된 마음 밑바닥까지 탐색하지 않고, 다만 그녀를 동정하며 하나님이 이 고민하여 죽어가는 불쌍한 여인에게 자비를 베풀어 주시지 않는다고 불평을 했습니다. 마침내 그녀의 생명이 끊어질 때가 되어 조그마한 소리로 간신히 이야기를 할 수 있었을 때에 한 목사님이 마침 그곳을 방문하게 되었습니다. 여인의 친구들은 목사님에게 그녀는 매우 두려운 상태에 있으니 조심해 달라고 부탁했습니다. 그러나 그는 그녀를 신실하게 다루는 것이 가장 좋은 방법이라고 판단했습니다.

목사님이 그녀의 침상 가까이에 갔을 때 그녀는 작은 소리로 물을 달라고 애원했습니다. 그때 그는 이렇게 말했습니다. "만일 회개하지 않으면 당신은 곧 타는 듯한 혀를 축일 물 한 방울도 없는 곳으로 가게 될 것입니다." "내가 지옥에 가야 한다는 말입니까?" "만일 회개하고 하나님에게 복종하지 않으면 곧 그렇게 될 것이고 그렇게 되어야 합니다. 왜 즉시 회개하고 하나님에게 복종치 않습니까?" 그녀는 대답했습니다. "지옥에 가는 것은 무서운 일입니다." "그렇습니다. 그런 까닭에 예수 그리스도께서 속죄를 예비하셨지만 당신은 그것을 받아들이려 하지 않고 있습니다. 주님은 구원의 잔을 당신의 입에 가져오셨지만 당신은 그것을 밀어내고 있습니다. 왜 그렇게 하십니까? 왜 당신은 주님과 친구가 되어 구원을 소유할 수 있는데 하나님의 원수로 남아 그분이 제공하시는 구원을 비소하려 합니까?"

이것이 그들이 나눈 대화였습니다. 결국 그녀는 자신의 죄와 의무를 알고 하나님에게 돌아와 용서와 평화를 발견했습니다.

그러므로 만일 당신의 양심이 당신에게 죄가 있다고 증언할 때에는 누구도 하나님을 대항하여 당신의 편을 들게 해서는 안 됩니다. 당신의 상처에는 고약이 필요한 것이 아니라 탐침探針이 필요합니다. 그 탐침을 두려워하지 마십시오. 그것만이 당신을 구원할 수 있습니다. 당신의 죄를 숨기려 하거나 눈을 가려 그것을 보지 않으려 하거나, 또는 최악의 상태를 알게 될까 두려워하지도 마십시오. 당신은 그 최악의 상태를 알아야 하며, 빨리 알수록 유익하기 때문입니다. 내과 의사에게 가서 아편을 달라고 하지 마십시오. 당신에게 필요한 것은 아편이 아닙니다. 당신이 죽음을 피하려 하듯이 당신에게 달콤한 말을 하며 거짓을 예언하는 사람들을 피하십시오. 그들은 분명히 당신의 영혼을 멸망시킬 것입니다.

신자가 된다면, 그것 때문에 일상생활에 필요한 일이나 당신이 해야 하는 일에 방해를 받는다고 생각하지 마십시오.

그렇지 않습니다. 신앙생활은 어떤 실질적인 의무도 방해하지 않습니다. 오히려 그와는 반대로 당신이 경건한 생활을 하려면 여러 가지 의무에 적절한 관심을 기울이는 것이 반드시 필요합니다. 그렇지 않고는 하나님을 섬길 수 없습니다.

구원을 얻으려면 구원을 방해하는 것에 주의를 기울여서는 안 됩니다.

이것은 당신의 영혼이 구원을 받기 위해 지극히 중요한 일입니다. 당신에게 방해가 되는 생각들은 지푸라기만큼도 귀하게 여기지 말아야 합니다. 예수 그리스도께서는 이것을 여러 가지 비유로 설명하셨습니다. 특히 어떤 비유에서는 천국을 말씀하시기를 "또 천국은 마치 좋은 진주를 구하는 장사와 같으니 극히 값진 진주 하나를 발견하매 가서 자기의 소유를 다 팔아 그 진주를 사느니라"마 13:45-46고 하셨습니다. 또 다른 비유에서는 "천국은 마치 밭에 감추인 보화와 같으니 사람이 이를 발견한 후 숨겨 두고 기뻐하며 돌아가서 자기의 소유를 다 팔아 그 밭을 사느니라"마 13:44고 말씀하셨습니다. 사람들이 천국을 얻기 위해서라면 무엇이라도 희생해야 한다는 것을 가르치신 말씀입니다.

당신은 이기심으로 신앙심을 구해서는 안 됩니다.

당신은 자기의 구원이나 행복을 최고의 목표로 삼아서는 안 됩니다. 조심하십시오. 만일 이것을 최고 목표로 삼는다면 당신은 거짓된 소망을 갖게 될 것이며, 위선이라는 길을 거쳐 가장 깊은 지옥에 떨어질 것입니다.

죄인이 구원을 얻으려면 어떻게 해야 합니까?

구원을 얻기 위해 무엇을 해야 하는지 알아야 합니다.

이것을 분명하게 아는 것이 중요합니다. 당신은 하나님에게로 돌아가야 한다는 것을 알아야 하며, 이것이 무엇을 의미하는지 이해해야 합니다. 하나님과 당신 사이에 있는 문제는 당신이 자신을 도둑질하고 하나님을 섬기는 일에서 도피했다는 것입니다. 당신은 물론 하나님에게 속해 있습니다. 하나님은 친히 당신을 창조하셨습니다. 그러므로 당신 마음의 존경을, 생명의 섬김을 요구하실 권리를 갖고 계십니다. 그러나 당신은 하나님의 요구에 맞춰 생활하는 대신에 도망쳐서 하나님에 대한 예배를 버리고 스스로를 즐겁게 하기 위해 생활해 왔습니다. 이제 당신이 해야 할 의무는 하나님에게 돌아가 자신을 하나님에게 돌려드리는 것입니다.

당신은 하나님에게 돌아가 죄를 고백해야 합니다.

당신이 행한 것은 모두 잘못된 것이었으며 하나님의 일은 모두 옳은 일이었다고 고백해야 합니다. 하나님 앞에 나아가 하나님이 경고하셨던 것과 같이 저주를 받아 마땅하다고 말씀드리십시오.

용서를 받기 위해서는 이러한 고백이 꼭 필요합니다. 이렇게 고백하면 하나님은 이에 화답하여 말씀하시기를 "나도 그들에게 대항하여 내가 그들을 그들의 원수들의 땅으로 끌어 갔음을 깨닫고 그 할례 받지 아니한 그들의 마음이 낮아져서 그들의 죄악의 형벌을 기쁘게 받으면 내가 야곱과 맺은 내 언약과 이삭과 맺은 내 언약을 기억하며 아브라함과 맺은 내 언약을 기억하고 그 땅을 기억하리라"레 26:41-42고 하십니다. 그래야 하나님은 용서하실 수 있습니다. 그러나 당신이 이 점에 대해 논쟁하며 하나님이 옳다고 인정하려 하지 않거나 자신이 그르다고 인정하지 않는다면 하나님은 당신을 용서하실 수 없습니다.

당신이 어떤 사람에게 피해를 끼쳤다면, 그 사람에게도 자백해야 합니다. 당신은 몇 명 혹은 많은 동포들에게 해를 끼치지 않았습니까? 이웃을 중상하며 옳지 않은 말을 하지 않았습니까? 이웃에게 거짓말을 하거나 혹은 이웃에 대해 거짓말을 하거나 진리를 왜곡시키며, 다른 사람들이 당신이나 당신의 행동에 대해 거짓된 인상을 받는 것을 좋아한 일이 없습니까? 만일 그렇다면 그 모든 불의를 버리십시오. "자기의 죄를 숨기는 자는 형통하지 못하나 죄를 자복하고 버리는 자는 불쌍히 여김을 받으리라"잠 28:13.

당신은 하나님에게 지은 죄와 사람들에게 해를 끼친 것을 자복해야 하며, 그것에 대한 배상을 해야 합니다. 그렇게 하지 않는 한 하나님과 사람 앞에서 참회하는 자의 위치에 설 수 없습니다. 그렇게 하지 않는다면 하나님이 당신을 참회하는 자로 여기실 수 없습니다. 이것은 당신이 표면적 행동을 완수함으로써 배상의 목적을 시행하지 않으면 하나님이 당신을 용서하실 수 없다는 의미가 아닙니다. 왜냐하면 그렇게 하려면 시간이 필요하기도 하고 불가능할 수도 있기 때문입니다. 당신이 하나님의 용서를 받으려면 먼저 목적이 신실하고 완전해야 합니다.

당신 자신을 부인해야 합니다.

여기에는 다음과 같은 의미가 함축되어 있습니다.
(1) 당신이 본질적으로 의를 소유하고 있다는 생각을 버리고, 당신의 의를 부인해야 합니다.
(2) 당신이 하나님의 마음에 들게 되거나 칭의의 기초라고 생각되는 선을 행했다는 생각을 버려야 합니다.
(3) 당신 자신의 뜻을 버리고 말뿐만 아니라 마음으로 "당신의 뜻이 하늘에서 이루어진 것같이 땅에서도 이루어지이다"라고 말할 준비가 되어 있어야 합니다. 하나님의 뜻이 당신의 최고의 법이 되게 하겠다고 진심으로 승낙해야 합니다.
(4) 당신은 자신의 길을 버리고 모든 일을 하나님의 뜻대로 하시게 해야 합니다. 어떤 일에 대해서도 짜증을 내거나 화를 내서는 안 됩니다. 하나님의 행위는 모든 일들에 미치고 있으므로 당신은 모든 일 속에서 하나님의 손을 느껴야 합니다. 물론 일을 그렇게 만드신 하나님에게 대항하여 화를 내는 것이 당신의 뜻이라면 화를 내십시오. 그러나 화를 낸다면 당신은 하나님을 올바르게 대하는 것이 아닙니다. 당신은 어린아이처럼 하나님 앞에 나아와 발 앞에 엎

드려 순종하고 신뢰해야 합니다. 날씨가 좋든 궂든 하나님이 마음대로 하시도록 승낙해야 합니다. 당신의 모든 일이 잘되거나 잘되지 않거나 하나님의 뜻대로 하시도록 하십시오. 철저하게 자신을 포기하고 순종하십시오.

그리스도께 나아와야 합니다.

당신은 그리스도를 구주로 받아들여야 합니다. 당신이 행한 일이나 또는 할 수 있는 일에 의지하려는 생각을 버리고 그리스도를 구속 제물로서 하나님 앞에 영원히 살아 계신 중보자로 받아들여야 합니다. 작은 조건을 내세우거나 주저하지 말고 구주의 날개 아래 자신을 위탁해야 합니다.

자신을 기쁘게 하지 말고 그리스도를 기쁘시게 하려고 애써야 합니다.

이러한 태도를 갖지 않는다면-당신이 모든 면에서 그리스도를 기뻐하여 그분의 뜻대로 행하는 데서 자신의 기쁨을 발견하지 않는다면-당신의 구원은 불가능합니다. 이치상 당신이 이러한 심령 상태에 있을 때에 불행할 수 없으며, 이런 심령이 다른 심령 상태에 있을 때에 행복할 수도 없습니다. 왜냐하면 그리스도의 기쁨은 무한히 선하고 의로운 것이기 때문입니다. 그러므로 그분의 선한 기쁨이 당신의 선한 기쁨이 되고 당신의 뜻이 그분의 뜻과 완전히 일치할 때 당신은 그리스도가 기뻐하시기 때문에 행복하게 될 것이며, 예수 그리스도가 기뻐하시는 만큼 기뻐할 수 있게 됩니다. 이처럼 하나님의 뜻 안에서 최고의 행복을 누리는 것이 근본적인 구원의 개념입니다. 이런 심령 상태 속에 있어야 당신은 구원을 얻을 수 있습니다.

그런데 많은 신앙고백자들은 이 점을 오해하고 있습니다. 그들은 실제로 그리스도를 섬기는 것을 쇠목걸이같이 생각하여 견딜 수 없을 만큼 어려운 멍에라고 느낍니다. 이런 까닭에 그들은 이 짐을 벗어버리기 위해 부단히 애를 씁니다. 그들은 그리스도께서 요구하시는 것은 그다지 많은 자기 부인이나 세속과 죄로부터의 이탈이 아니라고 증명하려 애를 씁니다. 그들은 기독교인의 의무를 이 세상의 유행과 관습의 수준으로 낮추려고 하고 있습니다. 그렇게만 된다면 기독교인으로서의 생활을 하고 기독교인의 멍에를 매는 것이 쉽겠지요.

그러나 그들이 보기에 사실상 기독교인의 멍에를 매는 것은 쇠목걸이를 매는 것과 같습니다. 자기의 뜻이 아니라 그리스도의 뜻대로 행하는 것은 어려운 일입니다. 만일 그리스도의 뜻을 행하는 것이 신앙생활이라면(과연 누가 이 사실을 의심할 수 있겠습니까), 그들은 진저리를 냅니다. 이런 마음 상태에 있는 사람은 대단히 불행합니다. 경건한 생활을 해야 한다는 생각 때문에 신음하는 사람들, 그것이 대단히 어려운 일이지만 꼭 해야 한다고 생각하는 사람들에게 물어 보겠습니다. "지옥을 만들려면 이런 신앙심이 얼마나 있어야 할까요?" 그리 많지 않아도 됩니다. 하나님의 기쁘신 뜻대로 행하는 것이 당신에게 전혀 기쁨을 주지 못하면서도 그것이 구원받는 유일한 길이라고 생각하여 지옥을 피하기 위해서 마지못해 그 일에 끌려 들어간다면 그런 생활이 바로 지옥이 아닙니까? 이런 심령 상태로는 구원받을 수 없습니다.

구원을 받으려면 당신의 마음이 하나님을 기쁘시게 하는 데서 가장 큰 기쁨을 느끼는 상태에 이르러야 합니다. 이것만이 영원히 당신의 잔을 차고 넘치게 할 것입니다.

예수 그리스도를 신뢰해야 합니다. 그렇지 않으면 구원받을 수 없습니다.

철저히 주님을 믿어야 합니다. 그분의 모든 말과 약속을 믿어야 합니다. 그것들은 믿으라고 당신에게 주어진 것입니다. 믿지 않는다면 그것들은 당신에게 아무런 유익을 주지 못합니다. 당신이 그것들에 대한 믿음을 발휘하지 않으면, 그것들은 결코 당신에게 도움을 주지 못하며 불신앙의 죄를 악화시킬 뿐입니다. 하나님이 버림받은 죄인들에게 사랑으로 말씀하실 때에 하나님을 믿어야 합니다. 하나님은 "그 보배롭고 지극히 큰 약속을 우리에게 주사 이 약속으로 말미암아 너희가 정욕 때문에 세상에서 썩어질 것을 피하여 신성한 성품에 참여하는 자가 되게 하려"[벧후 1:4] 하셨습니다. 그러나 많은 신앙고백자들은 이 약속을 사용하는 방법을 모르고 있으며, 유익하게 사용하지 못하고 있습니다. 이 약속들은 차라리 바다의 모래 위에 기록되는 편이 나았을 것입니다.

 죄인들이 믿음으로 하나님을 붙잡고 그분의 약속들을 믿지 않는다면 그들은 집단으로 지옥에 가게 될 것입니다. 하나님의 무서운 진노가 그들을 향해 발해집니다. 하나님은 말씀하시기를 "내가 그것을 밟고 모아 불사르리라 그리하지 아니하면 내 힘을 의지하고 나와 화친하며 나와 화친할 것이니라"사 27:4-5고 하십니다. 힘을 내어 당신을 구원하실 수 있는 하나님의 팔을 의지하고 그분과 화친해야 합니다. 어떻게 해야 의지할 수 있습니까? 믿음으로 의지합니다. 그분의 말씀을 믿고 의지하십시오. 그분의 팔을 의지하고 용기 있게 지옥을 넘어가십시오. 그리고 지옥은 전혀 없는 것처럼 여기고 두려워하지 마십시오.

 당신은 "나는 믿습니다. 그러나 아직 구원받지 못했습니다"라고 말합니다. 그렇지 않습니다. 당신은 믿지 않습니다. 어떤 부인이 내게 다음과 같이 말했습니다. "나는 믿습니다. 내가 믿고 있다는 것을 나는 압니다. 그런데도 나는 아직 죄 가운데 있습니다." 나는 그녀에게 이렇게 대답했습니다. "아니오. 당신은 믿고 있지 않습니다. 당신은 내가 당신에게 일 달러를 주겠다고 약속했을 때 나를 믿는 만큼 하나님을 믿습니까? 당신은 하나님에게 기도하고 있습니까? 그리고 당신이 나를 믿고 나에게 일 달러를 부탁하는 만큼 하나님을 신뢰합니까? 당신이 하나님에 대해 적어도 이 정도의 믿음을 갖지 않는 한, 수많은 사람들을 신뢰하는 것보다 하나님을 더 신뢰하지 않는 한 당신의 믿음은 하나님을 영화롭게 하지 못하며 하나님을 기쁘시게 하지 못합니다. 당신은 '모든 사람은 거짓을 말할지라도 하나님은 진실하시도다' 라고 고백해야 합니다."

그러나 당신은 "나는 죄인입니다. 내가 어떻게 믿을 수 있습니까?"라고 말합니다. 나는 당신이 죄인이라는 것을 알고 있습니다. 하나님의 이 약속을 받은 모든 사람들은 죄인입니다. "나는 큰 죄인입니다." 사도 바울은 "미쁘다 모든 사람이 받을 만한 이 말이여 그리스도 예수께서 죄인을 구원하시려고 세상에 임하셨다 하였도다 죄인 중에 내가 괴수니라"딤전 1:15고 고백했습니다. 그러므로 당신은 절망할 필요가 없습니다.

가지고 있는 모든 것을 버려야 합니다.

그렇지 않고는 그리스도의 제자가 될 수 없습니다. 완전하고 절대적인 자기 부인이 있어야 합니다. 이것은 당신이 먹지도 말고 입지도 말고 친구들과의 교제도 나누지 말라는 뜻이 아닙니다. 다만 이런 모든 일들을 이기적으로 행하는 것을 그만두어야 한다는 의미입니다. 당신은 더 이상 시간, 재산 및 당신의 것이라고 불러 온 모든 것을 소유하고 있다고 생각해서는 안 됩니다. 이 모든 것을 당신의 것이 아니라 하나님의 것으로 여겨야 합니다. 이런 의미에서 당신은 자신이 가지고 있는 모든 것을 버려야 합니다. 다시 말하면, 모든 것을 오직 하나님에게 바치고 헌신하기 위해 제단 위에 올려놓으라는 의미입니다. 당신이 용서와 구원을 얻으려고 하나님에게 돌아올 때에 가지고 있는 모든 것을 그분의 발 앞에 놓으십시오. 당신의 몸을 하나님의 제단에 산 제물로 바치십시오. 당신의 영혼과 모든 능력을 구세주 하나님에게 기꺼이 헌신하여 바치십시오. 모든 것을 가지고 나오십시오. 몸, 영혼, 지성, 생각, 학식 등 남김 없이 가지고 오십시오. 당신은 "모든 것을 다 가져와야 합니까?"라고 묻습니다. 그렇습니다. 하나도 남기지 말고 모두 가져 오십시오. 아나니아와 삽비라처럼 얼마를 남겨 두어 자기 영혼을 거슬러 범죄하지 마십시오. 모든 것에 대한 당신의 권리를 포기하고 하나님의 권리를 인정하십시오. 이렇게 말하십시오: "주님, 이것들은 내 것이 아닙니다. 내가 그것들을 훔쳤으니 내 것이 아닙니다. 그것들은 당신의 것입니다. 더 이상 그것을 갖지 않겠습니다. 주님, 이제부터 영원히 그것들은 당신의 것입니다. 이제 내가 어떻게 해야 하오리이까? 이제 나에게는 내 일이 없습니다. 나는 온전히 당신의 처분에 달려 있습니다. 이제 내가 무엇을 하기를 원하십니까?"

이런 마음으로 세상과 육체와 사탄을 부인해야 합니다. 이제부터 당신은 그러한 것들을 버리고 그리스도와 교제해야 합니다. 당신은 세상과 육체와 마귀를 위해 살지 말고 그리스도를 위해 살아야 합니다.

하나님이 자기의 아들에 관해 주신 기록을 믿어야 합니다.

그 기록을 믿지 않는 사람은 그것을 받아들이지 않으며 하나님이 진실하시다는 것을 인정하지 않습니다. "또 증거는 이것이니 하나님이 우리에게 영생을 주신 것과 이 생명이 그의 아들 안에 있는 그것이니라"요일 5:11. 당신이 그것을 소유하는 조건은 이 기록을 믿는 것입니다. 그리고 물론 그에 따라 행동하는 것입니다.

당신의 이웃에 가난한 사람이 살고 있는데 그에게 편지가 왔다고 가정해 보십시오. 그 편지에는 영국에 살고 있던 어느 부자가 죽으면서 그에게 많은 유산을 남겨 주었다고 쓰여 있었으며, 부근에 있는 은행의 출납계원은 그에게 자기가 그의 구좌로 그 돈을 받았으며, 그의 지시를 기다리겠다고 했다고 가정해 보십시오. 그 가난한 사람이 "나는 그 기록을 믿을 수가 없어요. 그러한 부자가 있었다는 것도 믿을 수가 없어요. 나에게 십만 파운드가 있다는 것을 믿을 수 없어요"라고 한다면 그는 그 기록을 믿지 않기 때문에 가난하게 살다 죽어야 합니다.

이것이 불신자에게서 일어나는 일입니다. 하나님은 당신에게 영원한 생명을 주셨으며, 그것은 당신의 명령을 기다리고 있습니다. 그러나 당신은 그것을 믿으려 하지 않기 때문에 명령을 내리지 않고, 따라서 신청서를 제출하지 않기 때문에 그것을 얻지 못합니다.

당신은 이렇게 말합니다. "나는 믿기 전에 먼저 느껴야 합니다.

느끼지도 않고 어찌 믿을 수 있습니까?" 그 가난한 사람도 그렇게 말했을 것입니다. "어찌 그 돈이 내 것이라고 믿을 수 있습니까? 나는 지금 한 푼도 없이 가난한데요?" 당신은 믿지 않기 때문에 가난한 것입니다. 혹시 믿는다고 해도 당신은 이 나라의 모든 상점을 사버릴 것입니다. 그리고 여전히 "나는 가난하다. 나는 그것을 믿을 수 없다. 나의 이 닳아 빠진 낡은 옷을 보라. 내가 전에는 이처럼 넝마 같은 옷을 입은 일이 없었다. 나는 부자가 느끼는 편안함을 전혀 느끼지 못하고 있다"고 할 것입니다.

죄인도 내적 체험을 얻기 전에는 믿을 수가 없습니다. 그는 구원받은 죄인의 감정을 소유하게 될 때까지 기다려야 합니다. 그래야 그 기록을 믿고 구원을 의지할 수 있습니다. 그 가난한 사람은 기다렸다가 새 옷을 사고 훌륭한 집을 사게 된 후에야 비로소 그 문서를 믿고 그 돈을 받기 위해 어음을 발행하는 것입니다. 물론 그는 산더미 같은 금이 자기 것인데도 영원히 가난하다고 생각합니다.

죄인이여, 당신은 이것을 깨달아야 합니다. 주 예수 그리스도의 마지막 언약과 뜻에 따라 당신에게 영원한 생명이 주어졌는데 왜 당신은 버림을 받으려 합니까? 당신은 왜 그 기록을 믿고 당장에 그것을 받기 위한 어음을 발행하지 않습니까? 부디 이것을 깨닫고, 자신의 어리석음으로 인해 천국을 잃지 않도록 하십시오.

이제 결론을 말씀드리겠습니다. 만일 당신이 구원을 받고자 한다면 이미 예비되어 있는 구원을 받아들이십시오. 당신은 자기의 모든 죄를 기꺼이 버리고 이후로는 그 모든 것들로부터 구원되어야 합니다. 이것을 승낙하지 않는다면, 도저히 구원받지 못합니다. 많은 사람들은 이 세상에 있는 동안 약간의 죄를 지을 수 있다면, 하늘나라에서 기꺼이 구원을 받겠다고 합니다. 그들은 그런 조건으로 하늘나라를 좋아합니다. 그러나 사실 그들은 이 세상에서 순결한 마음과 거룩한 생활을 좋아하지 않듯이 하늘나라에서도 그것들을 좋아하지 않을 것입니다. 그들이 하나님이 자신의 백성을 위해 예비하신 것과 같은 하늘나라에 기꺼이 갈 준비가 되어 있다고 가정하는 것은 자기를 기만하는 짓입니다. 세상에 있을 때 모든 죄로부터의 구원을 받아들이지 않는 사람에게 천국이 주어질 수 없습니다. 그들은 복음이 결코 죄와 타협하지 않으며 죄로부터의 완전한 구원을 생각하고 그에 따른 준비를 한다는 것을 인정해야 합니다. 이것이 아닌 다른 복음은 참복음이 아니며, 이런 의미가 아닌 다른 의미에서 그리스도의 복음을 받아들이는 것은 결코 복음을 받아들이는 것이 아닙니다. 모든 죄를 영원히 버리겠다고 맹세하는 것이 처음이자 마지막 조건입니다.

제 2 부

죄

6
죄

> "알지 못하던 시대에는 하나님이 간과하셨거니와 이제는 어디든지 사람에게 다 명하사 회개하라 하셨으니 이는 정하신 사람으로 하여금 천하를 공의로 심판할 날을 작정하시고 이에 그를 죽은 자 가운데서 다시 살리신 것으로 모든 사람에게 믿을 만한 증거를 주셨음이니라."
> -행 17:30-31-

　본문에서는 하나님이 세상을 공의로 심판하실 것이라고 선언하고 있습니다. 그러나 여기에서는 하나님이 세상을 심판하신다는 사실이나 또는 공의로 심판하신다는 사실 등에 대해 생각하기보다 우리의 죄를 어떤 척도로 측정하시는가에 대해, 다시 말하자면 공의로 세상을 심판하신다는 말씀에 함축된 의미를 생각해 보려 합니다. 죄를 측정하는 공의로운 표준은 무엇이며, 죄인에게 배당된 형벌은 어떤 것입니까? 이러한 주제를 생각하는 데 있어서 "도덕적 의무의 이행 조건은 무엇인가?"와 "죄를 측정하는 표준은 무엇인가?"라는 두 가지 중요한 점을 생각하겠습니다.

도덕적 의무 이행의 조건은 무엇인가?

도덕적 의무의 이행은 마음의 궁극적 의도와 관계가 있습니다.

율법과 관계가 있으며 죄라고 규정되는 것은 단순히 표면적인 행위가 아니라 우리가 염두에 두고 있는 목적입니다. 죄가 그 의도와는 상관없이 표면적 행위만으로 단정될 수는 없습니다. 우발적인 사건에서처럼, 표면적 행위가 본인의 의도에 따른 것이 아닐 때에 우리는 그것을 죄의 탓으로 돌리려 하지 않습니다. 그러나 그것이 본인의 의도에 따라 이루어진 일이라면, 우리는 그 죄가 혀나 손의 탓이 아니라 목적이 악한 탓이라고 생각합니다. 혀나 손은 목적이 악한 마음에 의해 사용된 기관에 불과합니다.

이것은 모든 사람이 이해하기만 하면 인정하는 원리입니다. 이것은 모든 어린이의 마음의 직관적 주장 속에 나타납니다. 어린이가 처음으로 옳고 그름에 대한 생각을 갖게 되면, 그는 비난을 피하기 위해 자기가 그렇게 하려는 의도는 아니었다고 변명합니다. 그는 만일 이 변명이 진실이라면 그것은 변명으로서 정당하고 선하다는 것을 알고 있습니다. 더욱이 그는 당신을 비롯한 모든 사람들이 이것을 알고 있으며 인정해야 한다는 것을 압니다. 이러한 감정은 모든 인간들의 마음에 널리 퍼져 있으며 아무도 그것을 부인하지 못합니다.

도덕적 의무 이행의 첫 번째 조건은 도덕적 행위 능력을 소유하는 것입니다.

인간에게는 선택된 목표나 선택되지 않은 목표의 가치를 이해할 수 있는 지성이 있습니다. 그렇지 않다면 책임감 있는 선택이 있을 수 없습니다. 우리에게는 어느 정도 선을 추구하거나 악을 피하려는 의식이 있습니다. 그렇지 않다면 아무런 행동이나 노력이 있을 수 없습니다. 또 선택이 가능한 태도들 중에서 무엇을 선택할 것인지를 결정하는 선택의 능력이 있습니다. 이것들은 도덕적 선택, 다시 말하자면 책임감 있는 도덕적 행동과 의무 이행에 필요한 것들입니다.

우리의 정신이 어떤 목적을 가져야 하는지를 아는 것이 도덕적 의무 이행에 꼭 필요합니다.

선택되는 목표의 가치를 어느 정도 이해하고 있어야 합니다. 그렇지 않으면 책임감 있게 그 목표를 선택하거나 포기하지 못합니다. 모든 사람들이 이것을 이해해야 합니다. 그래야만 왜 주어진 목표를 선택하지 않았느냐는 질문을 받을 때에 "나는 그 목표가 선택할 가치가 있음을 알지 못했다"고 대답할 수 있기 때문입니다. 모든 사람들은 이것을 도덕적 범죄로부터의 정당한 책임 면제라고 생각할 것입니다.

자신이 무엇을 선택해야 하는지 알고 있다면, 그의 선택의 의무는 하나님의 요구에서 비롯되는 것이 아니라 선택되는 목표의 가치 속에 존재하는 것입니다.

사람은 선택되는 목표의 가치를 느끼고 어느 정도 이해해야 합니다. 그 목표의 가치를 인식하면 그것을 선택하게 됩니다. 다시 말하면 사랑이나 선한 의지 등을 명령하는 도덕률이 그의 마음에 주관적으로 존재하고 있어야 합니다. 그의 마음으로 다른 사람에게 선을 행하는 것을 이해하면 이와 관련되어 그것을 하고자 하는 의무감이 솟아오릅니다. 이것이 도덕적 의무 이행을 이루는 것입니다. 실질적으로 도덕적 의무 이행의 조건으로는 도덕적 행동을 할 수 있는 정신적 능력과 존재의 행복의 본질적 가치에 대한 지식이 필요합니다.

말씀드릴 것이 한 가지 더 있습니다. 이 도덕적 우주에 있는 피조물들이 자신이 선택해야 하는 목표의 가치에 대해 소유하고 있는 지식의 정도는 각기 다릅니다. 그리고 도덕적 의무 이행은 그 사람이 마음에 소유하고 있는 이 지식의 분량에 비례합니다. 하나님만이 홀로 이 점에 있어 무한하고 불변하는 지식을 가지고 계십니다.

죄를 측정하는 척도는 무엇인가?

우리에게 명령을 하시는 분이 무한하신 하나님이라는 사실에 의해 죄가 측정되는 것이 아닙니다. 때로 죄의 측정은 이 사실에 의존하게 되며, 또한 명령을 발하신 하나님이 무한하신 분이기 때문에 그것을 범한 죄도 무한하다고 생각하기도 합니다. 그러나 이러한 교리는 인정할 수 없는 것입니다. 이에 대해서는 다음과 같은 반론을 제기할 수 있습니다. 즉 죄는 모두 무한하신 분을 대적하여 범하는 것이므로 모두가 동일한 범죄라는 것입니다. 그러나 성경과 인간의 직관적 이성은 모든 죄가 동일한 것이 아니라고 선포하고 있습니다. 이런 까닭에 죄의 척도 또는 표준은 무한하신 분께 대항하는 범죄라는 사실에 있는 것이 아닙니다.

  죄로 말미암아 피해를 입게 되는 하나님의 권위가 무한하다는 사실에 의해 죄가 측정될 수는 없습니다. 권위란 명령하는 권리입니다. 하나님 안에 있는 권위가 무한하다는 것은 아무도 부인하지 않습니다. 그러나 이 사실이 죄의 척도가 되지는 못합니다. 왜냐하면 앞에서 주어진 이유, 다시 말해서 죄는 모두 무한하신 권위를 거슬러 범해진 것이므로 모두 동등한 죄라는 결론은 거짓된 것이며, 따라서 그 전제들도 거짓된 것입니다.

  죄의 등급은 무한히 거룩하시고 선하신 분을 거슬러 범해진다는 사실에 의해 측정될 수 없습니다. 그 이유는 앞에서 말한 것과 같습니다.

  죄는 위반된 율법의 가치에 따라 측정될 수도 없습니다. 모든 사람들이 율법은 무한히 선하고 소중하다는 것을 인정합니다. 그러나 이것이 항상 선하고 소중하기 때문에 이것에 의해 측정되는 모든 죄의 분량이 동일하다는 결론은 거짓된 것입니다.

죄의 척도는 가치에 대한 마음의 인식을 고려하지 않은 채 율법이 우리에게 원하고 의도하고 또는 선택하라고 요구하는 것의 가치에 있는 것이 아닙니다. 이 목표의 본질적 가치는 항상 동일하므로 이 척도도 역시 앞에서 언급된 것들과 마찬가지로 모든 죄의 분량이 동일하다는 결론을 이끌 것이기 때문입니다.

죄의 분량은 죄 성향에 의해 측정되는 것이 아닙니다. 모든 죄는 하나의 결과, 즉 순수한 악을 향하여 갑니다. 피조된 존재는 아무도 어떤 죄가 가장 직접적이고 강력하게 악을 산출하는 경향을 가지고 있는지 분간할 수 없습니다. 우리가 알 바는 아니지만 어떤 것이든 죄의 변형들은 모두 직접적으로 동일한 결과, 즉 악을 향하여 나아갑니다.

죄의 분량은 죄인의 궁극적 의도나 목적에 의해 측정될 수 있습니다. 물론 그것은 다름 아닌 죄인의 목적 안에 존재하지만, 우리가 그의 목표를 아는 것만 가지고 그 죄의 분량을 결정할 수는 없습니다. 왜냐하면 이 목표는 항상 실질적으로 동일한 것으로서 일종의 자기만족이기 때문입니다. 죄인의 일반적 목표는 자기만족이며, 그가 어떤 형태의 자기만족을 선택하느냐는 것은 그의 죄의 분량에 그다지 큰 차이를 이루지 않으므로 죄의 분량은 이것이 아닌 다른 곳에서 찾아야 합니다.

죄의 분량은 죄악된 의도를 형성한 견해의 등급에 따라 측정되어야 합니다. 다시 말하면, 그것은 율법에서 선택하라고 요구하는 목표의 가치에 대한 마음의 인식과 지식에 따라 측정되어야 합니다. 그 목표는 하나님과 우주의 최고의 복리입니다. 이것은 무한히 가치 있는 것입니다. 모든 도덕적 행위자들은 이것이 무한히 가치 있다는 것을 알아야 합니다. 그럼에도 불구하고 각 개인이 마음으로 위대한 목표를 이해하는 정도는 서로 다를 수 있습니다. 이 목표-하나님과 우주의 최고 복리-를 선택하려면 이기심이라는 목표를 버려야 하며, 거꾸로 이기심이나 자기만족을 목표로 선택한다면 하나님과 우주의 최고 복리라는 목표를 배격해야 합니다. 양자 중 어느 한편을 선택하면 나머지 한편을 배격해야 합니다.

이기적인 선택은 자신에게 선한 것을 선택한다는 점에서만 악한 것이 아니라 궁극적이고 최고의 목표인 하나님과 우주의 복리를 배격하기 때문에 악한 것입니다. 만일 이기심이 다른 고귀한 목표들을 배격하지 않는다면 그것은 전혀 죄가 아닐 것입니다. 이기심 때문에 배격되는 유익들의 가치 속에 이기심이 갖는 죄의 분량이 존재합니다. 다시 말하면, 이기적인 자기만족을 위해 하나님과 우주의 무한히 소중한 복리를 배격하는 것이 죄가 되는 것입니다.

죄의 분량은 죄인이 배격한 유익들의 가치에 대한 마음의 인식과 비례합니다. 이미 말씀드린 바와 같이 모든 도덕적 행위자는 필연적으로 하나님과 우주의 유익이 무한히 소중하다는 생각을 가지고 있으며, 또 가지고 있어야 합니다. 그들은 이 개념을 분명하게 계발해 왔으므로 그들이 범하는 죄는 모두 무한한 형벌을 받아야 합니다. 그의 죄의 분량은 그밖에도 그가 소유하고 있는 지식에 따라 더욱 커집니다. 그는 시간적으로 영원할 뿐 아니라 양적으로도 무한히 큰 형벌을 받아야 합니다. 이것은 모순된 주장이 아닙니다. 만일 죄인이 자신이 거부하는 유익의 가치에 한계가 있다고 증거할 수 없다면, 그는 자신의 죄의 분량과 형벌에도 한계가 있다고 단언할 수 없습니다. 이것은 모든 죄와 죄인에게 해당되는 진리입니다. 영적 조명을 받아 마음이 하나님과 우주의 최고 복리라는 무한한 가치에 대해 보다 분명한 인식을 얻게 될수록 죄의 분량은 그에 비례하여 증가합니다. 이런 까닭에 의무와 그 동기들에 대한 지식의 분량이 죄의 분량을 측정하는 영속적이며 불변하는 표준이 됩니다.

이것을 증명해 주는 두 가지 증거가 있습니다.

성경이 그렇게 주장하고 확인해 줍니다.

사도행전 17:3에서 분명한 예를 제공합니다. 사도 바울은 이교 국가들이 기록된 하나님의 계시를 소유하지 못했던 과거를 언급하여 "알지 못하던 시대에는 하나님이 간과하셨거니와"라고 했습니다. 이것은 하나님이 그들의 무지함 때문에 그들의 죄를 묵인하셨다는 의미가 아닙니다. 그것은 오늘날 하나님이 모두에게 회개하라고 명령하셨는데도 사람들이 외면하고 범하는 죄들보다는 그 시대의 조를 훨씬 경미한 죄로 여기시어 비교적 가볍게 살피시고 넘어가신다는 의미입니다. 죄는 절대로 경미한 것이 아닙니다. 그러나 비교해서 볼 때 어떤 죄는 다른 큰 죄와 비교하여 상대적으로 작은 죄책감을 유발합니다. 이것이 본문에 내포된 뜻입니다.

"그러므로 사람이 선을 행할 줄 알고도 행하지 아니하면 죄니라" 약 4:17는 말씀은 도덕적 의무 이행에 있어서 지식이 없으면 안 된다는 것을 분명히 함축하고 있습니다. 그 외에도 죄의 분량은 그 주제에 관해 알고 있는 지식의 분량과 동일하다는 뜻도 함축하고 있습니다. 그것은 언제나 반드시 선택되어야 하는데도 거부되는 목표의 가치에 대한 마음의 인식과 일치합니다. 사람이 주어진 상황에서 선을 행해야 한다는 것을 알면서도 행하지 않는다면 그것은 죄가 됩니다. 죄는 자신이 선을 행할 수 있다는 것을 알면서 행치 않는 사실에 그 원인이 있으며, 죄의 분량은 그가 알고 있는 지식의 분량에 따라 측정됩니다.

"너희가 맹인이 되었더라면 죄가 없으려니와 본다고 하니 너희 죄가 그대로 있느니라"요 9:41고 하신 주님의 말씀에서 그리스도께서는 알지 못하는 사람에게는 죄가 없겠지만, 알면서도 범죄하는 사람은 죄인이라고 주장하셨습니다. 이것은 지식이나 신적 조명의 존재가 죄의 존재에 필수적 요소라는 것을 확인해 주며, 그가 지니고 있는 지식의 분량이 죄의 분량을 재는 척도가 된다는 뜻을 함축하고 있습니다.

성경은 어느 곳에서나 가장 중요한 진리들을 주장하고 있습니다. 성경은 그 진리들을 증명하고 주장하기를 그치지 않으며, 항상 그들의 진리를 책임지며 모든 사람이 그것들을 알고 받아들일 것이라고 가정합니다. 최근 나는 도덕적 통치에 대한 글을 쓰면서 이러한 주제들에 관한 성경의 가르침을 연구하고 있는데, 간혹 이러한 놀라운 사실로 인해 감명을 받습니다.

"내가 와서 그들에게 말하지 아니하였더라면 죄가 없었으려니와 지금은 그 죄를 핑계할 수 없느니라 나를 미워하는 자는 또 내 아버지를 미워하느니라 내가 아무도 못한 일을 그들 중에서 하지 아니하였더라면 그들에게 죄가 없었으려니와 지금은 그들이 나와 내 아버지를 보았고 또 미워하였도다"요 15:22-24. 이 말씀에서도 그리스도는 앞에서 인용했던 것과 동일한 교리, 즉 조명은 죄를 구성하는 필수 요소이며, 조명의 분량이 죄의 분량을 재는 척도가 된다고 주장하셨습니다. 그러나 그리스도께서는 절대적 의미에서 만일 자기가 세상에 오지 않으셨더라면 유대인들에게 죄가 없었을 것이라고 확증하시려는 의도가 아니었음을 알아야 합니다. 왜냐하면 그리스도께서 세상에 오시지 않았다고 해도 그들은 약간의 신적 조명을 소유했을 것이기 때문입니다. 생각컨대 주님은 상대적으로 말씀하신 듯합니다. 만일 그리스도께서 세상에 오시지 않았더라면 그들의 죄의 분량은 그만큼 적었을 것입니다.

"주인의 뜻을 알고도 준비하지 아니하고 그 뜻대로 행하지 아니한 종은 많이 맞을 것이요 알지 못하고 맞을 일을 행한 종은 적게 맞으리라 무릇 많이 받은 자에게는 많이 요구할 것이요 많이 맡은 자에게는 많이 달라 할 것이니라"눅 12:47-48. 이 말씀에서 우리는 사람이 각기 소유하고 있는 지식에 따라 형벌을 받을 것이라고 주장하는 진리와 교리를 대하게 됩니다. 많은 조명을 받은 사람에게는 많은 순종이 요구됩니다. 이것은 하나님이 인간이 소유하고 있는 조명에 따라 요구하시는 원리입니다.

"내가 전에는 비방자요 박해자요 폭행자였으나 도리어 긍휼을 입은 것은 내가 믿지 아니할 때에 알지 못하고 행하였음이라"딤전 1:13. 사도 바울은 본질적으로 지극히 악한 일을 행했었습니다. 그럼에도 불구하고 그가 그런 악을 범한 것은 불신앙의 그늘 아래 있었기 때문이므로 그의 범죄에 대한 책임은 극히 적었습니다. 이런 까닭에 그는 다른 경우라면 얻지 못했을 자비를 얻었습니다. 즉 그의 무지로 말미암아 그의 악이 감해졌으며 자비를 얻는 데 유익이 되었다는 분명한 주장입니다.

사도행전 26:9에서도 사도 바울은 자신에 관해 말하기를 "나도 나사렛 예수의 이름을 대적하여 많은 일을 행하여야 될 줄 스스로 생각하고"라고 했습니다. 이것은 메시아를 배격한 그의 죄에 대한 책임과 그로부터 얻은 용서의 분량과 관계가 있는 것입니다.

"예수께서 이르시되 아버지 저들을 사하여 주옵소서 자기들이 하는 것을 알지 못함이니이다"눅 23:34. 이 본문의 말씀은 예수께서 로

마 군인들과 악한 서기관들과 대제사장들에게 에워싸여 고난을 받으시면서도 그들을 위해 "자기의 하는 것을 알지 못함이니이다"라고 기도하셨음을 나타내 줍니다. 이것이 그들에게 죄에 대한 책임이 없다는 의미를 함축하지는 않습니다. 만일 그렇다면 그들에게는 용서가 필요 없었을 것입니다. 이것은 죄에 대한 책임이 그들의 무지로 말미암아 크게 감해졌음을 암시합니다. 만일 그들이 주님이 메시아이신 줄 알고 있었다면 죄를 용서받지 못했을 것입니다.

"예수께서 권능을 가장 많이 행하신 고을들이 회개하지 아니하므로 그 때에 책망하시되 화 있을진저 고라신아 화 있을진저 벳새다야 너희에게 행한 모든 권능을 두로와 시돈에서 행하였더라면 그들이 벌써 베옷을 입고 재에 앉아 회개하였으리라 내가 너희에게 이르노니 심판 날에 두로와 시돈이 너희보다 견디기 쉬우리라 가버나움아 네가 하늘에까지 높아지겠느냐 음부에까지 낮아지리라 네게 행한 모든 권능을 소돔에서 행하였더라면 그 성이 오늘까지 있었으리라 내가 너희에게 이르노니 심판 날에 소돔 땅이 너보다 견디기 쉬우리라 하시니라"마 11: 20-24. 예수께서 왜 이 성읍들을 그처럼 책망하셨습니까? 왜 고라신과 가버나움에게 무서운 화를 선고하셨습니까? 그것은 주님이 그곳에서 많은 권능을 행하셨기 때문입니다. 주님이 메시아이심을 증명하는 놀라운 권능들이 그들의 눈 앞에서 행해졌었습니다. 주님은 매일 그들 가운데서 가르치셨고, 안식일에는 그들의 회당에서 가르치셨습니다. 그들은 대단한 신적 조명을 받았으므로 죄에 대한 책임도 지극히 컸던 것입니다. 그들의 죄와 비교해 볼 때 소돔 사람들의 죄는 없는 것과 같았습니다. 마치 하늘까지 높아질 듯했던 그 성읍은 지옥 깊은 곳까지 낮아져야 했습니다. 죄에 대한 책임과 형벌은 영원히 그들이 누리지 않고 배격했던 신적 조명에 따라 이루어지는 것입니다.

"화 있을진저 너희는 선지자들의 무덤을 만드는도다 그들을 죽인 자도 너희 조상들이로다 이와 같이 그들은 죽이고 너희는 무덤을 만드니 너희가 너희 조상의 행한 일에 증인이 되어 옳게 여기는도다 그러므로 하나님의 지혜가 일렀으되 내가 선지자와 사도들을 그들에게 보내리니 그 중에서 더러는 죽이며 또 박해하리라 하였느니라 창세 이후로 흘린 모든 선지자의 피를 이 세대가 담당하되 곧 아벨의 피로부터 제단과 성전 사이에서 죽임을 당한 사가랴의 피까지 하리라 내가 너희에게 이르노니 과연 이 세대가 담당하리라"눅 11:47-51.

이 말씀에서는 어떤 원리에 입각하여 창세 이후로 순교한 모든 선지자들의 피를 그 세대에게 담당하라고 하셨습니까? 그들이 그것을 담당해야 하기 때문이었습니다. 하나님은 결코 불의를 행하시지 않습니다. 하나님이 어느 국가나 개인을 그들이 받아야 할 정도 이상으로 처벌하셨다는 기록은 없습니다.

그러면 왜 그들은 과거 선지자를 박해했던 세대로 인해 이처럼 무섭고 가중된 하나님의 진노의 심판을 받아야 했습니까? 그에 대한 대답은 두 가지입니다. 첫째로 그들은 누적된 신적 조명을 받고 있으면서도 그것을 거슬러 범죄했으며, 둘째로 자기 조상들의 온갖 박해 행위들을 실제적으로 승인하고 그들의 죄에 기꺼이 동참했기 때문입니다. 그들은 온갖 하나님의 계시들을 가지고 있었습니다. 그 민족의 모든 역사가 그들의 손 안에 놓여 있었습니다. 그들은 순교당한 선지자들의 흠없고 거룩한 성품을 알고 있었으며, 그들을 박해하고 살해한 조상들의 죄에 대한 기록을 읽을 수 있었습니다. 그러나 이러한 지식을 가지고 있으면서도 그들은 동일한 종류의 행위들을 훨씬 악하고 영속하게 만들었습니다.

이렇게 행함으로써 그들은 자기 조상들이 행했던 모든 악을 실질적으로 인정했습니다. 나사렛 사람을 향한 그들의 행위는 이렇게 표현할 수 있을 것입니다: "우리 조상들을 가르치고 꾸짖기 위해 하나님이 보내신 거룩한 사람들을 조상들은 악의로 비방하고 죽였습니다. 그들의 행위는 옳으며, 우리도 그리스도에게 동일한 일을 하려 합니다." 이보다 더 확실하게 조상들의 잔인한 행위들을 인정할 수는 없었을 것입니다. 그들은 모든 죄를 인수했으며 조상들의 모든 죄에 대한 책임을 자기의 양심으로 떠맡았습니다. 그들의 의도는 그러한 행위들을 되풀이하려는 것입니다. 그들은 "만일 우리가 그 시대에 살았더라면 그들이 행한 모든 일을 인정하고 행했을 것이다"라고 말합니다.

동일한 원리에 따라 세상이 창조된 이래 노예제도의 온갖 비참함과 살인으로 인해 축적된 죄의 책임이 지금 이 민족에게 임하고 있습니다. 채찍질로 인해 흘린 눈물, 고통, 핏방울에 포함된 죄의 책임이 이 세대의 문 앞에 놓여 있습니다. 그 이유는 무엇입니까? 왜냐하면 이 노예제도를 찬성하는 세대 앞에는 모든 과거의 역사가 놓여 있으며, 그들은 동일한 제도와 동일한 잘못을 계속 실천함으로써 그 모든 것을 인정하고 있기 때문입니다. 우리 이전의 세대들은 노예제도의 해악과 잘못된 점에 대해 오늘 우리처럼 깨닫지 못했었습니다. 그러므로 우리의 죄는 과거 노예 소유자들의 죄보다 큽니다. 그리고 과거 역사를 보아 그 제도의 잔인한 폐해와 불행을 잘 알면서도 고집센 노예 소유자들은 그 제도 안에 포함되어 있으며, 창세 이래로 그것에서 발전되어 온 모든 죄악에 찬성하고 자기 것으로 삼았습니다.

"그런즉 선한 것이 내게 사망이 되었느냐 그럴 수 없느니라 오직 죄가 죄로 드러나기 위하여 선한 그것으로 말미암아 나를 죽게 만들었으니 이는 계명으로 말미암아 죄로 심히 죄 되게 하려 함이라" 롬 7:13. 이 말씀 중 마지막 말씀은 계명, 즉 율법을 알고 범한 죄는 지극히 죄악되다는 원리를 분명하게 밝혀 줍니다. 이것은 많은 성경 말씀 중에 분명히 내포되어 우리에게 가르쳐 주는 원리입니다.

성경을 열심히 읽는 사람은 지금까지 인용한 말씀들이 동일한 교리를 가르쳐 주는 많은 말씀의 일부에 불과하다는 것을 알 수 있을 것입니다.

나는 이것만이 죄의 분량을 측량할 수 있는 유일한 척도라고 생각합니다.

이것-죄의 분량을 측정하는 척도는 우리가 선택해야 하는 목표의 가치에 대해 알고 있는 마음의 지식이라는 사실-외의 다른 표준은 없습니다. 죄의 분량을 측정할 수 있는 다른 표준은 있을 수 없습니다. 죄를 죄 되게 만드는 것은 선택되는 목표의 가치이며, 그 가치에 대한 마음의 판단이 그 자체의 죄악 됨을 측정합니다. 이미 앞에서 살펴본 성경 말씀들에 따르면 이것은 진실입니다. 모든 사람이 자기 자신의 의식을 충실하게 고려해 보면 그 자신의 마음이 옳다고 긍정한다는 것을 깨닫게 될 것입니다.

이 교리로부터 몇 가지 결론을 이끌어낼 수 있습니다.

(1) 죄의 분량은 그 사람이 지니고 있는 의도의 본질에 의해 측정되지 않습니다. 죄악된 의도는 언제나 동일한 하나의 단위, 즉 다름 아닌 자기만족입니다.

(2) 그것은 인간의 마음이 선호하는 특별한 형태의 자기 욕구 충족에 의해 측정되지도 않습니다. 자신의 많은 욕망과 기호-음식, 독한 음료수, 권력, 쾌락, 이익 등-중에서 무엇을 선택하든지 그것이 목표로 하는 것은 다름 아닌 자기 욕구의 충족입니다. 이것을 위해서 그는 그 밖의 다른 모든 상충되는 이익들을 희생시키는데, 바로 여기에 그의 죄가 놓여 있는 것입니다. 그는 다른 사람들의 보다

큰 행복도 역시 무모하게 짓밟습니다. 그러므로 그가 어떤 형태의 자기 욕구 충족을 선택하든지 간에 이런 형태 속에서 그의 죄의 분량을 측정할 척도는 발견할 수 없습니다.

(3) 죄의 분량은 그 죄가 우주에 초래하는 악의 분량에 의해 결정되는 것이 아닙니다. 계몽을 받지 못한 무지한 행위자는 큰 악을 초래할 수도 있으나 그에게는 죄에 대한 책임이 없습니다. 이것은 야생동물들이 저지르는 악에 해당되는 진리입니다. 알코올 때문에 초래되는 악영향들의 경우에도 마찬가지입니다. 사실 도덕적 행위자의 악행에 의해 악이 많이 생겨났든지 적게 생겨났든지 그것은 문제가 되지 않습니다. 이러한 상황 속에서 그의 죄에 대한 책임의 분량을 결정지을 수는 없습니다. 하나님은 지극히 큰 죄라도 거의 악이 생겨나지 못하도록 다스리실 수 있습니다. 또는 이러한 경향들을 저지하지 않고 버려두시면 작은 죄로부터 큰 악들이 생겨나게 만드실 수도 있습니다. 크건 작건 죄와 그것으로 인해 파생된 결과들 사이에 얼마만큼의 지배적 행위가 개입되는지 과연 누가 가늠할 수 있습니까?

사탄은 하나님을 배반하여 범죄했고, 유다는 그리스도를 배반하여 범죄했습니다. 그러나 하나님은 이 죄들을 다스리셔서 그리스도의 배반당하심과 그에 따른 죽음으로 우주에 복된 결과가 이르도록 섭리하셨습니다. 사탄과 유다의 죄는 실질적으로 그 죄로부터 파생되어 나온 악에 의해 평가되어야 할까요? 만일 그들의 범죄의 결과로 나타난 선이 악을 크게 능가한다면 그들의 죄는 칭찬할 만한 거룩함이 됩니까? 그것을 영원히 지배하시는 하나님의 지혜와 사랑 때문에 그들의 죄의 분량이 그만큼 적어집니까? 그러므로 죄에 대한 책임의 분량을 결정하는 것은 그것으로부터 비롯되는 선이나 악의 분량이 아니라 그가 알고 있는 지식의 정도입니다. 왜냐하면 그는 알면서도 죄를 범했기 때문입니다.

(4) 죄의 분량은 대중의 의견에 의해 측정될 수 없습니다. 사회생활을 하는 사람들은 자기들끼리 일종의 공공연한 의견을 형성하는데, 그것이 죄에 대한 책임의 분량을 측정하는 표준이 되고 있습니다. 그러나 그것이 잘못되는 일이 많습니다. 그리스도께서는 그러한 표준을 채택하는 것을 경고하셨으며, 표면적으로 나타난 모습으로 판단하는 것도 경고하셨습니다. 대중의 의견들이 부정확하다는 것은 누구나 알고 있습니다. 그것들은 놀랄 정도로 모든 면에서 성경의 표준으로부터 멀리 이탈되어 있습니다.

(5) 죄에 대한 책임의 분량은 자신의 의무를 밝혀 주는 생각들이 얼마나 계발되어 있었느냐에 의해서만 결정될 수 있습니다. 죄는 인간의 의무를 설명해 주는 신적 조명을 거역하고 그것에 반대로 행하는 것에 있습니다. 그러므로 이 조명의 분량이 죄에 대한 책임의 분량을 재는 척도가 되어야 합니다.

결론

주제의 관찰을 통해 우리는 많은 성경 본문들을 해석할 때 적용해야 하는 원리를 깨닫게 됩니다.

그리스도께서 과거 세대들이 죽인 선지자들의 피가 그 세대에 돌아가리라고 말씀하신 것이 이상하게 여겨질 수도 있습니다. 그러나 본 주제는 이 일이 어떤 원리에 따라 이루어져야 하는지 드러내 주고 있습니다. 우리는 이 주제 안에서 "알지 못하던 시대에는 하나님이 허물치 아니하셨다"는 말씀 속에 선포된 사실에 첨가된 비밀에 대한 적절한 설명을 발견합니다. 하나님이 여러 세대 동안 이교 세계의 기괴하고 고약한 추행들을 주목하시지 않고 그대로 넘어가셨다는 것이 이상하게 여겨집니까? 하나님이 그렇게 하신 이유는 그들의 무지 속에서 찾을 수 있습니다. 그들은 알지 못하고 무지했기 때문에 하나님은 그 가증하고 잔인한 우상숭배들을 허물치 아니하셨던 것입니다. 왜냐하면 그들이 지은 모든 죄들을 합쳐도 계몽을 받아 지식을 소유하고 있는 한 세대의 죄와 비교해 보면 사소한 것에 지나지 않기 때문입니다.

한 죄인이 모든 이교도들보다 더 많은 지식과 신적 조명을 소유할 수 있는 환경에 있을 수도 있습니다.

이교도들은 매우 무지합니다. 이 나라에 있는 죄인들이 알고 있는 지식과 비교할 때에 그들은 알지 못하고 있습니다. 내가 오벌린에 살고 있는 어느 회개치 않은 죄인에게 전화를 걸어 질문한다고 가정합시다. 그 대상은 누구라도 상관없습니다. 주일학교 학생이라도 상관이 없습니다.

"당신은 하나님에 대해 무엇을 알고 있습니까?"

"나는 유일하신 한 분 하나님이 계시다는 것을 알고 있습니다."

이교도들은 수십만 개의 신들이 있다고 믿고 있습니다.

"당신은 하나님에 대해 무엇을 알고 있습니까?"

"나는 그가 무한히 위대하고 선하신 분임을 압니다."

그러나 이교도들은 자기 신들 중에 어떤 신들은 아주 야비하고 악하며, 사람들 사이에서 악의 후원자가 된다고 생각합니다.

"당신은 구원에 대해 무엇을 알고 있습니까?"

"하나님이 세상을 매우 사랑하사 독생자를 주시어 그를 믿는 자마다 영생을 얻게 하셨다는 것을 알고 있습니다."

이교도들은 그런 말씀은 전혀 듣지 못했습니다. 만일 그들이 그 놀랍고 영광스러운 사실을 듣고 믿게 된다면 기절할 정도로 기뻐할 것입니다. 그리고 그 주일학교 아동은 하나님이 죄를 깨닫게 하기 위해 성령을 주신다는 것을 알고 있습니다. 아마 그는 성령의 임재와 능력을 종종 느꼈을 것입니다. 그러나 이교도에게는 전혀 이런 지식이 없습니다.

당신은 자신이 불멸한다는 것을 압니다. 즉 죽음 저편에는 이 세상에서 행한 것에 따라 복된 생존이나 불행한 생존을 하게 되는 불변의 상태가 있다는 것을 알고 있습니다. 그러나 이교도들은 전혀 이런 주제에 대해 생각하지 못하고 있습니다. 그들은 이것에 대해서는 무지합니다.

이처럼 그 문제에 관해서 당신은 모든 것을 알고 있지만 이교도들은 거의 알지 못하고 있습니다. 당신은 구원 얻기 위해 필요하고 유익한 모든 것, 즉 하나님에게 영광을 돌리며 하나님의 뜻에 따라 이 세대를 섬겨야 한다는 것을 알고 있습니다. 그러나 이교도들은 자신의 추행에 집착하면서 어둠 속에서 더듬거리며 무엇인가를 찾으려 모색하나 아무것도 발견하지 못합니다.

이와 같이 당신은 많은 지식을 갖고 있으므로 죄에 대한 책임도 이교도들보다 무한히 큽니다. 비록 그들의 우상숭배는 끔찍스럽지만 빛의 조명을 받고도 회개치 않는 당신의 죄는 그보다 훨씬 큽니다. 이교도 어머니가 비명을 지르는 자기 아이를 끌고 가서 갠지스 강에 밀어 넣는 것을 보십시오. 이교도 어머니가 자기 자녀를 불타는 몰록 신의 팔에 던져 버리는 것을 보십시오. 하늘 높이 불꽃을 내뿜는 장작더미를 보십시오. 사람들은 죽은 남편의 시신을 타오르는 장작더미 위에 올려놓습니다. 곧이어 미망인이 따라옵니다. 그녀의 머리털은 흩어져 날리고 있으며, 의식을 위해 화려하게 꽃으로 장식을 하고 있습니다. 그녀는 춤을 춥니다. 그녀의 탄식과 비명은 하늘을 찢습니다. 그녀는 주춤하지만 뒤로 물러서지 않습니다.

그녀는 장작더미 위에서 펄쩍거립니다. 시끄러운 음악소리와 구경꾼들의 고함이 그녀의 고통의 외침을 파묻어 버립니다. 그녀는 이렇게 죽고 맙니다. 피가 굳고 머리카락이 솟아오르고 오싹해지는 것 같습니다.

정말 무서운 장면입니다. 그러나 우리가 그들의 죄에 대해 무엇이라고 말하겠습니까? 그들은 하나님에 대해서, 하나님을 예배하는 일에 대해서, 그들의 마음과 생명에 대한 하나님의 권리에 대해서 과연 무엇을 알고 있습니까? 당신은 이교도들의 잔인하고 방탕하고 두려운 제사의식에 대한 비판을 삼가고 오히려 조명을 받았으면서도 거부한 곳에 쏟아놓아야 할 것입니다.

신자들 중에서 이교도들이 알고 있는 것보다 더 많은 지식을 갖고 있는 죄인을 가끔 보게 됩니다.

그렇다면 그의 죄에 대한 책임은 얼마나 될까요? 그러한 죄인은 모든 이교도들보다 더 무섭고 심각한 저주를 받게 됩니다. 이 결론이 놀라운 것처럼 보일지도 모르겠습니다. 그러나 우리는 그것을 피할 수 없습니다. 그것은 수학적 논증처럼 분명합니다. 주께서는 이 원리를 다음과 같이 말씀하셨습니다. "주인의 뜻을 알고도 준비하지 아니하고 그 뜻대로 행하지 아니한 종은 많이 맞을 것이요 알지 못하고 맞을 일을 행한 종은 적게 맞으리라 무릇 많이 받은 자에게는 많이 요구할 것이요 많이 맡은 자에게는 많이 달라 할 것이니라"ᄂᆞᆨ 12:47-48. 이 교리는 신자들에게 지엄하고 날카롭게 적용될 것입니다. 나는 그곳에 있는 죄인들을 불러내어 그의 죄가 모든 이교도들의 죄보다 더 크다는 것을 증명해 줄 수 있습니다. 그럼에도 불구하고 자신의 죄가 크다고 평가하는 사람은 거의 없었습니다.

얼마 전 이 지방에서 교육을 받은 어느 경건치 못한 청년이 샌드위치 제도Sandwich Islands에서 편지를 보내왔습니다. 그는 그곳 주민들의 가증스러운 추행들을 묘사했고, 끔찍한 행위들을 도덕적으로 해석하면서 자신이 기독교 국가에서 태어나 가르침을 받았다는 사실에 대해 하나님에게 감사드린다고 했습니다. 그러나 그는 그 이교도들을 비난하지 말아야 했습니다. 미국이라는 기독교 국가에서 빛의 조명을 받고 있으면서도 회개하지 않고 죄인으로 남아 있는 그야말로 그곳의 죄를 모두 합친 것보다 더 크기 때문입니다.

그러므로 우리는 우상숭배라는 죄악된 행위에 대해 혐오감을 나타내지 않아야 합니다. 당신은 마음속으로 "왜 하나님은 이 끔찍한 추행들을 또 참으시는 것인가?"라고 생각할 것입니다. 크리슈나의 신상을 싣고 굴러가는 수레를 보십시오. 미혹된 자들은 그 수레바퀴 밑에 깔려 피가 솟고 뼈가 부서집니다. 그런데도 하나님은 그대로 방관하시며 오른손을 들어 그러한 사악함을 멸하시려 하지 않습니다. 물론 그들은 죄인입니다. 그러나 자신의 의무를 알면서도 그대로 행하지 않는 사람들의 죄와 비교할 때에, 그들의 죄는 지극히 작습니다. 하나님은 그들의 무서운 추행들을 보고 계십니다. 그러나 그들이 그렇게 행하는 것은 알지 못하기 때문이므로 그들을 허물치 아니하십니다.

   회개하지 않는 죄인을 보십시오. 사방에서 비추어 주는 분명한 복음의 빛 아래에서 자기의 죄를 깨달을 때에 그는 기도해야 합니다. 그는 회개해야 한다는 것을 알고 있으며, 자신이 그것을 원하고 노력하리라고 생각합니다. 그럼에도 불구하고 그는 계속 죄에 집착하며 하나님에게 마음을 바치려 하지 않습니다. 그는 여전히 회개치 않는 마음의 상태를 지니고 있습니다. 그처럼 많은 빛을 받고도 하나님으로부터 마음을 멀리하는 죄는 이교도 세상의 모든 추행들보다 더 큰 죄입니다. 남편을 화장시키는 장작더미 위에서 자신도 타죽고 마는 미망인들의 죄, 자녀를 갠지스 강에 던지거나 몰록 신의 불 속에 던지는 죄를 모두 합친다 해도, 자기 양심의 압박을 받아 하나님 앞에 나와 마음에도 없는 기도를 드리면서 하나님에게 마음을 바치지 않는 죄인의 죄 근처에도 못 갑니다. 왜 이 죄인은 이처럼 하나님을 시험하며 하나님의 사랑을 모욕하고 하나님의 권위를 짓밟는 것입니까? 양심의 가책을 받아 마지못해 입으로는 기도하면서도 조물주와 계속 논쟁을 하며 회개하지 않는 것은 이교도들의 죄보다 더 무서운 죄를 포함하고 있습니다. 그것은 그가 모든 이교도들보다 더 많이 알고 있으면서도 범죄했기 때문입니다. 그러므로 그는 더 많은 매를 맞고, 이교도들은 적게 맞는 것입니다.

기독교인들은 이교도들을 욕하고 비난하지 말아야 합니다.

이 세상에서 기독교계가 가장 큰 죄를 짓고 있습니다. 기독교계를 살펴보면 수십만 개의 강단에서 복음이 울려 퍼지고 있고 수천 개의 성가대들이 찬양을 하고 있지만, 하나님과 신자의 의무를 알고 있는 수많은 심령들은 하나님 공경하기를 거부하고 자기의 의무 행하기를 거부하고 있습니다. 이 같은 기독교계의 죄와 비교할 때에 모든 이교도들의 추행들은 미미한 것에 지나지 않습니다. 우리는 이교도들의 더러움과 천함과 타락을 경멸하면서 지극히 세련된 불쾌감을 느낄지도 모릅니다. 비록 우리는 이렇게 타락하고 더럽고 잔인한 관습들에 대해 변명할 필요가 없다고 하지만 우리 자신이 받은 신적 조명과 그에 따른 죄의 책임과 비교해 볼 때 그들은 지극히 적은 조명을 받았으며 따라서 그에 따른 죄의 책임은 극히 적습니다. 그러므로 기독교 세계는 이교도들의 타락상을 보는 시선을 돌려 기독교계 자체의 죄악상을 바라보아야 합니다. 우리 자신을 살펴봅시다.

명목상의 교회는 기독교계에서 가장 죄악된 부분이라는 사실을 밝히기를 두려워하지 마십시오.

교회가 다른 어떤 지역보다 더 많은 빛의 조명을 받고 있다는 것은 한 순간도 의심할 수 없습니다. 그러므로 교회의 범죄에 대한 책임은 더욱 큽니다. 물론 지금 말하는 것은 명목상의 교회에 대한 것입니다. 하나님이 용서하시고 정결하게 하신 진정한 교회를 두고 하는 말이 아닙니다. 명목상의 교회가 타락 속에 빠져 들어가 그 속에서 살고 있는 죄를 생각해 보십시오. 저 배교자를 보십시오. 그는 생명수를 맛보았습니다. 그는 대단한 빛의 조명을 받았었습니다. 아마 그는 믿음으로 주님을 알았을 것입니다. 그런데도 다시 돌아서서 부질없는 세상의 즐거움을 구하고 있습니다. 그는 피흘리신 어린양을 저버리고 있습니다. 지금까지 지옥에 간 모든 이교도들, 완전한 영적 암흑의 상태에서 지옥에 간 모든 영혼들이 범한 죄를 모두 합친다 해도 배반한 기독교인의 죄보다 크지 못할 것입니다.

당신은 "하나님, 내 영혼을 불쌍히 여기시옵소서"라고 기도합니까? 우리 모두가 기도해야 합니다. 그러나 우리는 그 말에 "할만 하시거든"이라는 말을 첨가해야 합니다. 어찌 당신의 죄가 용서받을 수 있다고 말할 수 있겠습니까? 그리스도께서 자신을 죽인 자들을 위해 기도하셨던 것처럼 당신을 위해서도 "아버지여, 저들을 사하여 주옵소서 자기의 하는 것을 알지 못함이니이다"라고 기도하실 수 있겠습니까? 주님이 당신이 자신이 행하는 일을 알지 못하고 있다고 당신을 위하여 간청할 수 있겠습니까? 참으로 무서운 일입니다. 바다처럼 깊은 당신의 죄를 측정할 측연선測鉛線은 어디에 있습니까?

우리의 자녀가 죄 속에 머물러 있는 한 그들이 이교도나 노예로 태어나지 않은 것을 기뻐하지 말아야 합니다.

나도 종종 이런 행동을 했었습니다. 나는 아들딸을 바라보면서 그들이 불타는 몰록 신의 팔에 던지우거나 크리슈나 신의 수레바퀴 아래서 죽는 운명으로 태어나지 않은 것에 대해 얼마나 감사를 드렸는지 모릅니다. 그러나 만일 우리 자녀들이 죄 속에서 생활한다면 우리는 그들이 기독교적인 빛과 특권들을 누리고 있는 것을 자축하지 말아야 합니다. 만일 그들이 회개하지 않는다면 차라리 깊은 이교도의 암흑 속에 태어나거나 어렸을 때에 갠지스 강에 던지우거나 우상숭배의 불 속에 던져지거나, 또는 세상적인 고통을 겪는 것이 오히려 복음의 빛을 받고도 그 권면들을 받아들이지 않고 지옥에 가는 것보다 훨씬 낫습니다.

그러므로 우리는 우리 자신과 자녀들이 누리고 있는 이 큰 빛이 무슨 유익이 되는 것처럼 성급하게 기뻐해서는 안 됩니다. 우리는 다만 하나님이 자신을 영광스럽게 하신다는 것-공의를 베풀어야 할 때에는 공의를 베푸시고 자비를 베푸실 수 있는 곳에 자비를 베푸신다는 사실을 기뻐해야 합니다. 하나님은 영광을 받으실 것이며, 우리는 그 속에서 영광을 돌릴 수 있을 것입니다. 그러나 죄인은 어떻게 됩니까. 그의 죄의 깊이나 궁극적 운명의 무서움을 누가 측량할 수 있습니까? 죄인인 당신의 운명보다는 모든 이교 세계의 운명이 더 나을 것입니다.

우리의 자녀들이 도덕적이라고 해도 만일 그들이 죄 속에 살며 자기들이 누리고 있는 빛에 굴복하지 않는다면 그들의 죄가 하늘 아래 있는 어떤 죄인의 죄보다 더 크다는 것은 의심할 여지가 없는 사실입니다.

우리는 혹시 자녀들의 깨끗한 도덕성을 기뻐하고 있을지도 모릅니다. 그러나 그들을 여러 면으로 살펴본다면 우리 영혼은 괴로움으로 신음할 것이며, 오장육부가 녹아버릴 것이며, 우리의 마음은 마치 화산이 폭발하듯이 찢어질 것입니다. 그들이 살아 계신 주님을 부인하고 충분히 알고 있으면서도 구원을 무시함으로써 초래한 무서운 운명과 두려운 죄로 인해 우리는 깊은 회한을 느끼지 않을 수 없을 것입니다. 우리는 자손을 위해 기도할 때에 우리의 극성스러운 요구를 만족시키지 않고, 다만 완전한 구원의 축복이 그들의 영혼 안에 실현되기를 기도해야 합니다.

어린아이들의 죄악을 곰곰이 생각해 보십시오. 기독교계에 있는 주일학교 학생들은 이교 세상보다 하나님의 구원을 더 잘 알고 있습니다. 주일학교에 다니는 사랑스러운 어린아이는 복음을 잘 알고 있습니다. 그는 이미 거의 회심할 준비가 되어 있으나 아직 완전하지는 못합니다. 그런데 저 어린아이가 이처럼 자기의 의무를 알고 있으면서도 그대로 행하지 않는다면 그에게는 이교도들의 죄를 합친 것보다 더 많은 죄가 쌓이게 될 것입니다. 그러나 기도는 하지만 마음을 하나님으로부터 멀리하고 있는 저 소년을 위해 그의 어머니가 함께 기도하며 눈물을 흘린다면, 그의 어린 마음이 녹아 마음 전체를 구주께 바치려 할 것입니다. 만일 그렇게 해도 그가 하나님에게 마음을 바치지 않으려 한다면, 그의 죄는 이 세상 모든 이교도들의 죄보다 더 큽니다. 그것은 모든 살인자들-어린아이를 물에 빠뜨려 죽이거나 미망인을 불태워 죽이는 등 이교도의 세계에서 행해지는 온갖 잔인함과 폭력의 죄보다 더 큽니다. 이런 모든 죄들을 다 합한다 해도 저 소년이 자신의 의무를 알면서도 그 의로운 일에 마음을 바치지 않는 죄에는 비길 것이 못됩니다.

사도 바울은 "율법 없이 범죄한 자는 또한 율법 없이 망하고" 롬 2:12라고 했습니다.

그들은 궁극적으로 하나님으로부터 버림을 받게 될 것입니다. "나는 복음의 빛을 받고 있으면서도 그것에 복종하지 않았다. 나는 내 의무를 잘 알고 있으면서도 그대로 행하지 않았다"라는 비통한 뉘우침은 그들의 영원한 운명의 일부일 수 없습니다. 이것은 우리의 성소에 모이며 가정 제단에 둘러앉으면서도 무한하신 성부를 섬기려 하지 않는 사람들에게 예비된 운명입니다.

내가 경건한 가정의 자녀인 어느 죄인의 부모에게 전화를 건다고 가정해 보십시오.

나는 이렇게 말할 것입니다.
"이 아이가 당신의 아들입니까?"
"예."
"당신의 아들에 대해 당신은 어떤 증언을 하실 수 있습니까?"
"나는 그에게 하나님의 길을 가르치려고 애써 왔습니다."
"애야, 너는 무어라고 말하겠느냐?"
"나는 내 의무를 알고 있습니다. 나는 수천 번이나 그것에 대해 들었습니다. 나는 회개해야 한다는 것을 알면서도 회개하지 않고 있습니다." 이 일이 지니고 있는 의미를 완전히 깨닫는다면 우리의 가슴은 슬픔과 놀람으로 가득 찰 것입니다. 우리의 오장육부는 불같이 타오르고 찢어질 것입니다. 죄인의 무서운 죄와 두려운 운명 앞에서는 단 하나의 보편적인 고통의 외침이 있을 것입니다.

청년이여, 당신은 오늘도 죄 속에서 지내렵니까? 그렇다면 어떤 천사가 당신의 죄를 계산할 수 있겠습니까? 주님은 오랫동안 피 흐르는 손을 내밀고 계시며, 당신이 그 손을 의지하여 살기를 원하고 계십니다. 주님은 수많은 방법으로 당신을 부르셨지만 당신은 듣지 않았습니다. 주님은 손을 펴셨지만 당신은 그 손을 보지 않았습니다. 왜 당신은 회개하지 않습니까? 왜 즉시 "내가 지금까지 범죄한 것만으로도 충분합니다. 더 이상 그렇게 살 수는 없습니다"라고 말하지 않습니까?

  죄인이여. 왜 당신은 그렇게 살려고 합니까? 당신은 곧바로 깊은 지옥으로 가려 합니까? 만일 우리가 당신을 찾으러 당신이 떨어져 있는 그 깊은 지옥에까지 가려면, 당신보다 죄가 적은 수많은 버림받은 영혼들을 헤치고 천년이나 내려가야 옳지 않겠습니까? 죄인이여. 당신이 범한 죄를 처벌할 지옥은 과연 어떤 곳일까요?

죄인의 운명

7

> "자주 책망을 받으면서도 목이 곧은 사람은 갑자기 패망을 당하고 피하지 못하리라."
>
> -잠 29:1-

사람들은 언제 어떤 방법으로 책망을 받는가?

하나님은 말씀을 통하여 죄인의 마음에 진리를 제시하시고 죄인을 책망하십니다.

하나님의 말씀은 죄인에게 그의 죄를 보여 주며 그가 실행하지 않고 있는 의무들을 드러내 주십니다. 하나님은 죄인이 의무를 행하지 않거나 적극적으로 범한 죄들을 드러내심으로써 그들을 책망하십니다. 자녀들이 자기의 의무를 등한히 할 때 우리는 그것을 지적하여 줍니다. 이렇게 행함으로써 우리는 자녀를 책망합니다. 때로는 여기에 위협적인 말이 첨가될 수도 있습니다. 어쨌든 위협이 첨가되거나 단순히 잘못된 점을 지적하거나 그것은 일종의 책망입니다. 왜냐하면 그들은 거기에 위협이 포함된다고 생각하기 때문입니다. 그러므로 자녀의 행동 중에 마음에 들지 않는 점을 지적하여 주는 우리의 행위 자체가 책망입니다. 마찬가지로 하나님이 계시된 말씀의 진리를 통해 죄인으로 하여금 죄에 주의를 기울이게 만드시는 것은 실제로 그를 책망하시는 것이며, 이것이 죄인으로 하여금 주님의 피를 상기하게 하시는 하나님의 목적입니다.

하나님은 죄인들의 이기적인 계획들이 좌절되도록 섭리하심으로써 그들을 책망하십니다.

악인들은 끊임없이 이기적인 계획을 세우며, 하나님은 섭리를 통해 그들의 계획을 좌절시키십니다. 하나님이 이렇게 행하시는 목적은 그 계획의 입안자들을 책망하시려는 것입니다. 이렇게 하심으로써 가장 효과적으로 그들을 꾸짖을 수 있기 때문입니다. 죄인들은 종종 야심적인 계획들을 강구하기도 합니다. 학생들은 학자로서 명성을 얻을 계획을 세우며, 군인들은 무사라는 평판을 얻고자 하고, 민간인들은 각기 자기 분야에서 명성을 얻으려는 등 모두가 동료들보다 뛰어난 명성을 얻기를 갈망합니다. 그러나 하나님은 섭리로서 그들의 소망을 꺾어 버리시고 그들의 계획을 좌절시키시며, 그들로 하여금 자기 이름이 어린양의 생명책에 기록되는 것이 훨씬 좋은 일임을 깨닫게 하려 하십니다. 그들이 자기의 이름을 야망이라는 두루마리에 쓰는 순간 하나님은 그 이름을 지워 버리십니다. 하나님은 그들의 어리석음을 보여 주시고, 어떤 힘으로도 지울 수 없는 곳에 그들의 이름을 쓰게 하려 하십니다.

때로 사람들은 이기심 때문에 어려움에 처하는 경우가 있습니다. 즉 재산을 이기적으로 사용하거나 또는 혀를 이기적으로 놀리다가 어려움에 처하게 됩니다. 그러면 하나님은 그물을 던져 그들을 사로잡으셔서 그들로 하여금 자기가 행했던 방법들을 생각해 보게 하시며, 그들 자신의 이기적인 계획의 해악을 경험하게 만드십니다. 우리는 이런 일을 자주 보고 있습니다. 사람들은 재산을 모으려고 서두르며, 이 목적을 위해 이기적인 계획을 수립합니다. 그러나 하나님이 갑자기 그들에게 그물을 내리덮으셔서 그들의 계획들을 좌절시키시며 그들로 하여금 "사람의 일을 염려하시는 하나님이 하늘에 계시다"는 것을 생각하게 하십니다. 어떤 사람은 소송에 휘말려 모든 재산이 봄눈 녹듯이 없어지기도 하며, 어떤 이는 위험한 이론에 빠져들어 마침내 전능하신 하나님이 눈살을 찌푸리시고 그의 어리석음을 책망하시게 됩니다.

인간은 수천 가지 방법으로 이기심을 발달시킵니다. 따라서 하나님도 수천 가지 방법을 사용하셔서 그들의 계획들을 가로막으시며 그들의 마음에 "나의 행동은 어리석은 짓"임을 강력하게 암시해 주십니다. 이런 경우에 사람들은 자기가 하나님의 섭리의 그물에 사로잡혔다고 생각해야 합니다. 하나님은 이기심이라는 좁은 길에서 그들을 만나서 그들의 행동이 헛되고 어리석다고 말씀해 주십니다.

사람들로 하여금 자기의 죄에 주의를 기울이게 만드는 것은 모두 하나님의 섭리에 따른 책망으로 여겨야 합니다. 하나님이 죄인들 사이에 오시어 불의한 그들의 동료들을 베어 내시는 것은 엄숙하신 섭리입니다. 나는 가끔 이러한 결과들을 목격할 기회가 있습니다. 이 같은 전능하신 하나님의 책망 하에서 죄인들의 마음이 진지해지는 것을 보곤 합니다. 그들의 감정은 부드러워지며 진리에 대한 감각이 크게 자극을 받습니다. 이런 일들이 죄 가운데 행하는 그들을 꾸짖고 책망하며 그들의 주의를 환기시키기 위한 것임을 깨닫지 못할 사람은 없을 것입니다.

하나님이 섭리하셔서 이기적으로 행하는 우리의 길에 삽입시키시는 모든 장애물들이 곧 하나님의 책망입니다. 때로 하나님은 죄인들을 대단히 날카로운 방법으로 책망하시기도 합니다. 성경에 기록된 것을 보면 숯불을 원수의 머리에 쌓아 놓는 방법을 예로 들 수 있습니다. 어떤 사람이 우리를 능욕할 때 우리는 그에 대한 보복으로서 힘이 닿는 대로 선하게 갚아 주어야 합니다. 이것은 훌륭한 보복입니다. 이것은 그의 머리 위에 뜨거운 용암을 퍼붓는 것과 같습니다. 하나님도 가끔 죄인들을 이런 방법으로 대하십니다. 그들이 하나님을 대적하며 모욕적이고 난폭하게 범죄할 때에 하나님은 어떻게 하십니까? 어떤 방법으로 그들에게 보복하십니까? 하나님은 다만 그들의 머리 위에 한층 풍성한 자비를 베풀어 주십니다. 하나님은 그들에게 새로운 축복을 넘치도록 부어 주십니다. 하나님은 재산을 모으며 자기 가족을 양떼처럼 늘리려는 그들의 노력이 성공을 거두게 하시며 그들이 착수하는 모든 일에 은혜를 나타내십니다. 은혜를 베풀어 주시는 위대하신 하나님을 능욕하는 죄인들에게 이렇게 자비를 베푸시는 것은 참으로 기이한 대조입니다.

나도 이런 일을 경험한 적이 있습니다. 깊은 죄책감으로 인해 하나님이 무서운 심판을 내릴 것을 두려워하고 있었을 때 놀랍게도 하나님은 그의 자비와 사랑을 나타내주시고 온유하심을 보여 주셨습니다. 이것은 내 죄를 크게 책망했습니다. 그 무엇도 내 마음을 그처럼 아프게 할 수는 없었을 것입니다. "자비"에는 완악한 마음을 녹이는 능력이 있습니다.

이처럼 하나님은 죄인의 죄를 책망하시며 분명한 사랑을 나타내심으로써 그의 완악한 마음을 정복하시려 하십니다. 때로 하나님은 질병을 주심으로써 죄인을 책망하시기도 합니다. 사람들이 이기적인 목적 때문에 자기의 건강을 남용한다면 하나님은 그것을 빼앗아 가시며 그들의 행동을 무섭게 책망하십니다. 때로 하나님은 사람들의 생명을 위험에 몰아 죽음에 직면하게 하십니다. 마치 그들의 장래의 운명을 경고해 주는 나팔 소리를 들려주려는 것처럼 하나님은 다양하고 놀라운 섭리의 방법들로 죄인들의 죄를 책망하십니다.

하나님은 성령에 의해 사람들을 책망하십니다.

주님의 가르치심에 의하면 성령은 "죄에 대하여, 의에 대하여, 심판에 대하여 세상을 책망하시리라"요 16:8고 하셨습니다. 그러므로 죄인들이 특별히 죄를 깨닫게 된다면, 그들은 하나님이 친히 그들을 책망하시기 위해 임하셨음을 알아야 합니다. 하나님의 성령께서 그들의 마음에 오셔서 진리와 의무를 깨닫게 해주십니다. 성령은 죄인의 마음을 죄인에게 드러내 주시며, 그의 마음이 신적 사랑으로 가득 찬 마음과 어긋나 있음을 보여 주십니다.

하나님은 과거에 사람들의 죄를 꿈을 통해서 꾸짖으셨듯이 오늘날도 꿈을 통해 꾸짖고 계십니다. 성경이 완성된 이후로 발생한 이런 종류의 일에 대한 신빙성 있는 기록들을 책으로 기록한다면 상당히 많은 분량이 될 것입니다. 인간의 마음에 이런 식으로 작용하는 신적인 활동은 이미 오래 전에 끝났다고 생각하는 사람들이 있으나, 나는 그렇게 생각하지 않습니다. 새로운 진리를 계시하는 매개체로서의 꿈의 작용은 끝났을지 모르지만, 이미 계시되어 있는 진리를 강화하고 가르치기 위한 수단으로서의 역할은 아직 그대로 지속되고 있습니다. 때로 장차 임할 심판이나 운명의 날의 실재가 꿈을 통해 압도적인 힘으로 우리 마음에 감명을 주는 일이 있습니다. 그런 경우에 그 속에 하나님의 손이 임하지 않는다고 말할 수 있습니까?

에드워즈 학장은 꿈속에서 하나님의 손을 보았던 놀라운 일을 이야기했습니다. 절제하지 못하고 폭음을 하던 에드워즈 학장의 이웃이 꿈속에서 죽어 지옥에 갔습니다. 지옥에서 그에게 일어났던 일에 대해서는 이야기하지 않겠습니다. 어쨌든 그는 일 년의 집행 유예를 받아 다시 이 세상에 돌아왔습니다. 그러나 만일 일 년 동안에 변화하여 개심하지 않는다면 다시 지옥에 돌아와야 한다는 말을 들었습니다. 그 순간 그는 꿈에서 깨어났습니다. 그는 죄인들이 거하는 지옥의 무서운 실재를 잊을 수 없었습니다. 그래서 그날 아침에 그는 교구 목사인 에드워즈 학장을 찾아갔습니다. 에드워즈 학장은 그에게 이렇게 말했습니다. "이것은 하나님이 당신의 영혼에게 하시는 엄숙한 경고입니다. 당신은 그 경고에 주의를 기울여 죄를 버려야 합니다. 만일 그렇게 하지 않는다면 당신은 영원히 멸망하게 됩니다." 그는 그렇게 하겠다고 엄숙하게 약속했습니다. 그가 물러간 뒤에 에드워즈는 일지를 꺼내어 그 사실들―그의 꿈, 그들이 나눈 대화, 그리고 이 사건이 있었던 날짜―을 기록했습니다. 이 술꾼은 개심하여 한동안은 교회에도 잘 나가며 성실하게 생활했습니다. 그러나 일 년이 못되어 다시 술을 마시기 시작했습니다. 그러던 어느 날 그는 술에 취해 바깥 계단으로 연결되어 있는 가게 문을 열다가 떨어져 목이 부러지고 말았습니다. 에드워즈 학장이 일지를 보니 그날이 바로 그 사람이 꿈을 꾼 지 꼭 일 년이 되는 날이었습니다. 그 사람의 정해진 운명의 시간이 꽉 찼던 것입니다.

  꿈은 일반적으로 육체의 법의 지배하에 있으며, 비록 불규칙하기는 하지만 우리의 공상의 흐름을 따릅니다. 이런 까닭에 많은 사람들은 하나님이 꿈속에서 일하신다는 것을 믿지 않으려 합니다. 그러나 그들의 추론은 옳지 못합니다. 왜냐하면 하나님은 꿈을 꾸거나 깨어 있는 정신 그 어느 것에라도 모두 작용하실 수 있으며, 수많은 예들이 하나님이 때로 그처럼 행하신다는 것을 보여 주기 때문입니다.

하나님은 성령을 통해 죄인의 마음에 죄 가운데서 생활하는 것이 위험하다는 의식을 일깨우심으로써 그를 책망하십니다. 죄 속에서 생활하여 매일 매 순간 위험스럽게도 영원히 피하지 못할 지옥으로 가고 있다는 생각으로 인해 크게 영향을 받는 죄인들이 있습니다.

그러나 이 엄숙한 생각들은 하나님이 죄인의 행복을 사랑하시고 가능하다면 구원하시기를 원하기 때문에 죄인의 영혼에 심어 주시는 자비하신 경고입니다. 때로 성령께서는 죄인에게 시간이 단축된다는 느낌을 심어 주십니다. 즉 죄인으로 하여금 자기의 때가 얼마 남지 않았으며 오래 살지 못할 것이라고 느끼게 합니다. 이런 느낌이 때로는 그의 건강 상태에서 비롯됩니다. 그러나 때로는 하나님의 특별하신 섭리에 기인하는 경우도 있습니다. 때로 사람들은 분명히 하나님에게서 비롯된 것을 정신 상태가 불안정한 탓으로 여기는 경우가 있습니다.

간혹 하나님은 지금 이 순간이 구원을 보장받을 마지막 기회라는 느낌을 심어 주시기도 합니다. 죄인들이 이번이 자기에게 주어지는 마지막 긍휼이며 성령의 마지막 노력임을 깨닫는 경우가 얼마나 많은지는 잘 알 수 없습니다. 나의 관찰에 따르면, 그런 경우에 결과는 그 경고를 증명해 줍니다. 즉 이것은 바로 하나님의 음성이며 하나님은 결코 사람에게 거짓말을 하시지 않으며 엄숙하고 감명적인 진리를 가르치신다는 것을 증명해 줍니다. 모든 죄인이 적절한 때에 주어진 경고에 주의를 기울인다면 얼마나 좋겠습니까?

성령께서는 죄인들의 친구나 복음 전도자들을 통하여 죄인들을 책망하십니다. 하나님은 형제나 자매, 부모나 자녀, 또는 아내나 남편의 자애로운 권고를 도구로 사용하셔서 죄인의 영혼에 말씀하시는 일이 빈번합니다. 또는 목회자들을 사용하셔서 그들로 하여금 죄인의 경우에 알맞은 진리를 제시하게 하십니다. 그러면 죄인은 "누군가 그 목회자에게 내 생각과 감정에 관해 모두 이야기한 것이 분명해. 누가 그랬을까? 나는 누구에게도 오늘 그분이 설교한 것의 절반만큼도 내 마음을 털어놓지 않았는데"라고 말합니다. 이런 경우에 그처럼 알맞은 진리를 택하게 하신 것은 성령의 인도하심이라고 보는 것이 안전합니다. 하나님은 죄인을 책망하기 위해 자기의 종을 사용하십니다.

지금까지 언급된 방법으로 주어지는 책망은 모두 하나님의 성령으로부터 비롯된 것으로 여겨야 합니다. 하나님은 회개한 영혼에게 여러 가지 방법으로 위로를 주시듯이 회개치 않은 죄인들에게는 책망을 주십니다. 하나님은 여러 가지 방법으로 죄인의 양심이 하나님의 음성을 듣게 하시며, 지혜롭게도 하나님이 원하시는 결과를 이루어낼 가장 좋은 방법을 채택하십니다.

하나님이 죄인들을 책망하시는 의도는 무엇인가?

첫째, 하나님은 개심의 수단을 가지고서 죄인들을 재촉하려 하십니다. 자비하신 하나님은 죄인들의 구원을 진심으로 원하고 계시며, 이 결과를 얻기 위해 하실 수 있는 모든 것을 행하십니다. 그런 까닭에 하나님은 책망과 경고를 되풀이 하십니다. 그리하여 그들로 하여금 핑계치 못하게 하십니다. 그들은 결코 "만일 구원이 가능했던 그때 경고를 받았더라면 얼마나 좋았을까."라고 말할 수 없습니다. 하나님은 그들의 입에서 그러한 탄식이 나오지 못하고 오히려 "내가 하나님의 가르치심을 얼마나 증오했으며 그 책망을 얼마나 멸시하였던고."라고 탄식하도록 계획적으로 앞질러 역사하십니다.

이런 목적을 위해 하나님은 알맞은 때에 미리 죄인에게 경고하십니다. 지옥에 가는 꿈을 꾸었던 사람의 경우를 생각해 보십시오. 그 꿈은 그의 개심과 진정한 회개를 유도하기 위해 알맞은 때에 주어진 강도 높은 경고였습니다. 그것은 그가 계속 죄 속에서 생활하면서 늘어놓는 핑계와 변명을 모두 제거해 버렸습니다.

하나님은 이와 같은 책망을 하심으로써 사람들이 무서운 심판을 예비하게 만드십니다. 죄인들이 알맞은 때에, 즉 지금 속히 회개하여 마지막 날에 하나님을 평화롭게 만날 수 있도록 선을 행하려는 것이 하나님의 생각입니다. 하나님은 자비하시고 사랑이 많으시기 때문에 온 마음을 다하여 이렇게 행하십니다.

위대하신 하나님은 마지막 심판 때에 그곳에서 죄인을 만날 준비를 하십니다. 하나님은 심판날에 죄인들에게 그때까지 모든 죄인을 어떻게 대하셨는지, 즉 자비하신 아버지로서 얼마나 신실하게 그들을 대하셨는지 보여 주는 것이 중요하다는 것을 예견하고 계십니다. 이런 목적을 위해서 그때까지 죄인에게 주어졌던 모든 책망이 적절하게 사용될 것입니다. 에드워즈 학장이 기록해 두었던 꿈도 천사의 펜으로 기록되어 있었다는 것이 그때 드러날 것입니다. 이것은 한 사람의 죄인을 되찾기 위해 아버지가 노력하는 과정 중의 하나입니다. 에드워즈 학장이 성실하게 해주었던 권면도 또 하나의 단계입니다. 모든 것은 하나님이 "오래 참으사 아무도 멸망하지 아니하고 다 회개하기에 이르기를 원하신다"^{벧후 3:9}는 것을 나타낼 것입니다.

이와 같이 하나님은 섭리적 경고를 통해 자신의 참된 성품과 행동을 나타내심으로써 자신을 영화롭게 하십니다. 하나님을 영화롭게 하기 위해서는 그분의 참된 성품과 행동을 알리는 것이 가장 필요한 일입니다. 심판날에 이루어질 현상들은 하나님을 드러낼 것이며, 물론 하나님의 영광을 더욱 높일 것입니다.

하나님이 발하신 하나의 경고가 또 다른 경고를 이루게 만드시는 것을 살펴보는 것도 재미있는 일이 될 것입니다. 한 사람의 죄인에게 심판으로 보내신 하나의 섭리적 사건은 수많은 다른 죄인들의 귀에 몇 배나 더 큰 경고의 소리로 울려 퍼집니다. 하나님은 늙은 죄인들, 중년의 죄인들, 또는 젊은 죄인들 중에서 한 사람을 멸망하게 하십니다. 그리고 나면 이 사건은 수백 명의 죄인들에게 무서운 경고의 소리로 울려 퍼집니다.

몇 년 전 뉴욕에서 큰 부흥운동이 일어났습니다. 그 부흥운동의 영향으로 마치 태풍에 우거진 나무들이 흔들리고 쓰러지듯이 많은 죄인들의 완강한 마음들이 뒤흔들리고 찢어졌습니다. 그리고 뒤이어 전능하신 하나님의 섭리의 또 다른 형태를 드러내는 무서운 심판이 임했습니다. 그곳에는 회개하라는 하나님의 부르심을 거부하는 완악한 주정꾼들이 있었습니다. 그들은 주일에도 함께 모여 술을 마시고 흥청거렸습니다. 그러던 중에 한 사람이 갑자기 땅에 쓰러져 죽었습니다. 그 지역 교회의 목사인 질레트 씨는 급히 그곳으로 가 보았습니다. 쓰러진 사람의 몸은 아직 따뜻했지만 실제로 죽은 것이나 마찬가지였습니다. 그는 그 사람을 둘러싸고 있는 그의 술친구들에게 이렇게 말했습니다: "당신들 중에 이 사람이 곧바로 지옥에 떨어지지 않았다고 생각하는 사람이 있습니까?" 이 사건은 심각하고도 무서운 교훈을 주었습니다.

또 신앙을 고백했다가 배교한 사람이 있었는데, 그는 이 신앙 부흥운동을 크게 반대했습니다. 하나님은 갑자기 그를 내리치셔서 미치게 만드셨습니다. 그는 미쳐 날뛰면서 자살을 하려고 했습니다.

사람들은 교대로 그가 자살하지 못하게 감시해야 했습니다. 그러나 얼마 되지 않아 그는 끔찍한 죽음을 당했습니다. 이것은 완악한 배교자들에게 임박한 운명을 경고해 주는 것입니다. 이처럼 하나님은 죄악된 인간들을 개심시켜 구원하려 애쓰십니다.

하나님은 죄인들의 어리석음, 무분별함, 광기 등을 증명하시기도 합니다. 심판 때에 이처럼 많은 책망들이 드러나고, 그와 연결하여 그처럼 많은 책망들을 거부한 죄인들의 어리석음과 광기를 보게 된다면 놀라지 않을 수 없을 것입니다. 그때에 무수히 모인 그 죄인들의 무리는 사람들의 눈길을 끌 것입니다. 많은 사랑과 자비하고 자애로운 호소와 책망들을 완강하게 거부해 온 죄인들을 보게 되는 것이야말로 우주에서 가장 큰 경이가 아닐까요? 그곳에는 고집 센 죄인의 자발적인 열광에 대한 기념비가 서게 될 것입니다. 온 우주는 마치 그것이 어리석음과 광기의 구현이기나 한 것처럼 응시할 것입니다.

"목이 굳다"는 것은 무엇을 의미하는가?

이것은 황소의 목에 멍에를 얹었을 때 나타나는 현상에서 유래된 말입니다. 황소의 목에 멍에를 얹으면 계속된 압박과 마찰로 목의 피부가 굳어지고 무감각해집니다. 죄인의 양심도 이와 같습니다. 죄인의 의지가 진리를 저항하다 보면 마침내 계속된 저항으로 말미

앎아 도덕적 감각이 무뎌지고, 그의 의지는 하나님을 반역하는 태도 안에 거하게 됩니다. 그리하여 그의 마음은 굳어지고, 이제까지 그의 감각들을 괴롭히던 양심의 가책은 더 이상 감각을 자극하지 못하게 되며, 마찰과 저항이 그의 마음을 무디게 만들어 마침내 무감각하게 됩니다. 하나님의 섭리가 그를 놀라게 하지 못하며, 하나님의 음성이 그를 괴롭히지 못합니다. 아무리 그의 이성이나 양심에 호소해도 그의 뜻은 완강합니다. 그의 도덕적 감각이 마비된 것입니다.

이런 상태를 "목이 곧다"고 말할 수 있을 것입니다. 이것은 참으로 적절한 상징입니다. 마음이 완악해져서 아무리 책망을 해도 들은 척도 하지 않으며 마치 도덕적 감각이 마비된 듯한 사람을 본 일이 있을 것입니다. 언젠가 나는 75세 된 노인과 함께 대화를 하면서 그의 종교의 무감각에 무척 놀랐습니다. 나는 그에게 물었습니다.

"당신은 신자입니까?"

"아니오. 나는 소위 당신이 말하는 신자들에 대해서는 아무것도 모릅니다. 그러나 나는 한 사람도 죽이지 않았습니다. 그러니 나름대로 내가 정직한 사람이라고 생각합니다."

"그러나 당신은 하늘나라에 들어갈 준비를 하고 있지 않습니까?"

"나는 그런 일들은 전혀 믿지 않습니다. 나는 올바르게 살아가는 것만으로 충분하다고 생각합니다."

나는 그의 마음에 아무런 감명을 줄 수 없었습니다. 그러나 하나님은 점차 그런 사람들에게 이러한 일들을 알게 하실 것입니다. 그들은 머지않아 말투를 바꾸게 될 것입니다.

때로 우리는 사람들이 오류를 옹호하기 위해 지성을 버리며, 빛 대신에 어둠을, 어둠 대신에 빛을 선택하며, 불의를 행함으로써 스스로 어리석음을 드러내며, 악을 향하여 "그대는 나의 선이라"라고 말하는 것을 봅니다. 이런 사람들은 마비된 양심과 굳은 마음을 가진 사람입니다. 그들의 목은 쇠심 같으며, 결코 하나님의 요구에 굴복하지 않습니다. 하나님은 이런 사람들을 어떻게 하실까요? 본문에 기록된 대로 그들은 "갑자기 패망을 당하고 피하지 못합니다."

"갑자기 패망을 당한다"는 것은 어떤 의미인가?

이것은 그들이 전혀 예기치 못한 때에 죽게 된다는 것을 의미합니다. 우리가 "갑작스럽다"고 말하는 것은 어떤 일이 우리 일생에 일찍이 임하기 때문이 아니라 전혀 예상하지도 않은 순간에 임하기 때문입니다. 본문의 "갑자기"라는 단어도 이러한 의미에서 쓰인 듯합니다. 하나님의 무서운 섭리의 채찍이 갑자기 임하여 어떤 죄인이 죄 중에서 죽게 될 때에 우리는 "갑작스러운 죽음이다. 무서운 섭리다"라고 말합니다. 성경에 기록되기를 "그들이 평안하다, 안전하다 할 그 때에 임신한 여자에게 해산의 고통이 이름과 같이 멸망이 갑자기 그들에게 이르리니 결코 피하지 못하리라"살전 5:3고 했습니다. 장차 임할 죽음에 대해서는 사전에 경고가 주어지지 않으며 나팔 소리로 미리 전파하지도 않습니다. 갑자기 하늘을 가르며 패망이 임합니다. 죽음은 마치 이슬처럼 소리 없이 임하여 그의 침상으로 기어듭니다. 죽음은 인간의 능력이나 기술로도 저지할 수 없는 형태로 접근하며, 정확한 화살로 제물을 겨냥합니다. 이 화살을 맞는 순간 그는 죽고 맙니다. 이것을 성경에서는 "갑자기 패망한다"고 했습니다. 이것은 그가 불수레를 타고 하늘나라로 간다는 의미입니까? 소돔과 고모라의 악인들은 악인들의 운명의 본보기로 타오르는 불과 유황 기둥 속에 휩싸여 하늘나라로 갔습니까? 만일 그런 일이 있었다면 그 광경을 본 모든 하늘나라의 성도들은 기절했을 것입니다. 또는 옛날 하나님 앞에서 타락된 생활을 하고 불의와 폭력으로 가득 찬 생활을 했기 때문에 하나님이 더 이상 세상에 두실 수 없었던 사람들이 홍수에 휩싸여 모두 하늘나라로 들어갔다는 말입니까? 그런데도 불쌍한 노아는 자기 자신과 가족들이 패망하여 하늘나라에 가는 것을 막으려고 오랜 세월 동안 자기 세대 사람들의 비웃음을 받으며 방주를 예비하였다는 말입니까?

　죄인의 패망이란 단지 그를 가장 빠르고 짧은 길을 통해 하늘나라로 데려가는 것이라고 말하는 것은 하나님의 말씀을 경홀히 여기는 짓입니다. 하나님이 이런 말씀을 하실 리가 없습니다. 만일 하나님이 인간들을 속이기 위한 목적을 가지고 계셨다면, 사람들을 갑자기 하늘나라로 데려가는 것을 "패망"이라고 부르는 것보다 더 분명하고 직접적인 방법은 없었을 것입니다. 그러나 이러한 표현은 사탄이 사용하는 것이지 하나님의 표현 방법이 아닙니다. 우리는 진리의 하나님과 거짓말의 아버지 사이에 큰 차이가 있음을 혼동해서는 안 됩니다.

이 패망을 "피하지 못하리라"는 것은 어떤 의미입니까?

이 패망을 막지 못한다는 의미입니다. 그것은 저항할 수 없을 만큼 압도적인 힘을 갖고 임하며, 그것의 전진을 저지시키기 위해 행해지는 모든 노력을 비웃는 듯합니다.

이것을 잘 나타내 주는 예로서 몇 년 전에 우리나라를 휩쓸고 지나간 콜레라의 창궐을 들 수 있습니다. 그때 나는 뉴욕에서 그 질병의 무서운 위력을 직접 목격하고 체험했습니다. 나와 내 옆방에 있었던 남자가 동시에 콜레라에 걸렸는데, 그 남자는 불과 몇 시간 뒤에 죽고 말았습니다. 콜레라의 위력은 가공할 정도였습니다. 전능자가 보내신 이 사자를 저지하려는 것은 마치 손으로 태풍을 막으려는 것과 같습니다. 완악해진 죄인을 패망시키라는 하나님의 명령에 의해 임하는 패망들의 경우에도 마찬가지입니다. 그것들은 전능자의 걸음과 위세로 다가옵니다. 그것들 속에는 두려운 하나님의 손이 있습니다. 이렇게 하나님의 진노가 발해질 때 누가 하나님 앞에 설 수 있겠습니까?

콜레라는 물론 그 밖의 다른 질병들도 여호와의 위력을 증명해 줍니다. 튼튼한 사람도 질병에 굴복하여 죽습니다. 의사도 아무런 도움을 주지 못하고 그의 침대 옆에 앉아 있습니다. 질병은 그 진행을 저지하려는 모든 노력을 조롱합니다. 인간이 할 수 있는 일이란 그저 질병의 승리를 기록할 뿐입니다. 하나님은 지금도 일하고 계시며, 하나님의 일을 저지할 수 있는 사람은 아무도 없습니다.

"피하지 못하리라"는 표현은 이 패망이 영원한 것임을 말합니다.

그것은 모든 선의 완전한 몰락, 모든 행복이 영원히 시들고 말라 버리는 것입니다. 아무도 그것으로부터 구조될 수 없으며 회복될 수도 없습니다. 그것은 부활의 여명이 미치지 못하는 무덤입니다. 그 패망은 보편적인 몰락 속에서 모든 희망을 꺾어 버립니다. 패망이라는 용어 자체가 치료의 개념을 배제하고 있습니다. 온갖 형태의 패망 중에서 가장 무시무시한 이 패망 속에 이미 포함되지 않았거나 발달되지 않은 공포의 요소가 있다고 생각하십니까?

결론

악인들이 갑작스럽게 죽는 것을 어떻게 해석해야 하며, 그들을 어떻게 생각해야 할지 우리는 알 수 있습니다. 이 지방에 살던 한 악인의 갑작스런 죽음은 나에게 충격을 주었습니다. 우리는 경건한 부모의 자녀로서 많은 기도와 경고를 받고 자란 이곳 청년들이 책망을 받으면서도 점점 더 완악해져 곧 그들의 날이 계수되는 것을 보았습니다. 그들은 죽었으며, 이제 우리는 그들을 볼 수 없습니다. 그중에는 이곳에 공부하러 온 청년이 있었습니다. 우리는 그를 위해 기도했고 그에게 경고하기도 했습니다. 그러나 하나님은 더 이상 노력해도 아무 소망이 없다는 것을 아셨던 모양입니다. 나는 그가 병들어 죽음의 문턱에 섰을 때에 두려움에 떨던 모습을 결코 잊을 수 없습니다. 결국 그는 긍휼과 소망의 세계로부터 떠났습니다. 나는 그의 뒤를 따라가 보지 않을 것이며, 또 그의 마지막 운명을 안다고 생각하지도 않습니다. 그러나 내가 아는 한 가지 사실은, 죄 가운데 생활하던 그의 친구들이 그의 죽음으로 말미암아 대단히 엄숙하고 무서운 경고를 받았다는 것입니다.

악인들이 갑자기 죽음을 맞을 위험은 그들이 누리고 있는 빛에 비례합니다.

많은 빛을 누리고 있는 사람들은 더욱 일찍 죽는 것 같습니다. 이에 해당되는 경우를 이 지방에서도 몇 번 경험했습니다. 이곳에서 태어나서 자라난 몇 명의 청년은 동료들이 회심하는 것을 보기도 했고, 가끔 자애로운 경고를 받기도 했습니다. 그러나 그들은 경고를 전혀 받아들이지 않았으며, 어른이 되었을 때에는 도덕적으로 완전히 무감각하게 되고 말았습니다. 그들은 지금 어디에 있습니까? 나는 그들이 있는 곳을 말하지 않겠지만, 그들이 어디에 있지 않는지는 말할 수 있습니다. 그들은 장성하여 교회와 세상을 축복하지 않았습니다. 그들은 인생의 행로와 목표를 그런 데 두지 않았습니다. 그들은 지금 우리들과 함께 있지 않습니다. 과거에 그들은 교회에 다녔지만, 이제 영원히 이곳에 오지 않을 것입니다. 우리가 불러도 그들은 결코 응답하지 않습니다. 그들은 자기의 의무를 잘 알고 있으면서도 그대로 행하지 않기로 작정한 것입니다.

80세가량 된 노인이 있었습니다. 그는 캐나다에서 태어났으나 글을 쓰고 읽는 법을 배우지 못했습니다. 오늘날 이 지방의 어린이들은 10세 정도만 되어도 아마 종교적 주제들에 관해 그가 아는 것의 40배 이상은 알 것입니다. 그는 죄 가운데서 늙어갔습니다. 이곳에서 양육된 어린이에게는 그런 일이 있으리라고 예상할 필요조차 없습니다. 많은 빛의 조명을 받고 자라났으면서도 점점 죄 가운데서 완악해진 노인을 발견할 수 있는지 말해 보십시오. 대체로 청년 시절에 큰 빛을 받고서도 범죄하는 사람은 본래 수명의 절반도 살지 못합니다.

하나님이 완악해진 죄인들을 죽게 하시는 섭리적 심판을 통해 다른 사람들에게 경고하시는 것은 사랑 때문입니다.

간혹 이것은 하나님이 인간에게 주시는 가장 인상적인 경고가 되기도 합니다. 때로는 그 죽음이 너무나 무섭기 때문에 죄인들은 하나님의 징계를 받아 죽은 동료의 장례식에조차 참석하지 못합니다. 그들은 하나님의 손이 그곳에 있는 것을 명백히 보았기 때문에 그곳에 접근하는 것까지도 무서워합니다. 내가 아는 바에 의하면, 하나님은 신앙부흥운동을 반대하는 사람들을 무서운 방법으로 죽게 하십니다.

많은 빛의 조명을 받고서도 죄 속에서 완악한 생활을 하는 사람들에게는 무서운 패망이 임할 것입니다.

나는 사람들이 큰 시련을 당할 때에 개심하는지를 주목해 봅니다. 만일 개심하지 않으면 머지않아 그들이 소망 없는 땅의 장애물로 여겨져 죽을 것이라고 예상합니다. 그들은 책망을 받으면서도 목을 곧게 하였으므로 본문에 말씀하신 하나님의 통치 원리에 따라 곧 운명을 맞게 됩니다.

하나님이 발하신 책망은 곧 그의 마음을 정복하거나, 또는 패망이라는 결실을 가져옵니다.

이 같은 패망의 과정은 하나님이 그들에게 베푸신 엄숙하고 잦은 책망들의 압력에 비례하여 신속하게 진행됩니다. 하나님이 어떤 죄인에게 가까이 가서서 자주 책망하시며 계속적인 섭리로 강권하시는데도 전혀 회심하지 않는다면 그는 신속하게 하나님의 매를 맞게 될 것입니다.

사람들은 자기의 패망이 가까워질수록 일반적으로 그것을 인정하지 않거나 두려워하지 않습니다.

그들이 평안하다, 안전하다 할 그때에 멸망이 홀연히 그들에게 이르니 결코 피하지 못할 것입니다. 또는 "나의 건강이 매우 좋다"고 말할 때에도 마찬가지이며, 스스로 자기가 좋아하는 것들을 확보하여 자신을 축복할 때에 멸망은 마치 눈사태처럼 갑작스럽게 임하여 순식간에 저항하지도 못하고 피하지도 못한 채 죽게 됩니다. 우리는 종종 "예기치 않았고 갑작스러운 죽음이었습니다. 그 누가 이런 재앙이 오고 있다고 생각이나 했겠습니까."라는 말을 듣습니다. 전혀 예기치 않은 때에 패망은 치명적인 위력으로 우리를 덮칩니다.

많은 빛의 조명 아래서 사는 죄인들은 신속하게 살아갑니다.

자기 의무에 대한 지식을 신속하게 획득하고 눈부신 빛의 한 가운데 서 있고, 모든 것이 그들의 주의를 환기시키고 있는데도 이 빛에 굴복하지 않는 사람들은 자기에게 유예되어 있는 짧은 세월을 마감하게 됩니다. 빨리 회심하지 않으면 그들의 신생이 도덕적으로 가능한 시점을 놓치게 됩니다. 어떤 환경 속에서 사는 사람들은 칠십 세까지 살면서도 다른 상황에서 며칠이나 몇 주 안에 얻을 수 있는 빛만큼도 얻지 못합니다. 어떤 환경 하에 사는 죄인은 빛을 많이 얻을수록 더욱 범죄하며, 다른 상황에서는 팔십 년이나 걸려야 완악해질 것을 열두 달 안에 완악해집니다. 전자와 같은 환경에서 그는 방탕한 생활을 합니다. 이런 관점에서 보면 주일학교 학생은 아마 백 년은 살 것입니다. 그가 백 년 동안에 짓는 죄와 완악함을 모두 합친 것이 일 년이라는 짧은 세월 동안에 범해질 수도 있습니다. 이 지방처럼 복음의 빛이 타오르는 곳에 살고 있는 사람들은 얼마나 신속하게 살아가고 있는지 모릅니다. 집행 유예가 아주 신속하게 진행되기 때문에 곧 그 기간을 다 채우게 됩니다. 빨리 회개하지 않으면 멸망이 홀연히 임할 것입니다. 회개할 생각을 가지지 않는 사람에게는 이곳이야말로 이 세상에서 가장 좋지 않은 곳일 수밖에 없습니다.

만일 내가 하나님을 섬기려 하지 않는다면, 나는 차라리 지옥문 앞에 가서 그곳에 내가 살 천막을 세우겠습니다. 많은 부모들은 자녀들을 교육시키기 위해 이곳으로 옵니다. 물론 간혹 그들의 회심을 바라는 경우도 있습니다. 이것은 좋은 일입니다. 그들이 큰 구원을 받아들일 때까지 끊임없이 진리로 강권하고 호소와 간청을 늦추지 마십시오. 자녀들이 진정으로 회심하도록 관심을 기울이십시오. 만일 그들이 회심하지 않고 그대로 지낸다면 머지않아 어둡고 잘못된 신앙의 미로 속에 빠지게 되지 않겠습니까? 이것이 큰 빛을 거부한 데 따른 당연한 결과라는 것을 누구나 알 것입니다.

"이는 그들이 진리의 사랑을 받지 아니하여 구원함을 받지 못함이라 이러므로 하나님이 미혹의 역사를 그들에게 보내사 거짓 것을 믿게 하심은 진리를 믿지 않고 불의를 좋아하는 모든 자들로 하여금 심판을 받게 하려 하심이라"살후 2:10-12.

그들은 순간적으로 지옥 깊은 곳까지 내려갑니다. 우리가 그들이 이곳에 있다고 말하려는 순간 이미 그들은 저 세상으로 가버리고 말았습니다. 그리고 젊어서 죽은 그들이 묻혀 있는 무덤은 "자주 책망을 받으면서도 목이 곧은 사람은 갑자기 패망을 당하고 피하지 못하리라"고 선포합니다.

8
버림받은 영혼

> "사람이 만일 온 천하를 얻고도 자기 목숨을 잃으면 무엇이 유익하리요 사람이 무엇을 주고 자기 목숨과 바꾸겠느냐."
> -막 8:36-37-

이 세상은 호기심이 많으며, 특히 오늘날은 더욱 많습니다. 이 호기심은 특별히 이익과 손해라는 문제에 관한 영속적인 질문으로 발전됩니다. 일반적으로 이러한 질문들은 그 위력을 최대한 발휘하여 사람들의 마음을 동요시킵니다. 거의 모든 인류가 어떻게 하면 손해를 피하고 이익을 확보할 수 있는지 알기 위해 열심입니다. 이것이 사람들이 알고자 하는 큰 문제이므로 본문에서 하나님이 제기하신 질문은 부적당한 것이 아니며, 또한 하나님의 종들이 하나님의 입에서 나온 이 말씀을 받아들이고 말씀을 듣는 사람들의 주의와 양심에 호소하게 한 것도 부당한 것이 아닙니다.

본문 말씀은 특히 행복을 추구하며 이익과 소득의 문제를 연구하는 청년들에게 적당한 말씀입니다. 우리의 영혼은 행복을 갈망합니다. 그러므로 우리는 구세주께서 친히 하신 이 말씀들이 참되고 영원한 행복의 비밀을 푸는 귀한 열쇠를 줄 것인지 살펴보아야 할 것입니다.

주님의 말씀을 좀 더 정확하게 표현하면 "영혼의 값은 얼마인가? 얼마를 받으면 자기 영혼을 포기할 수 있는가?"라는 주제를 확실히 이해하고자 합니다.

영혼은 얼마나 가치가 있는가?

목회자들은 강단에서 설교할 때에 항상 많은 사실들을 당연한 것으로 여기고 넘어갑니다.

약간의 차이는 있겠지만 모든 목회자들이 이같이 행합니다. 효과적으로 핵심적인 설교를 위해서는 그렇게 해야 합니다. 그리고 그들이 그렇게 하는 것은 물론 옳은 일입니다. 이것은 복음전파자에게 국한되는 것이 아니라 모든 교사들에게도 해당되는 진리입니다. 모든 교사들은 자기의 학생들이 존재하며 이 진리를 알고 있다는 것, 그리고 교사 자신도 존재한다는 것을 전제로 합니다.

설교자들은 청중들이 그밖에도 많은 진리를 알고 있다는 것을 전제로 하여 설교합니다. 일반적으로 우리는 성경에서 사용된 방식을 따릅니다. 성경에서는 자연신학의 진리들을 전제로 하여 모든 사람들이 최소한 이러한 진리들을 알고 있다는 가정 하에 그 가르침을 진행합니다.

여러분은 모두 신자라고 고백했습니다. 그래서 나도 여러분들이 신자라는 것을 전제로 하고 설교를 합니다. 그렇기 때문에 나는 이교도들이나 무신론자, 또는 보편구원론자들에게 하듯이 설교하지 않습니다.

거의 모든 신자들이 인정하는 보편적인 진리들이 있습니다. 예를 들면 영혼은 불멸한다는 것입니다. 이것은 보편적으로 인정되는 진리입니다. 아마 여러분들도 모두 이것을 인정하리라고 생각합니다. 이것은 의인이나 악인 모두에게 적용되는 진리임을 당신은 인정합니다. 성경에서 이렇게 가르치고 있다는 것을 인정합니다. 그러므로 나는 여러분 앞에서 이 진리를 증명하지는 않습니다.

또한 정신의 본질에 비추어 볼 때 인간의 지성과 감성의 능력은 항상 증가한다는 것도 인정해야 합니다. 이 세상에서 정신적인 능력은 이처럼 증가해 갑니다. 그러나 물질계와 관련해서 볼 때에 노년이 되거나 병든 경우는 예외입니다. 이것은 물론 일반적인 법칙에 어긋나는 예외이기는 하나 육체적 연약함의 영향으로 야기되는 결과이며, 따라서 육체가 연약하지 않은 경우에는 결코 이러한 일이 존재할 수 없습니다. 이것은 정신의 법에서 비롯된 결과가 아니라 순전히 당면한 물질계의 법에서 비롯되는 결과입니다.

일반적인 정신 발달 법칙은 지극히 분명합니다. 갓 태어난 어린아기를 보십시오. 아이는 아무것도 알지 못합니다. 그 아이는 눈에 보이는 대상이나 자기가 먹는 음식의 맛 등을 감지하는 작은 일부터 배워가기 시작합니다. 갓 태어났을 때에는 거의 아무것도 알지 못했지만 시간이 흐를수록 아기는 많은 지식을 얻고 능력이 증가해 가서 마침내는 뉴톤처럼 물질계의 규칙이라는 위대한 문제까지도 헤아릴 수 있게 되는 것입니다.

일반적으로 사람들은 장차 행복이나 불행을 누릴 충분한 능력이 있다고 인정됩니다. 장차 누리게 될 즐거움의 상태는 현재의 것처럼 혼합된 것이 아니라 단순한 것입니다. 즉 완전한 축복이나 완전한 고통입니다. 그러므로 영혼은 능력이 닿는 한 그 행복을 누리거나 고통을 당해야 합니다. 이것은 우리가 모두 인정하는 사실입니다. 혹시 인정하지 않는 사람이 있다 해도 극소수일 것입니다.

우리는 이 발전의 개념과 영원의 개념을 연결해서 생각해야 합니다. 이것은 단순한 발전이 아니라, 영원한 발전입니다. 이것은 영혼의 불멸성 안에 포함되어 있습니다. 성경은 이것을 분명하고 보편적으로 가르치고 있습니다. 이것은 영혼의 본성에서 추출해 낸 증거에 의해서도 확인됩니다. 이것은 기독교인이라는 명칭을 지니고 있는 모든 사람들이 인정하는 진리 중의 하나입니다. 그러면 이처럼 인정된 진리에서 비롯되는 것은 무엇입니까?

만일 사람들의 지식과 능력이 항상 발전한다면, 마침내 그들은 자기가 탄생했을 때에 모든 피조세계가 알았던 것보다 더 많이 안다고 말할 수 있는 시점에 이르게 될 것입니다. 이것은 진실임에 틀림없습니다. 이 진리는 필연적으로 우리가 이제까지 인정해 온 진리들의 뒤를 따르는 것입니다.

그러나 이것이 전부는 아닙니다. 그가 이러한 지식을 획득한 순간도 그는 겨우 지식 획득의 출발점에 서있는 것에 불과합니다. 왜냐하면 그의 앞에는 영원이 놓여 있기 때문입니다. 그가 태어날 당시 온 세상이 알고 있던 지식의 만 배, 수천만 배나 더 많은 것을 알게 되는 때가 올 것입니다. 한 사람의 지성인이 얼마나 많은 것을 알 수 있는지 평가하거나 추측하려 해도 그 엄청난 개념에 도저히 도착할 수 없게 되는 영원한 때가 올 것입니다. 하지만 이것도 시작에 불과합니다. 왜냐하면 이 방대한 지성은 자기가 발전하여 이르게 될 종착점에 가까이 이르지 못하고 있기 때문입니다. 분명히 모든 우주는 그와 보조를 맞춰 왔을 것입니다. 그들은 그들에게 공통적으로 적용되는 발전의 법칙 하에서 함께 움직여 왔습니다. 누구나 그만큼, 그리고 그와 같은 말을 할 수 있습니다. 각 사람이 얻는 것과 모두가 얻는 것은 항상 무한히 증가해 가지만, 무한에 비교해 볼 때에는 부족한 것들에 지나지 않습니다.

의인의 행복을 살펴보십시오. 그것은 끝없이 증가해 가며 그 발전 과정과 성장은 끝도 없고 한도 없습니다. 그것은 점점 커져서 깊이 흐르며 넘쳐흐르는 물처럼 됩니다. 갓난아이를 보십시오. 갓 태어난 아이는 최소한의 능력밖에 갖지 못한 것처럼 보이며, 처음에는 육체적 능력들만 발전하는 것처럼 보입니다. 모든 감각과 감정의 가장 초기의 근원은 오로지 육체에 관한 것들뿐입니다. 갓난아이는 배가 고프면 울고 젖을 먹으면 조용해집니다. 아이는 작은 눈을 떠서 빛을 보고 즐거워합니다. 점차 어머니의 존재를 알게 되고, 어머니의 자애로운 표정과 사랑의 음성을 사랑하게 됩니다. 여기에서 그 아이의 마음에 새로운 행복의 원천이 열리게 되며 새로운 능력들이 발달되기 시작합니다. 아이는 이제 인식하게 된 어머니의 미소에 응답하여 미소를 짓습니다. 어머니의 사랑을 즐깁니다. 그리고 계속 성장해가면서 얻게 되는 새로운 지식은 새로운 행복의 원천들을 가져다 줍니다. 발달은 이성적이고 감성적인 존재에게 주어진 법입니다. 아이는 점점 자라 어린이가 되고 학생이 되어 학교에 다니며, 더욱 장성하여 대학교에 다니게 됩니다. 그의 지식의 발달 과정은 계속하여 진행됩니다.

  이와 동일한 발달의 법칙이 감각기관에서도 이루어진다는 사실을 잊어서는 안 됩니다. 인간의 지적 기능과 감각적 기능들 사이에는 고정불변의 관계가 유지되고 있습니다. 지식이 증가하면 기쁨과 슬픔의 범위도 확대됩니다. 그러므로 인간이 세상에 존재하는 동안 여러 단계를 거쳐 정신이 발달함에 따라 얻는 새로운 지식은 끊임없이 새로운 즐거움이나 고통의 원천들을 제공합니다. 성인 남녀는 유아기에 비하여 얼마나 많은 즐거움을 누릴 수 있는지 생각해 보십시오. 그는 압도적인 슬픔의 무게에 짓눌리거나 반대로 말할 수 없이 충만한 영광과 즐거움의 황홀경으로 들어갈 것입니다. 그런데 주의할 사실은 이러한 발달 과정이 종종 좋지 않은 환경에서도 이루어진다는 것입니다. 발달의 법칙은 적극적으로 활동하기 때문에 어떤 일상적인 환경들도 이에 저항하지 못합니다.

  이번에는 내세, 즉 우리 생존의 다음 단계에 대해 생각해 보겠습니다. 그곳에서도 지식과 감각은 동일한 관계를 유지할 것입니다. 이 세상에서 지식이 우리의 행복이나 고통을 증가시키듯이 그곳에서 얻는 지식도 마찬가지 역할을 할 것입니다. 우리 존재의 모든 능력들은 전과 마찬가지로 동일한 관계를 유지합니다. 그렇다면 내세에서 누릴 기쁨과 슬픔이 얼마나 방대할지 생각해 보십시오. 그것은 이 짧은 세상에서 우리가 경험하는 것과는 비교할 수 없을 만큼 클 것입니다. 그것은 시적인 표현 그 이상의 것입니다. 그것은 분명하고 명백한 사실입니다. 그것은 우리가 기독인으로서 인정하고 주장하는 교리들, 무신론자가 아닌 모든 사람들이 인정하는 교리에서 비롯되는 진리입니다. 그것은 현재 우리 생존의 법칙들을 준수하며 이 법칙들이 내세의 생존에도 적용된다는 것을 인정하는 모든 사람들이 인정하는 교리입니다.

  이렇게 인정된 진리들을 좇아 그에 따른 필연적인 결과를 영원히 추적하다 보면 언젠가 모든 성도들이 "지금 나는 내가 처음 하늘나라에 들어왔을 때에 세상의 모든 성도들이 누렸던 것보다 더 많은 기쁨을 주어진 시간 안에 누릴 수 있다"고 말할 수 있는 때가 올 것입니다. 왜냐하면 행복도 지식처럼 동일한 발달 규칙에 따라 증대하기 때문입니다. 행복의 양은 우리가 소유하고 있는 지식의 양과 상호 연관을 가지고 있습니다. 그러므로 우리의 지식 발달이 한없이 앞으로 전진하듯이, 행복 또한 한없이 발달합니다. 장차 피조된 인간이 미미한 지성을 통해 얻은 지식을 측정할 수 없는 때가 오듯이, 어떤 능력으로도 그 행복의 양을 측정할 수 없는 때가 올 것입니다.

성경은 하나님이 우리가 요구하거나 생각하는 것보다 훨씬 더 풍성하게 행하실 수 있다고 말합니다. 이것은 장차 하나님이 구속된 백성들을 일으키실 영광과 축복의 절정에서 성취될 것입니다. 그 누가 이 같은 영광과 축복의 절정을 측량할 수 있으리오. 우리는 무한한 세대의 흐름 중 어느 시기의 무한한 축복과 영광을 볼 때에 "이 사람의 행복은 시작에 불과하다"고 말해야 합니다. 그는 이제 막 지식과 축복의 영원한 발전에 발을 내민 것에 불과합니다. 그의 능력은 방대하기 때문에, 만일 우리가 그것의 넓이와 길이와 깊이를 들여다보며 그 큰 위용을 측량할 수 있다면 아마 맥이 빠져 죽은 사람처럼 될 것입니다. 그가 하나님의 영원한 샘에서 기쁨의 물을 푸는 것을 보십시오. 그가 그 기쁨의 물 마시기를 멈추게 될까요? 그렇지 않습니다. 그 기쁨의 샘물이 점점 적어질까요? 아닙니다. 반드시 영원히 증가됩니다.

이번에는 악인들의 발전 과정을 살펴보십시오. 그들도 역시 계속 앞으로 전진합니다. 발전의 법칙은 범죄의 분량에 방해를 받지 않습니다. 그들의 지성은 계속 앞으로 발전해 갑니다. 그리하여 많은 지식을 받아들일 수 있게 되며, 물론 많은 죄와 고난을 받아들이게 됩니다. 그 다음에는 무엇이 옵니까? 이러한 인간 생존의 법칙과 인간 정신 발달 법칙의 결과로 나타나는 것은 무엇입니까? 이 영원한 발달의 법칙들로 인해 발생하는 무서운 결과들을 생각해 보십시오. 이것에 대해 생각하게 된다면 우리의 정신은 지치고 기진맥진하게 되며, 압도적인 감정 때문에 쓰러져 "오. 죄인 앞에 놓여 있는 영원함이여, 그들은 영원히 버림받을 것이로다"라고 외칠 것입니다. 수백만 세대를 거치면서 범죄와 고통의 능력과 지식을 끊임없이 발전시켜 온 죄인을 보십시오. 그의 말을 들어 보십시오: "지금 내가 당하고 있는 고통과 비교하면, 내가 처음 이곳 지옥에 들어왔던 때의 죄와 고통은 고통이라 할 수도 없다. 그때 그곳에 있었던 모든 죄인들이 범한 죄와 고난을 다 합해도 지금 나 하나의 존재 안에 있는 죄와 고난에 비교하면 아무것도 아니다. 슬프도다. 나는 내 가슴에 지옥 자체를 품고 있는 듯하다. 나는 더욱 증대된 나의 능력들을 가지고 범죄하고 고난을 자초하여 무서운 지옥을 만들었구나, 참으로 무서운 일이다. 죄와 불행한 파멸이 한 사람 죄인의 고민하는 가슴속에 파고들어 무서운 지옥을 만드는구나."

    이것이 사실이 아니라면 얼마나 기쁘겠습니까? 그러나 이 모든 것은 분명한 사실입니다. 이것보다 더 확실한 사실은 없습니다. 어떤 계산이나 숫자로도 무서운 위용을 표현할 수 없습니다. 이것의 천분의 일만 보아도 당신의 영혼은 불 가운데 있게 될 것입니다.

　아무 죄인이나 한 사람을 택하여 지금부터 그의 범죄하는 생활, 어둡고 무서운 죽음, 그리고 더 나아가서 그가 둘째 사망의 고통 속에 파묻혀 지내는 것을 추적해 보십시오. 그리고 더 나아가서 세월이 흐를수록 끊임없는 인간 정신의 발달 속에서 지성을 더욱 확대해 가며, 그가 증오하는 하나님에 대해 더욱 많은 것을 배우게 되고, 영원히 하나님을 더욱 증오하며, 더욱 뼈아픈 증오심을 가지고 범죄함으로써 자신을 한없이 불쌍하게 만들며, 영원한 세월의 흐름에 따라 더욱 큰 능력을 지니기 때문에 더욱 큰 고난을 받게 되는 것을 살펴보십시오. 젊은 죄인이여, 장차 언젠가 당신이 이렇게 말할 날이 올 것입니다: "내가 이곳에 오기 전에 알고 있었던 지옥의 고통은 지금 내가 당하고 있는 고통과 전혀 비교도 되지 않는다. 지금 나의 모든 죄와 고통과 비교해 볼 때 그것들은 아무것도 아니다. 그런데 지금 내가 겪고 있는 죄와 고통도 시작에 불과하다. 내 불행은 이제 막 시작되었다. 내 영혼의 고통에 대한 감각은 이제 막 발달하기 시작했다." 그리고 슬픔 속에서 발전되는 무한한 세월이 흐르다 보면 사람들이 이렇게 말할 때가 있을 것입니다. "만일 내가 죽는 순간에 온 세상이 내 마음을 괴롭히는 죄와 불행을 깨닫는다 해도 그것은 그 무서운 고통을 평가하기 위한 출발점도 될 수 없을 것이다."

이것이 상상에 불과하다면 얼마나 좋겠습니까? 그러나 안타깝게도 이것은 진리입니다. 죄인이여, 이것보다 더 진실된 원리는 수학에도 없습니다. 우리가 대수 문제를 풀어도 이것보다 더 분명한 해답을 얻지는 못합니다. 우리가 유클리드의 정리에 의해 분명한 해답을 얻을 수 있듯이, 영원한 세월의 흐름을 통해 계속 발달해 가는 정신에 대한 이 불변의 법칙에 따른 추론에도 오류가 있을 수 없습니다. 우리는 계속 세월이 흐르면서 수많은 생각을 한 후에도 "나는 이제 막 시작했습니다. 나는 이제 막 고통에 발을 들여놓고 있습니다. 나는 내 생존의 영원한 흐름의 첫 순간에 돌입하고 있습니다."라고 말해야 할 것입니다.

이에 대해 이처럼 자세하게 생각을 계속하는 것은 거의 불가능한 일입니다. 인간 정신은 그 압도적인 광경 앞에서 기력을 잃을 수밖에 없습니다. 여호와의 보좌만큼이나 확고하고 영속적인 법칙 아래서 영원히 발달해 가는 영혼의 소중함이여. 계속적으로 지식을 획득하여 축복과 성결, 또는 죄와 고통의 능력을 발전시켜야 하는 영혼의 가치를 누가 끝까지 계산할 수 있습니까? 젊은 수학의 천재들이여, 확실한 학문을 가르치는 교수들이여, 불변의 진리들을 알고 있으며 최초의 원리들로부터 불변의 진리들을 연역해 내는 기술이 있다고 생각하는 사람들이여, 대답해 보십시오. 지금까지 내가 말한 모든 것이 허구에 불과합니까? 그렇지 않습니다. 당신은 그것들이 우주의 무엇보다도 영원한 진리이며 사실이라는 것을 알고 있습

니다. "사람이 만일 온 천하를 얻고도 자기를 잃든지 빼앗기든지 하면 무엇이 유익하리요?" 눅 9:25

영혼을 잃게 될 위험은 얼마나 되는가?

우리가 영혼을 잃게 될 위험성은 대단히 큽니다.

사람이 자기 영혼을 등한히 하면 반드시 영혼을 잃게 됩니다.

영혼을 잃는 일에는 수고도 필요 없고 주의를 기울이지 않아도 됩니다. 우리가 자기 영혼을 잃으려 한다면 특별히 노력하지 않아도 그 목적을 이룰 수 있습니다. 자기 영혼을 영원히 멸망시키기 위해서라면, 굳이 죄를 범하러 다니지 않아도 됩니다. 그저 지금까지처럼 계속 태만한 생활을 하기만 하면 됩니다. 우리가 과거에 행했던 것처럼 경솔하고 무모한 태도로 세월을 보낸다면 결국 "갑자기 패망을 당하고 피하지 못하게" 될 것입니다. 히브리서 기자가 말한 것처럼 "우리가 이같이 큰 구원을 등한히 여기면" 히 2:3 어찌 피할 수 있겠습니까? 우리는 "다른 이로서는 구원을 얻을 수 없나니 천하 인간에 구원을 얻을 만한 다른 이름을" 행 4:12 주신 일이 없기 때문입니다. 그리고 사랑으로 역사하여 마음을 죄에서 정결하게 해주는 산 믿음이 없이는 이 이름으로 구원을 얻지 못합니다.

이 구원의 조건들은 지적인 노력을 요구합니다. 따라서 그것들을 잘못 이해한다는 것은 우리가 지혜롭게 노력하지 않았음을 분명히 해줍니다. 그러므로 이 부분에 절박한 위험이 놓여 있다고 볼 수 있습니다.

사람들은 구원의 조건들과 관계가 있는 진리들에 대해 거의 알려 하지 않기 때문에 위험은 더욱 큽니다.

놀랍게도 구원받을 사람이나 버림받을 사람들 모두에게 흥미 있는 문제가 될 구원받는 방법에 대한 지식을 추구하려는 사람이 거의 없습니다.

사람들은 영혼의 구원을 등한히 하게 만드는 유혹들로 에워싸여 있기 때문에 위험이 더 큽니다.

사탄은 사람들이 이 큰 문제를 등한히 여기게 만들려고 그들의 주위를 많은 유혹으로 에워쌉니다. 이것이 사탄의 전략입니다 사탄은 사람들에게 온갖 해야 할 일을 부여합니다. 사탄은 사람들로 하여금 빈둥거리며 시간을 보내거나 또는 흥미 있고 변화 있는 일을 고안하게 하거나 알지 못하는 것에 대한 진지한 생각을 회피하게 만듭니다. 사탄은 죄인을 유혹하여 악마적인 간계의 덫에 걸리게 만드는 것을 가장 기뻐합니다.

우리가 두려워해야 할 이유는 그밖에 또 있습니다.

우리는 스스로를 기만하여 지금이 아니라도 장차 영혼 구원에 주의를 기울일 더 좋은 때가 있으리라 자위합니다. 이것이야말로 사탄의 간계 중의 걸작입니다. 이것 때문에 수많은 영혼들이 저주받은 운명을 확고히 하게 된 것입니다. 만일 이 여러 가지 위험들을 보다 자세히 고찰하여 영혼을 잃는 것이 얼마나 무서운 일인지 설명한다면 당신은 그 무서운 사실들에 놀라지 않을 수 없을 것입니다. 만일 이 무수한 위험들의 위협을 이해하게 되고, 특히 그것들이 영혼의 상실과 갖는 관계를 깨닫게 된다면, 모든 인류는 미친듯이 흥분하여 자기 영혼의 구원을 확보하려 할 것입니다. 그들은 거리를 거닐거나 침실에 누워서도 "어떻게 해야 내 영혼을 구원할 수 있을까?"라고 소리칠 것입니다. 위험은 실제로 존재하고 있습니다. 다만 우리가 그것을 올바르게 감지하지 못할 뿐입니다. 이에 대해 성경은 "멸망으로 인도하는 문은 크고 그 길이 넓어 그리로 들어가는 자가 많다"마 7:13고 했습니다. 이것보다 더 쉽게 관찰할 수 있는 사실은 아마도 없을 것입니다. 누구든지 그것을 볼 수 있고, 알 수 있습니다.

영혼 구원의 조건은 무엇인가?

영혼 구원의 조건들은 전혀 독단적이지 않습니다. 모든 조건들이 당연히 필요한 것들입니다. 각각의 조건들은 당연히 필요한 것이며 반드시 필요하기 때문에 조건으로 계시됩니다. 하나님은 그것들 없이는 영혼을 구원하실 수 없기 때문에 요구하십니다. 예를 들어 보겠습니다. 우리의 마음과 생활은 정결하게 되고 거룩하게 되어야 합니다. 그 이유는 무엇입니까? 하나님이 독단적으로 그러한 조건을 부과하셨기 때문이 아니라 그것이 없으면 우리가 행복해질 수 없고, 하늘나라를 누릴 수 없기 때문입니다. 또한 거룩함이 없이는 우리가 하늘나라에 들어갈 수 없기 때문입니다.

그러므로 우리는 그리스도를 믿는 믿음으로 정결하게 되고 구원을 받습니다. 다른 행위로는 정결하게 되지도 못하고 구원받을 수도 없기 때문입니다. 천하 인간에 구원을 얻을 만한 다른 이름을 우리에게 주신 일이 없습니다. 우리가 믿어야 할 다른 구세주는 없습니다. 오직 구세주를 믿는 믿음의 능력에 의해서만 마음을 정복하여 회개하고 사랑하게 할 수 있습니다.

결론

인간이 자기 영혼의 가치를 진지하게 생각하고 반성하기를 등한히 하는 것이야말로 놀랍고 기이한 현상입니다.

모든 정통교회는 우리의 출발점이 되는 진리들을 인정하고 있으며, 당연히 그것들과 관련되는 다른 진리들도 실질적으로 인정합니다. 그런데 이러한 진리들을 마치 아무런 가치도 없으며 사실이 아닌 허구에 불과한 것처럼 여겨 의미를 망각하고 그것들이 지닌 모든 관계들을 간과하는 것이야말로 정말로 놀라운 일입니다. 부모들은 이런 진리들의 가치를 망각하여 자녀의 영원한 행복에 미치는 영향을 거의 생각하지 않습니다. 아내와 남편이 이것을 망각하여 서로의 구원을 위한 말은 거의 하지 않고 구원을 위한 행동도 하지 않습니다. 실제로 사람들은 이 진리에 대해서는 세상 그 무엇보다도 더 생각하지 않습니다. 사람들은 이 세상의 일들 중에서 가장 하찮은 것을 영혼보다 더 가치 있는 것처럼 취급하고 있습니다. 인간이 미치지 않고서야 어찌 이런 일이 있을 수 있겠습니까?

모든 교회와 온 세상이 해야 할 가장 중요한 일은 이 큰일에 주의를 기울여 모든 영혼의 잠을 깨우며, 이 세상의 모든 명목상 교회의 지체들이 영적 혼수 상태에서 깨어나게 하는 것입니다.

사도 시대의 초대교회 교인들은 이 진리들을 깊이 묵상하여 마음이 불타게 되었으며, 세상의 구원을 위해 힘쓰기를 간절히 원했습니다. 오늘날 교회들이 각성하려면 초대 교인들과 같이 이러한 진리들을 영혼을 기울여 묵상하는 일이 필요합니다.

이처럼 중요한 영혼의 진리들이 등한히 여겨지는 것과 비례하여 세속적인 일들이 더욱 중요시됩니다.

사람들이 영원에 대해 깊이 생각하지 않는다면, 시간이란 단지 그들의 현실에 불과할 것입니다. 만일 그들이 영원한 세상-천국과 지옥-과 관련된 영적 진리들을 깊이 생각하지 않고 온 정신을 기울이지 않는다면, 유한하고 하찮은 것들이 중요한 위치를 차지하게 될 것입니다. 그리하여 더욱 세속적인 사람이 될 것입니다. 그들의 마음의 시야는 이 세상의 좁은 관계로 좁혀지게 되고, 그들은 마치 하나님도 없고 천국과 지옥도 없는 것처럼 생활하게 됩니다.

우리는 세속적인 사람의 본성을 알 수 있습니다.

그것은 참으로 정신이상의 상태와 같습니다. 어떤 사람이 이 세상과 아무 관계가 없는 것처럼 행동한다고 가정해 보십시오. 대부분의 사람들이 이 세상을 초월하는 다음 세상과 아무 관계가 없는 것처럼 행동하듯이, 그가 이 세상과 아무 관계도 없는 듯이 행동한다고 가정해 보십시오. 그가 아무런 육체적 욕망을 느끼지 않고, 음식이나 의복에 대한 필요도 느끼지 않는 것처럼 행동한다고 생각해 보십시오. 우리는 그가 미쳤다고 생각할 것입니다. 그리고 그의 친구들이나 정부는 서둘러 그를 정신병원에 보내려 할 것입니다. 그들은 그와 그의 가족과 재산을 보전하기 위해 그의 정신 감정을 의뢰합니다. 왜냐하면 실제의 사실들이 전혀 존재하지 않는 것처럼 여겨 행동하는 것은 정신이상자의 행동이기 때문입니다.

그렇다면, 영원에 관한 진리들을 마치 진리가 아닌 것처럼 취급하는 사람들에 대해서는 무엇이라고 해야 합니까? 이것도 미친 짓이 아닙니까? 그 사람은 내세에 관한 위대한 진리들을 알고 있습니다. 그는 모든 사실들을 포함하고 충분히 계시되어 있는 책을 가지고 있습니다. 그는 모든 성경에 기록된 중요한 사실들을 집요하게 신봉하며, 혹시 우리가 그의 신앙의 건전성을 의심한다는 암시를 하면 그는 자신이 이단자라는 비방을 받는다고 생각합니다. 실제로 그의 정통 신앙은 자만심이요 자신의 영광입니다. 그러나 그는 그것을 전혀 믿지 않는 사람처럼 살고 있습니다. 이 사람은 분명히, 그리고 실제로 미친 사람입니다. 이런 경우를 대할 때 두려움을 느끼지 않을 수 없습니다. 만일 그가 진리를 전혀 알지 못했다면 이처럼 무서운 죄를 유발하지는 않았을 것입니다. 그러나 그는 그것들을 모두 알고 있었고 모두 기록했습니다. 모든 것이 그의 믿음의 표준들 안에 포함되어 있으며, 그는 훌륭한 평판을 유지하기 위해서 이 표준들 중 하나도 의심하지 않기로 했습니다. 그런데도 그가 미친 사람이 아닙니까? 이 세상은 정신병원입니다. 그들의 윤리서들을 보십시오. 그들의 표준들을 자세히 읽어 보십시오. 그들이 무엇을 믿으며 어떻게 살고 있는지 보십시오. 그들은 마치 하늘나라와 지옥이 없는 것처럼, 구속도 없고 구세주도 없는 것처럼, 오직 이 세상과 이 세상의 사물들만 있는 것처럼 생활합니다. 그들은 미친 사람입니다. 성경에 악인은 미친 듯이 살다가 죽은 자들에게로 돌아간다고 한 것이 그들을 비방하는 말입니까?

다른 세상에 사는 사람들은 이 세상에 사는 사람들을 어떻게 여길까요?

특히 이 세상 중에서도 신적 조명의 빛이 반짝이며 누구나 그것을 볼 수 있는 지방에 살고 있는 사람들을 그들은 어떻게 여겨야 합니까? 하늘나라에 있는 사람들이 이 세상의 타락상을 본다면 얼마나 놀랄까요? 하나님이 영원한 세상의 실재 위에 부어 주시는 눈부시고 분명한 빛, 그리고 그 빛을 잘 보면서도 거의 그것에 관심을 두지 않는 사람들을 볼 때에 그들은 말할 수 없이 놀랄 것입니다.

많은 사람들은 영혼의 구원이 아닌 다른 일들을 확보하기 위해 애를 쓰고 있습니다.

그들은 만일 영혼을 잃는다면 다른 모든 것을 얻어도 유익이 없다는 것을 알고 있습니다. 참으로 어리석은 사람들입니다. 그들의 가공할 만한 죄를 생각해 보십시오. 그리고 그들의 죄와 어리석음으로 인해 치르게 될 값을 생각해 보십시오. 장차 하나님은 우리 모두를 불러 계산하게 하십니다. 재산을 모으기 위해 영혼을 등한히 하여 멸망하게 한 사람, 자기 영혼의 구원보다 교육을 더 중히 여긴 사람 등 모두를 불러 그 값을 계산하라고 하십니다. 젊은이여, 당신은 자기의 영혼보다 교육을 우위에 두고, 자신의 영원한 존재를 등한히 하여 멸망하게 만든 그 교육을 가지고 무엇을 할 작정입니까?

당신은 교육을 받은 젊은이로서 발달되고 성숙한 모든 능력들을 가지고 내세에 들어가 그 고통의 세계에서 상급 학년의 지위를 차지하려 합니까? 이 세상에서 1학년 학생이 다음 학년으로 진급할 준비를 하듯이, 당신은 교육의 덕택으로 지옥에서 보다 진보된 영혼들이 거하는 곳에 들어가 보다 깊은 회한의 물을 마시며 자신의 무서운 죄를 보다 민감하게 느낄 수 있도록 지성을 발전시키려는 것입니까? 왜 당신의 나이에 걸맞지 않게 앞질러서 미리 그 고통으로 몸부림치는 세상에 출발점을 두고 신속한 걸음으로 그 무서운 지식 발달의 행로, 범죄의 행로, 결과적으로는 버림받은 자들의 고통의 행로를 출발하려 합니까?

바이런Byron의 지성을 보십시오. 임종을 맞은 바이런은 한 시간 동안 일반인보다 더 많은 고난을 당했습니다. 임종하는 그의 침상 곁에 앉아 그의 눈을 보십시오. 그 고통의 표정을 보십시오. 그의 도량이 넓은 영혼의 지력과 이해력을 살펴보십시오. 그가 얼마나 날카로운 후회의 감정을 느끼는지 살펴보십시오. 그가 사랑했어야 했던 하나님과의 관계, 그의 재능으로 축복을 해야 했는데도 오히려 타락으로 인해 저주를 한 세상과의 관계를 생각하는 그의 인식의 영역이 얼마나 방대한지 살펴보십시오. 우리는 종종 "만일 나에게 바이런과 같은 재능이 있었으면, 만일 내가 시인으로서의 그의 능력과 재능을 가지고 있다면 얼마나 영광스러울까."라고 말했을 것입니다.

만일 당신이 바이런처럼 위대하게 된다면 얻는 것이 무엇입니까? 만일 당신이 바이런이 지녔던 지적인 능력이나 세상의 명성을 얻고서 영혼을 잃는다면 그것이 당신에게 무슨 유익이 됩니까? 또 당신이 바이런과 같은 시인이 되는 대신 영혼을 잃는다면 유익은 무엇입니까? 당신은 그런 목표에 전념하여 그것을 얻은 후에 지옥으로 가도 좋습니까?

또는 당신이 정치가가 되기를 원한다고 생각해 보십시오. 당신이 직장에서 서서히 승진하여 높은 지위를 차지하게 되고, 당신이 소속된 정당에서 점차 신뢰를 받아 마침내 당신이 품고 있는 야망이 당신 앞에 놓여 있는 높은 정상에 이르게 되었을 때 죽어 지옥에 간다고 가정해 보십시오. 당신이 그처럼 찬란한 정상에 이르고서 자기 영혼을 잃는다면 당신이 얻는 것은 무엇입니까?

이 세상과는 달리, 영원한 세상에서는 입장이 반대가 됩니다.

이 세상에서 높은 지위에 있던 사람은 그곳에서는 비천하게 되며, 이 세상에서 비천한 지위에 있던 사람은 가장 총애를 받거나 가장 적은 저주를 받습니다. 이 세상에서 보좌에 앉아 있던 임금들은 저 세상에서는 가장 큰 대가를 지불해야 하고, 가장 무거운 책임을 져야 하며, 가장 무서운 운명을 받게 됩니다. 이 세상에 있을 때에 그는 장엄하고 높은 지위에 있었고, 백성들은 그의 앞에 꿇어 앉아 탄원해야 했으나 죽음을 기점으로 하여 형세가 역전되는 것입니다.

죄 속에서 죽은 왕은 타락한 보좌로부터 지옥 깊은 곳으로 떨어집니다. 그가 가는 곳은 어디입니까? 버림받은 자들 중에서 그가 차지하는 지위는 어떤 것입니까? 그는 가장 깊은 지옥으로 떨어집니다. 이 세상에서는 그의 말과 시종들이 그의 기품을 더해 주었습니다. 그러나 그가 권위를 남용하여 세상적인 자만심을 충족시키고 가난한 사람들을 짓밟았다면, 그는 세상에서 자기 밑에 있던 사람들보다 훨씬 더 깊은 지옥으로 떨어질 것입니다. 그들은 그가 새벽별같이 떨어지는 것을 볼 것입니다. 아마 그들은 그를 야유하고 저주하며 "영광의 권좌에 앉아 있던 당신이 어떻게 이곳에 떨어졌습니까? 어찌하여 당신이 이처럼 불명예스러운 지옥 깊은 곳에 있습니까? 참으로 불쌍하군요."라고 말할 것입니다. 그들은 그의 재앙을 조롱할 것입니다. 그가 지옥 불 속으로 떨어져 내릴 때에, 그 불길마저도 그를 조롱할 것입니다.

야망과 세상의 권력을 얻기 위해 영혼을 팔아먹은 국가의 지도자들이 얻는 것은 무엇입니까? 직책을 얻습니까? 왕관을 얻습니까? 그러나 그들은 자기의 영혼을 잃게 됩니다. 지금 그들은 어디에 있습니까? 그들은 지옥에서도 가장 악하고 불쌍한 영혼들과 함께 있습니다. 그들이 슬피 울며 지옥으로 내려가면서 무엇이라고 말하는지 들어 보십시오. "이것은 물거품같이 헛된 것을 위해 내 영혼을 팔아먹은 어리석음의 대가이다. 한 순간의 영광을 추구한 대가로 나는 지금부터 영원히 무서운 지옥으로 내려가야 한다. 세상에서의 내 지위와 지옥에서의 내 처지는 너무도 대조적이구나."

그들이 하는 말을 잘 들어 보십시오. 자색 옷과 고운 베옷을 입고 살았던 부자는 지옥에서 고통 중에 눈을 들어 멀리 아브라함과 그의 품에 있는 거지 나사로를 보았습니다. 그는 "아버지 아브라함이여 나를 긍휼히 여기사 나사로를 보내어 그 손가락 끝에 물을 찍어 내 혀를 서늘하게 하소서 내가 이 불꽃 가운데서 괴로워하나이다" 눅 16:24라고 말했습니다.

아브라함은 부자에게 무엇이라고 대답했습니까?

"얘 너는 살았을 때에 좋은 것을 받았고 나사로는 고난을 받았으니 이것을 기억하라 이제 그는 여기서 위로를 받고 너는 괴로움을 받느니라." 눅 16:25

이 비유는 영혼의 현세에서의 상태와 영원한 세상에서의 상태가 대조적이라는 것을 잘 나타내 줍니다. 참으로 기이한 역전입니다. 이 세상에서 비천한 자는 저 세상에서 높아지고, 이 세상에서 높은 자는 그곳에서는 낮아집니다.

사람들은 실제로 세상과 구원, 두 가지를 모두 확보하려 합니다.

그들은 자기 영혼을 잃는 것이 지혜롭다고는 결코 생각하지 않습니다. 또한 영혼을 잃을 모험을 하면서까지 무엇을 얻으려는 생각은 하지 않습니다. 그들은 커다란 모험을 하려 하지는 않습니다. 손쉽게 할 수 있는 작은 모험을 하여 크게 세상의 행복을 얻으려 합니다. 그러나 세상을 얻으려 함으로써 그들은 자기 영혼을 잃게 됩니다. 하나님은 그들이 하나님을 믿으려는 마음은 있으나 실제로 믿지는 않는다고 말씀하셨습니다. 그들은 자신이 하나님보다 더 지혜롭다고 가정하고 무서운 모험을 감행하여 먼저 세상을 얻은 후에 하늘나라를 얻겠다고 생각합니다. 그리하여 성령을 시험하며 하나님이 노를 발하여 그들을 버리시게 만듭니다. 그들은 자기 구원의 날을 잃고 온 세상도 잃습니다. 그들이 받는 보상은 공정하고 의로운 것입니다. 사람들은 그리스도로 말미암아 구원을 받으면 무한히 부유해지고 버림을 받으면 무한히 가난해진다는 것을 알고 있으면서도 치명적인 모험을 감행하여 영원한 지옥으로 떨어지고 맙니다.

인생에서 가장 소중한 일은 영혼을 구원하는 일이 아닙니까?

판사나 상원의원이 되는 것이 소중한 일이라고 생각하는 사람이 있을지도 모르겠습니다. 그 대가로 영혼을 잃는다 해도 과연 가치 있는 일입니까? 각 사람의 소원이 모두 이루어지려면 얼마나 많은 대통령이 죽어야 합니까? 만일 당신이 야망을 이루기 위해 살아간다면, 당신 영혼의 구원을 이룰 기회는 어떻게 됩니까? 이 세상은 혼란하며, 어느 직책에나 유혹이 따르게 마련이고, 세상의 영광이란 것도 또한 그런 것인데 당신이 자기의 영혼을 구원할 가능성은 과연 얼마나 됩니까? 모든 것을 운명에 맡기고 행하는 것이 과연 지혜로운 일일까요? 당신은 자기 영혼의 구원을 위해 살지 않고 무엇을 위해 살려 합니까? 대통령이 되기보다는 영혼을 구해야 하지 않을까요? "많은 사람을 옳은 데로 돌아오게 한 자는 별과 같이 영원토록 빛나리라"단 12:3. 죄 가운데서 죽은 경건치 못한 대통령들에게 이 말씀이 적용됩니까?

젊은이들이여, 학문으로 무엇을 하려 합니까? 영혼의 구원보다 더 높고 고귀한 삶의 목적을 가지고 있습니까? 교육에 의해 얻은 능력들과 개화된 정신을 사용하기 위한 가치 있는 목적을 가지고 있습니까? 하늘나라의 보화, 주님이신 예수의 영광을 위해 사는 목적 이외의 다른 삶의 목적이 있습니까? 실제로 자기 자신이나 이웃의 영혼을 구원하지 않으며, 그 일에 우선적인 관심을 두지 않는 사람은 합리적인 인간이라고 부를 수 없습니다. 그들은 온전한 사람이 못됩니다. 그들이 알고 있는 지식과 그들의 실제 생활을 비교해 보십시오. 그들은 온전한 사람입니까, 미친 사람입니까? 지금은 온 교회가 이 문제에 온 마음과 정성을 기울여야 할 때입니다.

교회는 귀중한 진리들을 명심해야 할 때입니다.

교회의 영혼은 세상적인 정신으로 크게 마비되어 있습니다. 이 생명력 있고 활력을 주는 영원한 진리에 마음과 정신을 기울여 접촉하지 않는다면, 교회는 다시 신령한 생활을 회복할 수 없습니다. 우리 시대의 교회는 사도 시대의 정신을 필요로 하고 있습니다. 교회는 성령의 불로 세례를 받아야 합니다. 그래야 세상에 나아가 영혼의 구원을 갈망하는 열정으로 온 세상을 불붙일 수 있을 것입니다. 그런 때가 오지 않는다면, 인류는 지옥으로 향하는 넓은 길로 떼 지어 가야 할 것입니다. 왜냐하면 아무도 그들의 영혼을 돌보아 주지 않기 때문입니다.

9
하나님의 진노

"하나님은 의로우신 재판장이심이여 매일
분노하시는 하나님이시로다."
-시 7:11-

성경에서 말하는 악인이란 어떤 사람인가?

　그리스도를 믿는 참신앙을 가지고 있으며 자기 영혼을 하나님에게 헌신하며 성령으로 말미암아 거듭난 사람은 의인입니다. 그들은 본래 지니고 있었던 이기심을 눌러 죽이고, 예수 그리스도의 영속적인 은혜로 말미암아 새로운 생활을 합니다.
　의인들과 정반대의 특성을 지닌 사람들이 악인입니다. 그들은 마음으로 거듭나지 않았으며, 이기적인 생활을 하며, 욕망의 지배 아래 있습니다. 그들이 살아가는 궁극적이고 유일한 목적은 오직 자아입니다. 이런 사람들은 성경적인 의미에서 악인입니다.

하나님은 악인에게 분노하신다.

본문 말씀이 이것을 분명하게 확인해 줍니다. 그밖에도 성경 여러 곳에서 동일한 진리를 증명해 줍니다. 죄인들은 이것을 하나님이 친히 주신 증거로 기억해야 합니다. 죄인들을 향한 하나님의 감정을 하나님보다 더 잘 아는 사람은 없을 것입니다. 이 점에 대해 하나님이 분명히 말씀하신 것을 누가 부정할 수 있습니까?

이것은 우리의 이성으로 생각해 보아도 알 수 있는 진리입니다. 누구나 이성을 발휘해 보면 이것이 진리라는 것을 알 수 있습니다. 만일 하나님이 악인들을 대적하지 않으신다면, 하나님이 악한 분입니다. 범법자를 미워하고 대적하지 않는 판사가 있을 수 있습니까? 범죄자의 반대편에 서지 않는 사람을 정직한 사람이라고 생각할 수 있습니까? 이것이 이성과 상식의 명령이라는 것을 누구나 알고 있습니다. 죄인들도 이것을 알고 있으며, 실제로 판단을 내릴 때에는 언제나 그것을 전제로 생각합니다. 그들은 비록 깨닫지는 못하고 있지만 하나님이 그들에게 분노하시며, 마땅히 분노하셔야 한다는 것을 압니다. 죄인들은 많은 사실들을 알고 있으면서도 그것을 인식하지 못합니다. 죄 가운데 있는 죄인들은 자신이 반드시 죽는다는 것을 압니다. 그는 자신이 반드시 죽는다는 것을 확신하는 것보다 더 분명하게 하나님이 그에게 분노하신다는 것을 확신할 수 있는 이성을 가지고 있습니다. 왜냐하면 그가 죽을 것이라는 사실보다는 하나님이 그의 죄로 인해 그에게 분노하신다는 것이 더 확실하기 때문입니다. 하나님은 죽음을 거치지 않고서도 우리를 이 세상에서 다른 세상으로 옮겨가실 수 있습니다. 이미 몇몇 성도들을 그런 방법으로 하늘나라로 데려가셨습니다. 그러나 모든 악인들을 향한 하나님의 분노라는 보편적인 원칙에는 예외가 없습니다. 그러므로 우리는 이것을 확실하게 알고 있습니다. 이것은 모든 합리적인 의심의 가능성을 배제합니다.

이미 말한 바와 같이 죄인들은 이 사실을 알고 있으며, 실제로 판단을 내릴 때에 이 사실을 전제로 합니다. 그렇지 않다면 왜 그들은 죽는 것을 두려워합니까? 왜 응보의 세상에서 하나님과 대면하기를 두려워합니까? 하나님이 죄로 인해 그들에게 분노하신다는 것을 알지 못해도 그들이 이러한 두려움을 느낄까요? 그러므로 죄인들에게 이 진리를 증명해 주는 것은 필요 없는 일입니다. 그는 이미 이 진리를 알고 있습니다. 그는 이것을 하나의 엄연한 사실로서 알고 있을 뿐만 아니라 존재해야 한다는 사실도 알고 있습니다.

하나님의 분노는 어떤 특성을 지니고 있는가?

하나님의 분노는 악의에서 비롯된 것이 아닙니다.

하나님은 결코 악의가 있는 분이 아닙니다. 하나님은 결코 인간에게 부당한 일을 하는 성품을 가지신 분이 아닙니다. 하나님은 그런 감정과는 거리가 먼 분이며, 그러한 분노를 발하시지 않습니다.

하나님의 분노는 인간이 화를 낼 때 나타나는 격분과는 거리가 멉니다. 우리는 종종 사람들이 분노의 자극을 받으면 횡포해지는 것을 봅니다. 그들은 흥분하여 마치 그들의 영혼이 끓어오르는 것처럼 보입니다. 이렇게 화를 낼 때에 이성은 사라지고 격정이 그를 지배합니다. 그러나 하나님은 그런 식으로 분노하시지 않습니다. 악인에 대한 하나님의 분노에는 그러한 격렬한 감정적 흥분이 포함되지 않습니다.

하나님의 분노는 이기적이지 않습니다.

왜냐하면 하나님은 전혀 이기적인 분이 아니시며, 오히려 그와 무한히 반대되는 성품을 지니고 계시기 때문입니다. 물론 악인들을 향한 하나님의 분노에는 이기심이 전혀 없습니다. 그러나 악인을 향한 하나님의 분노는 다음의 다섯 가지를 포함하고 있습니다.

(1) 악인들의 행동과 성품에 완전한 비난이 포함됩니다. 하나님은 그들의 마음이나 생활 속에 있는 모든 것을 마땅치 않게 여기십니다. 하나님은 무한한 혐오심을 가지고서 악인들을 미워하십니다.

(2) 하나님은 악인들의 특성에 강력한 반감을 느끼십니다. 악인들의 성품은 하나님의 성품과 견해에 반대가 되기 때문에 그것에 대한 강력한 반감을 나타내십니다.

(3) 하나님의 분노에는 죄인들에 대한 강력한 반감도 포함되어

있습니다. 물론 하나님은 악인들에 대해서 분노의 감정을 느끼셔야 합니다. 하나님이 아무런 분노도 느끼지 않고 죄를 바라보신다고는 생각할 수 없습니다. 우리는 하나님의 정신적 기능을 인간의 정신에 비추어 그와 유사하게 추론해야 합니다. 성경에는 우리가 "하나님의 형상을 따라" 지음을 받았다고 기록되어 있습니다. 우리의 정신은 하나님의 정신을 원형으로 하여 만들어진 것입니다. 따라서 무한하신 하나님의 정신의 구성요소와 유한한 인간의 정신적 요소는 동일하다고 생각할 수 있습니다. 우리가 지성과 감정과 의지를 소유하고 있듯이, 하나님도 동일한 것들을 소유하고 계십니다.

또 우리는 인간의 정신을 바탕으로 하여 하나님의 정신적 기능들은 물론 그 기능들을 지배하는 법칙들까지도 추론할 수 있습니다. 우리는 때로 어떤 대상에 대해서 본성적으로 강력한 반감을 느낍니다. 그러한 대상물들은 우리의 감성과 밀접하게 연결되어 자연적으로 분노와 화를 유발합니다. 만일 우리가 범죄 행위에 대해 완전한 반감을 느끼지 않으며, 그러한 그릇된 행위에 대한 우리의 반감이 범죄자에 대한 불쾌감이나 분노의 형태로 나타나지 않는다면 우리는 정신의 확고한 법칙에 따라 행동할 수 없을 것입니다. 어떤 사람들은 만일 우리의 심령이 올바르다면 옳지 않은 일에 대한 흥분된 감정의 결과들은 드러나지 않는다고 생각합니다.

이것은 잘못된 생각입니다. 우리의 심령이 옳은 것에 가까이 갈수록 우리는 그만큼 더 그른 것을 혐오하며 더욱 큰 반감을 느낍니다. 따라서 범죄자에 대한 불쾌감도 그만큼 더 커집니다. 그러므로 우리는 하나님의 의지가 죄를 반대한다는 의미에서만 아니라 그것을 대적하는 감정이 일어난다는 의미에서 하나님이 분노하시는 것이라고 생각해야 합니다. 만일 하나님이 도덕적인 행동을 하시는 분이라면 마땅히 그렇게 하셔야 합니다.

(4) 하나님은 죄에 대해서만 분노하시는 것이 아니라 죄인 자체에 대해서도 분노하십니다. 사람들 중에는 우스꽝스럽고 어리석은 개념을 설정하여 하나님은 죄에 대해 분노하시는 것이지 죄인에게 분노하시는 것이 아니라고 주장합니다. 즉 하나님은 도둑질은 미워하시지만 도둑은 사랑하신다는 것입니다. 간음은 혐오하시지만 간음자는 흡족해 하신다는 것입니다. 이것이야말로 상식 밖의 주장입니다. 죄인이 없다면 죄는 도덕적 특성을 지니지 못합니다. 행위자가 없는 행위는 있을 수 없습니다. 하나님이 미워하시고 불쾌해 하시는 것은 행위자와는 상관이 없는 행위나 사건 자체가 아니라 행위자 자신입니다.

하나님의 통치 하에 있는 합리적이고 도덕적인 행위자가 자신의 하나님이시며 아버지가 되시는 분에게 대항하고, 이 우주에 있는 모든 의롭고 공정한 것들을 대항하는 것은 하나님을 불쾌하게 만들고 슬프게 합니다. 이것이 하나님으로 하여금 노를 발하시게 합니다. 죄인이야말로 하나님의 분노의 직접적이고 유일한 대상입니다.

성경에서도 그렇게 가르치고 있습니다. 하나님은 추상적인 죄로 인해 분노하시는 것이 아니라 악인들로 인해 분노하십니다. 만일 악인들이 죄로부터 돌아서지 않는다면 하나님은 하나님의 칼을 가지시고 활시위를 당기실 것입니다. 하나님이 겨냥하시는 대상은 죄가 아니라 그 가증스러운 짓을 저지른 악인, 죄인입니다. 이것이 성경이나 또는 이 주제에 관한 상식에 따른 유일한 교리입니다.

(5) 타당한 이유로 발하시는 악인에 대한 하나님의 분노는 분노에 속한 모든 것들을 포함합니다. 경험에 비추어 볼 때 화를 낼 타당한 이유가 있을 때에 우리는 범죄자들에 대해 강한 불쾌감을 느끼며, 그들을 반대하는 강한 의지를 느낍니다. 그러므로 하나님도 동일한 조건 아래서 동일하게 느끼실 것이라 추론할 수 있습니다.

하나님이 악인들에게 분노하시는 이유는 무엇인가?

하나님은 이유 없이 분노하시지 않습니다. 원인도 없이 분노하는 것은 죄입니다. 하나님이 무한히 의롭고 공의롭게 세우신 율법을 결코 범하실 리 없습니다. 그러므로 하나님이 분노하시는 데에는 언제나 타당한 이유가 있습니다.

하나님의 분노에는 타당한 이유가 있으며, 그 이유들 때문에 하나님은 분노하십니다. 사람들의 경우에도 마찬가지입니다. 사람들은 타당한 이유가 있을 때에 화를 내며, 타당한 이유 없이는 화내지 않습니다. 예를 들어 보겠습니다. 죄인은 다른 죄인이 하나님을 대적하는 사악함에 대해 화를 낼 충분한 이유를 갖고 있습니다. 그러나 죄인들은 그런 이유로 인해 다른 죄인들에게 분노하지 않습니다. 이런 이유들이 실제로 존재하기는 하지만 죄인들이 다른 죄인들에게 분노하는 것은 이러한 타당한 이유들 때문이 아니라 이기적인 이유 때문입니다. 그것들은 결코 선한 이유가 아닙니다. 이것이 일반적인 현상입니다. 어떤 사람들이 화를 낼 때 우리가 그들의 분노를 악한 것이라고 책망하면, 그들은 자기가 상대방의 죄로 인해, 즉 하나님을 대적하는 악행 때문에 분노하고 있다고 증명함으로써 스스로를 정당화하려 합니다. 만일 그 분노가 이런 이유에서 비롯된 것이라면 그들의 분노는 타당한 것이며, 그들의 변명 또한 타당한 것입니다. 그러나 때로 사람들이 이러한 핑계를 대지만 실제로는 이런 이유 때문에 화를 낸 것이 아니라 이기적인 이유로 화를 내는 경우가 있습니다. 그러나 하나님은 그렇지 않습니다. 하나님은 죄 때문에 악인들에게 분노하십니다.

악인들은 비이성적인 사람들입니다.

그들의 행동은 항상 이성과 정의와 맞서 싸웁니다. 하나님은 그들에게 지성과 양심을 주셨지만 그들은 이 두 가지를 거슬러 행동합니다. 하나님은 그들에게 순전한 율법을 주셨지만, 그들은 무모하게 그것을 범합니다. 그러므로 그들의 행동은 모든 면에서 비이성적입니다. 우리는 비이성적인 행동을 하는 사람들을 볼 때 크게 분노하고픈 유혹을 받습니다. 이것은 우리에게 발생하는 가장 큰 시련 중의 하나이며, 또 우리로 하여금 분노하게 하는 가장 강력한 자극 중의 하나입니다. 마찬가지로 하나님도 죄인들의 비이성적인 행동을 보실 때에 큰 분노와 불쾌감을 느끼십니다. 만일 그들이 비이성적 존재라면 그들에게 분노를 발할 까닭이 없을 것입니다. 그러나 하나님은 그들에게 이성을 주셨으며, 따라서 진실되고 고귀한 마음으로 순종할 능력이 있다는 것을 알고 계시기 때문에 그들의 범죄에 대해 반드시 화를 내셔야 합니다.

악인의 길은 멸망에 이릅니다. 죄인의 영향 때문에 온 세상이 멸망하지는 않는다고 해서 죄인들에게 감사할 것은 없습니다. 한 사람의 죄는 다른 사람들에게 영향을 끼쳐 범죄하게 만들며, 또 그들은 그의 본을 널리 전염시킵니다. 죄인은 이 세상을 멸망시키기 위해 능력이 닿는 한 가장 악한 일을 행한다고 말할 수 있습니다. 그는 온 세상을 통치하시는 지고한 분에 대한 반역의 본보기를 보여줍니다. 무엇이 그 본보기보다 더 강력한 영향력을 줄 수 있겠습니까? 죄인이 모든 선을 멸망시키는 가장 좋은 방법은 자기의 죄를 사용하는 것입니다. 모든 사람이 그의 죄를 보고 모방하여 멸망하지는 않으며, 자신이 친히 그 본을 모든 동료들에게 퍼뜨리지 않는다고 해서 그에게 감사할 일은 아닙니다. 멸망을 초래하는 그의 영향력이 넓은 평원으로 퍼져가는 불길처럼 온 세상과 하나님의 우주 안에 도덕적 존재들이 거하는 모든 다른 세상에까지 퍼져 나가지 않는다고 해서 그에게 감사할 필요는 없습니다.

한 가정의 가장이 죄 속에서 생활하며 모든 가족들에게 그 영향력을 미쳐 그들 모두를 자기 자신처럼 악하게 만든다고 생각해 보십시오. 그의 아내와 자녀들에게 미친 그의 영향력을 누가 측량할 수 있습니까? 그는 가족들과 함께 기도하며 그들을 하나님에게 인도하려 합니까? 아닙니다. 그는 기도하지 않는 사람의 표본입니다. 그는 매일같이 자신의 행동으로 가족들에게 다음과 같은 본을 보여 줍니다. "너희들은 기도할 필요가 없다. 너희가 보는 바와 같이 나는 기도하지 않고서도 잘 살고 있단다." 그가 가족들에게 성경을 읽어 주거나 가족들과 함께 성경을 읽습니까? 그렇지 않습니다. 그가 항상 보여 주는 본보기는 성경이 전혀 무가치한 것이며 성경을 읽지 않아도 잘살 수 있다는 것을 나타냅니다. 그러므로 그는 가족들의 영혼을 멸망시키는 영향력을 발휘합니다. 가족들 모두가 그와 함께 지옥에 가지는 않는다고 해도 그에게 감사할 일은 아닙니다. 만일 가족들이 자기를 멸망하게 한 악한 장본인으로서 그를 저주하며 절망과 저주의 함성을 지른다면, 그는 자기 가족이 아닌 다른 사람들을 택해 자기에게 감사하게 하려 할 것입니다. 그는 이처럼 끔찍한 결과를 보장하기 위해 온갖 일을 다 합니다. 그런데도 하나님이 그에게 분노하실 이유가 없다고 생각합니까? 하나님은 당연히 분노하셔야 합니다.

만일 어떤 사람이 당신 가정의 평화를 파괴하기 위해-당신의 아내와 딸들을 유혹하며 아들들로 하여금 범죄의 길에 들어서서 멸망하게 하기 위해-당신의 가정에 들어간다면, 당신은 그에게 분노해야 할 이유가 있다고 느낄 것입니다. 보다 고귀한 의미에서 볼 때, 한 사람의 가장에게 가족들이 속해 있듯이 모든 가정들은 하나님에게 속해 있습니다. 그러므로 당신의 가정을 해치고 멸망시키려는 음모를 꾸미는 사람에게 당신이 분노를 발하듯이, 하나님도 사악한 가장에게 분노를 발하셔야 합니다. 하나님이 모든 사악한 가장들에게 분노하시는 것은 놀라운 일이 아닙니다. 그 가장의 말이 잘 지켜지며 특별한 반대를 받지 않는다고 가정해 보십시오. 그가 자신의 적나라한 본보기로 무엇을 하고 있는지 생각해 보십시오. 그의 본보기야말로 가장 크고 강력한 도덕적 능력을 지닌다는 것은 누구나 알 수 있습니다. 그것이 끼치는 무서운 해악을 느끼게 하기 위해서 그것을 가르칠 필요는 없습니다. 마귀라도 기도하지 않는 아버지와 남편보다 더 악하게 행할 수는 없을 것입니다. 왜냐하면 마귀는 한 번도 긍휼을 받아본 적이 없으며, 이 악한 가장처럼 용서와 영광된 복음과 관계를 맺은 적이 없기 때문입니다. 그러므로 하나님이 마귀에게 분노하실 이유가 충분하다면, 이 악한 가장에 대해 분노하실 이유는 더욱 큽니다.

다른 부류의 죄인들의 경우에도 마찬가지입니다. 죄인들은 하나님을 반역하며, 다른 도덕적 존재들을 범죄하게 함으로 이 우주에서 가장 악한 일을 합니다.

하나님은 선하시며 악인은 악하기 때문에 하나님은 그들에게 분노하셔야 합니다.

만일 하나님이 악인에게 분노하시지 않는다면, 하나님은 그들보다 지혜로운 만큼 그들보다 악한 분입니다. 왜냐하면 하나님은 지혜와 지식이 있어 악인들보다 더 죄의 해악을 잘 알고 계시므로 그만큼 죄인들에게 분노하고 죄를 불쾌하게 여기셔야 할 의무가 있기 때문입니다. 때때로 사람들은 "하나님은 선하신 분이므로 죄인들에게 분노하시지 않는다"라고 말합니다. 이렇게 말하는 사람들의 의도는 무엇입니까? 하나님이 선하시기 때문에 모든 악을 반대하지 않는다는 의미입니까? 너무나 선하시므로 모든 죄인들을 불쾌하게 여기시지 못한다는 의미입니까? 그렇다면, 그것은 이상한 선하심입니다. 하나님이 너무나 선하셔서 죄를 미워하지 못하며 죄인들을 대적하지 못한다니요. 그렇다면 그것은 도대체 어떤 종류의 선입니까?

나는 때로 사람들이 만일 하나님이 죄인들에게 분노하신다면 마귀만큼이나 나쁜 분이라고 말하는 것을 봅니다. 이 말은 하나님을 모독하는 무서운 말이며, 논리적으로도 당치 않은 말입니다. 그것은 하나님이 악을 기뻐하시지 않으므로 악한 분이라고 말하는 논리가 됩니다. 즉 악인을 미워하는 것이 그릇된 일이라는 주장입니다. 부디 이런 주장을 하는 사람이 없기를 바랍니다. 하나님을 대적하고 악인들을 지지하는 데에 흥미를 느끼는 것이 가능합니까?

하나님이 죄인에게 분노하시는 것이 잘못된 것이라는 주장은 이런 경우에 나타나는 하나님의 분노의 참개념을 오해한 데서 비롯된 것으로서 전혀 설득력이 없는 주장입니다. 간혹 사람들의 분노 중에 죄악된 분노가 있듯이, 하나님의 분노가 본질상 죄악된 것이라면 무슨 말로도 그것을 변호할 수 없습니다. 그러나 하나님의 분노는 악한 것이 아니며 이기적인 것도, 악의가 있는 것도, 부정하거나 그릇된 것도 아닙니다. 그러므로 하나님의 분노를 악한 것이라고 말하는 것은 가장 거짓되고 궤변적이며 비열하고 악한 주장입니다. 하나님이 죄인들에게 분노하시는 것은 하나님 자신이 악하기 때문이라고 말하는 것이야말로 궤변입니다.

이에 관한 진실된 견해는 결코 이해하기 어렵거나 난해하지 않습니다. 선한 사람들이 자신의 선함 때문에 악인을 대적한다는 것을 모르는 사람은 없습니다. 물론 악인들도 잘 알고 있습니다. 그렇지 않다면 왜 그들은 선한 사람들을 두려워합니까? 왜 도둑들과 사기꾼들은 선한 사람들이 보이지 않는 곳에 숨으며, 선한 사람들을 무서워하고 미워하며, 그들이 자신의 악한 계획에 적대적인 영향을 끼칠 것으로 느껴 두려워합니까?

악인들은 하나님에 대해서도 동일하게 느낍니다. 그들은 하나님은 선하시므로 그들과 적대적인 관계에 놓인다는 것을 압니다. 이러한 사실을 시편 기자는 "포악한 자여 네가 어찌하여 악한 계획을 스스로 자랑하는가 하나님의 인자하심은 항상 있도다"시 52:1라는 훈계 속에서 나타냈습니다.

하나님은 항상 선하십니다. 하나님은 선하시며 언제나 선하시므로 악인에게 악한 의도를 제공하시거나, 불의한 생활을 하면서도 하나님과 화평을 누리려는 소망을 갖도록 허락하시지 않습니다.

죄에 대한 하나님의 분노는 얼마나 큰가?

악인에 대한 하나님의 분노의 분량은 그들의 악한 분량에 비례합니다. 그러나 알지 못하던 이방인의 시대에는 "하나님이 허물치 아니하셨습니다." 그들에게 주어진 빛이 적었으므로 그들의 죄의 분량은 고라신과 벳새다보다 적었습니다. 하나님은 그들이 완전히 무죄하다고 하시지는 않습니다. 그러나 복음의 국가에 살고 있는 죄인들의 큰 죄에 비교해 볼 때에 그들은 상대적으로 무죄하다고 할 수 있을 것입니다. 밝은 빛 속에 살면서도 범죄하는 죄인들에 대한 하나님의 분노는 강렬하게 타올라야 합니다. 예를 들면 이곳에 모인 교인들이 범죄한다면 그에 대한 하나님의 분노는 강력할 것입니다. 만일 당신이 표면적으로는 점잖고 도덕적이며 친구들의 존경과 사랑을 받고 있지만 이기적이며 회개치 않는 죄인이라면, 순결하고 거룩하신 하나님은 당신을 미워하고 혐오하십니다. 하나님은 우상에게 절을 하며 혐오스럽고 가증한 죄를 범하는 무지한 이교도들에게서보다 당신에게서 수만 배나 더 큰 죄를 발견하십니다. 하나님이 영원하신 공의의 저울에 당신이 받은 빛과 당신의 죄를 달아 보신다면, 무지하여 허물치 아니하시는 우상숭배자의 나라를 향해 분노하시는 것보다 훨씬 큰 분노를 당신의 큰 악을 향해 발하실 것입니다.

당신은 진리의 빛 속에서 살고 있습니다. 그러나 당신은 자기의 의무를 알고 있으면서도 행하기를 거부하고 있습니다. 하나님이 보시기에 당신은 지옥의 안팎에 있는 가장 악한 존재들 중 하나이며, 또 당신의 죄에 대한 하나님의 증오는 당신의 큰 죄와 같은 분량이 되리라는 것을 알지 못합니까? 그러나 당신은 "나는 도덕적이며 정직하다"고 말할지도 모르겠습니다. 당신이 도덕적이라고 가정해 봅시다. 당신은 누구를 위해서, 그리고 무슨 이유로 도덕적인 생활을 합니까? 그것은 당신 자신의 명예를 위한 것이 아닙니까? 당신과 같은 목적을 위해서라면 마귀도 도덕적인 생활을 할 수 있을 것입니다. 당신이 도덕적인 생활을 하는 까닭은 하나님을 위해서가 아니요, 그리스도를 위해서도 아니며, 오직 당신 자신을 사랑하기 때문입니다. 무신론자라도 그만큼 도덕적일 수 있습니다. 그렇다면 당신은 마음속으로 "내 눈으로 하나님을 두려워하지 말고, 내 마음으로 하나님을 사랑하지 말자. 하나님이 없는 것처럼 내 멋대로 살아가자"고 하는 것입니다.

무지한 이교에 속해 있지 않고, 밝은 천국의 진리가 주위를 환히

비춰 주고 있는데도 당신은 이러한 행동을 하고 있습니다. 지금도 "내가 잘못한 것이 도대체 무엇이냐?"라고 말하렵니까? 당신은 하나님을 대적하고 그분의 독생자를 배척했으며 하나님의 은혜의 성령을 거슬러 행동했습니다. 이교도들은 결코 이런 죄나 이것과 비교할 만한 죄를 범하지 않았습니다. 더러운 죄 가운데 있는 이교도라도 당신의 죄와 비교할 때는 순결하다고 할 수 있습니다. 당신은 자신에 대한 이러한 견해를 대적하며 뒷걸음치려 합니까? 다시 한 번 묻겠습니다. "우리는 어떤 척도에 의해 죄의 분량을 측정해야 합니까?"

길을 가다가 인간의 입장에서 보면 무시무시한 짓을 저지르고 있는 하등동물을 보고 그 동물에게 죄가 있다고 생각하지는 않습니다. 만일 개들이 서로 물고 싸우는 광경을 본다고 해도 그 개들에게 도덕적인 분노나 불쾌감을 느끼지는 않을 것입니다. 그 이유는 무엇입니까? 당신은 본능적으로 그 개들이 누리고 있는 빛, 그리고 빛과 이성에 따라 스스로를 지배할 수 있는 능력을 기준으로 하여 죄의 분량을 판단하기 때문입니다. 가증스러운 짓을 행하며 논쟁을 벌이고 가장 혐오스러운 악과 이기심을 실천하고 있는 이교도들에게도 거의 동일한 원리가 적용됩니다. 당신의 죄와 비교할 때에 그들의 죄는 스러져 가는 촛불에 불과합니다. 그들은 당신보다 많은 빛을 받지 못했으므로 죄의 분량도 적게 측정될 수밖에 없습니다.

당신의 이성은 이러한 원리에 입각하여 죄의 분량을 측정해야 한다고 명령하고 있으며, 또 이것이 아닌 다른 원리에 의해서는 죄의 분량을 올바르게 측정할 수 없다는 것을 알고 있습니다. 따라서 당신은 하나님이 동일한 원리에 따라 죄의 분량을 측정하시며, 죄에 대한 하나님의 분노는 그 죄인이 빛을 누리면서도 그것을 거슬러 범죄한 분량에 비례한다고 결론을 지어야 합니다. 악인에 대한 하나님의 분노는 그들의 표면적 행위에 의해 측정되는 것이 아니라 마음속을 감찰하시는 하나님이 보신 죄의 분량에 따라 결정됩니다.

악인에 대한 하나님의 분노는 얼마나 오랫동안 지속되는가?

하나님의 분노는 죄인의 악이 계속되는 한 지속됩니다. 악인들이 계속 악한 생활을 하는 한, 하나님도 계속 그들에게 분노하셔야 합니다. 그들이 돌이켜 회개하지 않는 한, 하나님의 분노는 감소되거나 중지될 수 없습니다. 이것은 명백한 사실이며 누구나 알아야 합니다.

하나님의 분노의 대상이 되는 죄인이 처한 상태는 얼마나 무서운 것일까?

죄인들은 하나님이 악인들에게 매일 분노하신다는 무서운 진리를 알고는 있으나 실감하지는 못합니다. 그러나 죄인들이 하나님의 분노를 공정하게 평가하고 이해할 수는 있을 것입니다.

이제 하나님의 속성을 살펴봅시다. 하나님은 누구이며 어떤 분입니까? 그분이 당신에게 진노하셔도 두려워할 필요가 없습니까? 우리는 다른 사람들을 불쾌하게 하는 것을 무서운 일로 여깁니다. 어린이들은 부모님이 화내는 것을 두려워합니다. 어린아이들이 자기의 잘못을 부모님이 알게 되어 화를 내게 될까 봐 두려워하는 것은 당연한 일입니다. 범죄함으로써 전능하신 하나님을 적으로 만든 죄인은 어린아이보다 더 두려워하고 떨어야 할 이유를 갖습니다. 그의 처지를 생각해 보십시오. 그 죄인이 위대하시고 무서우신 하나님의 분노를 받게 된다고 생각해 보십시오. 하나님의 본질적인 속성을 살펴보십시오. 누가 하나님의 권능을 측량할 수 있습니까? 누가, 무엇이 하나님의 뜻을 거역할 수 있습니까? 하나님은 섬을 마치 작은 물건을 들 듯이 드실 수 있으며, 하나님 앞에서는 국가들도 한갓 먼지에 불과합니다. 그분이 분노의 불을 켜실 때에 누가 그 무서운 불길을 견딜 수 있겠습니까?

하나님의 전지하심을 생각해 보십시오. 하나님은 우리의 모든 행동을 알고 계시며, 보고 계십니다. 하나님이 우리의 표면적인 행동만이 아니라 배후에 있는 동기까지도 보고 계신다는 사실은 더욱 우리를 두렵게 만듭니다. 만일 당신이 속일 수 있는 사람을 상대하고 있다면, 속임수를 피할 수도 있을 것입니다. 그러나 하나님과의 관계에서는 모든 것이 수포로 돌아갑니다. 왜냐하면 하나님은 모든 것을 알고 계시기 때문입니다. 만일 이것이 당신과 판사 사이의 소송 문제라면, 당신은 많은 사실들을 감출 수 있을 것입니다. 위증을 하거나 당신에게 불리한 증인들을 제외시킬 수도 있을 것입니다. 그러나 하나님 앞에서는 그러한 조처들이 유익을 주지 못합니다. 진실이 드러날 것이며, 당신은 그것이 드러나는 것을 두려워할 것입니다. 하나님 앞에서는 빛과 어둠이 마찬가지이므로, 아무것도 그분의 눈 앞에서 숨길 수 없습니다.

하나님은 우리가 행한 모든 일을 알고 계시며 우리를 처벌할 충분한 능력을 가지고 계실 뿐만 아니라, 가능하다면 처벌하시려 합니다. 하나님이 당신의 죄를 간과하지 않으려 하신다는 것을 당신은 발견하게 될 것입니다. 하나님은 선하시기 때문에 과거의 죄를 눈치 채지 못하고 처벌받지 않은 채 회개하지 않고 넘어 가게 하실 수 없습니다. 하나님이 죄를 묵인하신다면, 그것은 이 우주에 대한 무한히 그릇된 행위가 될 것입니다. 만일 그러한 일을 행하신다면, 하나님은 더 이상 선하시고 거룩하신 하나님으로 존재하실 수 없습니다.

죄인이여, 하나님의 완전한 거룩, 무한히 순결한 마음을 생각해 보았습니까? 죄에 대한 하나님의 적대감이 얼마나 강력할지 생각해 보았습니까? 당신이 보기에도 악하기 때문에 동료들에게 들키지 않게 하려는 죄에 대한 하나님의 분노를 생각해 보았습니까? 하나님의 순결하고 거룩하신 눈으로 볼 때에 당신의 범죄한 영혼이 어떻게 보일 것이라고 생각합니까?

당신은 하나님이 자비하시다는 말을 듣습니다. 아마 당신은 이 같은 하나님의 속성으로부터 유익 얻기를 기대할지도 모르겠습니다. 만일 당신이 하나님의 자비를 발로 짓밟고 걷어차지 않았다면, 만일 그 속성이 당신에게 나타났을 때 경솔히 여기고 무시하지 않았다면 당신이 곤경에 처했을 때에 그 자비하심이 당신을 돌보아줄 것입니다. 그러나 어찌 당신이 모욕했던 그 자비를 만날 수 있겠습니까? 이제까지 세상에서 가장 풍성한 자비를 대적하여 범죄한 것에 대해 무엇이라고 변명할 수 있겠습니까? 상처 입은 하나님의 자비하심이 당신의 편을 들 것이라고 바랄 수 있습니까? 그렇지 않습니다. 하나님은 당신을 대적해서 무장하지 않은 속성은 전혀 가지고 계시지 않습니다. 하나님의 본성과 성품이 모두 그러하므로 당신에게 바랄 것이라고는 전혀 없으며, 모든 것이 두려울 뿐입니다. 당신을 향한 하나님의 무서운 분노가 반드시 나타날 것입니다. 하나님은 당신을 개심시켜 구원을 위해 노력하도록 하기 위해 잠시 그 분노의 표현을 억제하실 수 있습니다. 그러나 모든 노력이 수포로 돌아갈 때, 하나님의 공의가 발휘되지 않겠습니까? 상처 입은 위엄이 무서운 음성을 발하지 않을까요? 지극히 순결하시고 무한하신 하나님이 일어나셔서 "나는 모든 악을 미워한다. 죄인을 향한 나의 분노의 불길은 지옥 밑바닥에 이르기까지 이글거린다"라고 선언하시지 않을까요? 여호와 하나님이 죄인들을 향한 자신의 참 태도를 알리기 위한 조처를 취하시지 않겠습니까?

결론

하나님은 사탄보다 훨씬 더 죄인들을 반대하십니다. 왜냐하면 사탄에게는 죄인들을 대적해야 할 이유가 없기 때문입니다.

죄인들은 사탄이 시키는 대로 일하고 있습니다. 사탄이 죄인들의 태도를 불쾌하게 여긴다는 증거는 없습니다. 그러나 하나님에게는 죄인들을 불쾌히 여길 만한 충분한 이유가 있습니다.

사람들은 "만일 하나님이 악인들에게 분노하신다면 사탄보다 더 나쁜 분이다"라고 말하곤 하는 것을 듣습니다. 그들은 마치 사탄이 너그럽고 관대한 존재라고 생각하는 듯합니다. 그들은 사탄을 자비하고 고귀한 마음의 소유자라고 칭찬하고 싶어합니다. 그들은 사탄이 악한 존재라고 생각할지는 모르나, 하나님이 죄인들을 가혹하게 대하신다는 사실에는 만족할 수가 없는 것입니다.

그러나 하나님은 선하시기 때문에 죄인들에게 분노하시지 않고 달리 행하실 수가 없습니다. 그러나 마귀는 지극히 악하기 때문에 죄인들의 사악함을 흡족해 하는 데 있어서 전혀 어려움을 느끼지 않습니다. 이와 같이 하나님은 본성적으로 사탄보다 훨씬 무한히 죄인들을 증오하셔야 합니다.

만일 하나님이 죄인들에게 분노하시지 않는다면 우리는 하나님을 신뢰할 수 없습니다.

만일 통치자가 법을 범한 범죄자에게 아무런 분노도 나타내지 않는다면, 그를 어떻게 생각하겠습니까? 물론 당신은 "그의 마음에 공동체의 행복 따위는 안중에도 없다"고 말할 것이며 그를 신뢰하지 않을 것입니다.

죄인들에 대한 하나님의 분노는 하나님의 행복과 조화를 이루지 못하는 것이 아닙니다.

만일 그것이 하나님의 거룩함과 조화를 이루지 못한다면 대체 그 이유는 무엇입니까? 만일 그것이 조금이라도 잘못된 것이라면, 그것은 하나님의 행복을 파괴할 것입니다. 그러나 그것이 본질적으로 옳은 것이라면, 그것은 하나님의 행복을 파괴할 수 없을 뿐만 아니라 하나님이 악인들에게 분노하시지 않고서는 결코 행복하실 수 없을 것입니다. 하나님의 행복은 사물의 실재에 따른 하나님의 느낌과 행동에 좌우되어야 합니다. 그러므로 만일 하나님이 죄를 미워하시지 않으며 적당한 방법으로 그 미움을 나타내시지 않는다면, 하나님은 자중하실 수 없으며 본성 깊은 곳에 은둔하여 무한히 정확한 의식 속에서 영원한 복락을 누리실 수 없습니다.

죄인들에 대한 하나님의 적대감은 하나님의 영광이 됩니다.

하나님이 악인들과 마귀들에게 분노를 나타내시는 것은 지극히 영광스러운 일입니다. 이것은 모든 선한 통치자들에게 적용되는 사실이 아닙니까? 선한 통치자들은 기회가 있을 때마다 악인들에게 적대감을 나타내며, 그것이 그들의 진정한 영광이 되지 않습니까? 그들이 죄악을 능숙하게 탐지하며, 그것을 갈망하는 것을 영광으로 여기고 있지 않습니까? 물론 그렇습니다. 그들에게 이것 외에 다른 영광은 있을 수 없습니다. 만일 어떤 통치자가 살인자나 도둑이나 강도들을 동정한다면, 우리는 그의 이름을 저주할 것입니다.

성도들은 하나님이 죄인들을 대적하시기 때문에 하나님을 사랑합니다.

그들은 하나님이 그들 자신의 죄까지도 대적하신다는 것을 알고 있습니다. 만일 하나님이 성도들의 죄를 미워하시지 않는다면, 그들은 하나님을 신뢰하지 못할 것이며 마음으로 자신의 불의한 행동에 대해 용서를 구하지 않을 것입니다. 그들은 하나님에게 가까이 나아가서 하나님이 그들의 죄들을 얼마나 미워하시며, 그 죄들로 인해 또 그들을 얼마나 미워하시는지를 알게 될 때에 한층 더 하나님에게 영광과 찬양을 돌립니다. 그들은 우주에 있는 어떤 존재라도 그들의 죄를 묵인해 주거나 그것들을 반대하지 않고 너그럽게 대해 주기를 원하지 않습니다.

시편 7:11은 본문에 기록된 그대로 이해해야 합니다.

본문의 용어들은 명백한 의미에 따라 이해해야 합니다. 어떤 사람들은 하나님이 실제로 죄인들에게 분노하시는 것이 아니며, 우리의 이해를 돕기 위해 그러한 표현을 사용한 것이라고 가정합니다.

이것은 부당한 해석입니다. 이러한 해석의 원리를 하나님의 사랑에 관한 말씀에 적용한다고 생각해 보십시오. 예를 들어 "하나님이 세상을 이처럼 사랑하사 독생자를 주셨으니"라는 말씀을 해석한다고 생각해 보십시오. 이것은 우리가 각기 상대방에 대해 느끼는 것과 같은 실제의 사랑이 아니며, 단지 이해를 돕기 위해 편의상 그렇게 표현한 것이지 특별한 의미는 없다고 말한다고 가정해 보십시오. 이런 식의 해석은 성경이나 그 밖의 모든 기록된 책 전체를 파괴할 것입니다. 이에 대한 건전한 견해는 다음과 같습니다. 하나님은 독자와 청중들이 이해하도록 하기 위해 마치 감각적인 사람들이 말하는 것처럼 말씀하고 계시며, 물론 가장 분명한 의미의 용어를 사용하신다는 것입니다. 하나님이 자신은 악인들에게 분노하신다고 말씀하신다면, 우리는 실제로 하나님이 그렇게 하신다고 생각해야 합니다.

이미 설명한 바와 같이, 본문의 말씀을 우리가 알고 있는 하나님의 참된 성품을 기준으로 하여 해석해야 합니다. 그러므로 이 말씀은 악하거나 이기적인 분노, 또는 무한한 사랑과 일치하지 못하는 형태의 분노를 암시하는 것이 아니라고 생각해야 합니다. 어쨌든 여러 가지 면에서 본문의 말씀을 한정한 뒤에 남는 주요한 분노의 개념은 다음과 같습니다. 즉 그것은 죄인들의 큰 죄로 인해 모든 죄인들에게 임하는 영원한 분노와 적대감입니다.

죄인에 대한 하나님의 분노는 참되고 긍휼하신 사랑을 배제하지 않습니다.

그 사랑은 자기만족의 사랑이 아니라 호의적이고 선의적인 사랑입니다. 그것은 죄인으로서의 인간에 대한 사랑이 아니라 지각 있는 존재로서 하나님에게 순종함으로써 무한히 행복해질 수 있는 인간에 대한 사랑입니다. 이것이 죄인을 향한 하나님의 태도에 대한 올바른 견해입니다. 이것이 어떤 사랑인지는 부모들이 잘 알 수 있을 것입니다. 부모들은 자녀들의 악한 행동에 대해 분노를 느낍니다. 그러나 아울러 자애롭고 긍휼한 마음도 함께 느낍니다.

간혹 죄인들은 이렇게 말하기도 합니다. "하나님이 나에게 분노하실 리가 없다. 하나님은 매일같이 나를 지켜주고 계시다. 그분은 자기의 식탁에서 나를 먹여 주시며 그분의 풍성한 은혜를 누리게 해주시고 있다." 죄인이여, 그대는 이 문제를 크게 오해하고 있습니다. 스스로를 기만하지 마십시오. 하나님은 참으로 노하기를 더디하십니다. 즉 하나님은 분노를 더디 나타내시며 친히 그 이유를 지정하십니다. 왜냐하면 하나님은 죄인들을 향해 오래 참으시며 한 사람도 멸망치 않고 회개하기를 원하시기 때문입니다. 그러나 당신에 대한 하나님의 진정한 감정을 오해하지 않도록 조심하십시오. 조심하지 않으면 하나님의 크신 인내를 잘못 해석하게 됩니다. 하나님은 기다리십니다. 기다리시면서 복수의 폭풍을 모으고 계십니다. 하나님은 신속히 자기 처소에서 나아와 갑자기 복수의 폭풍을 풀어 놓으실 것입니다. 죄인이여. 일단 하나님이 이러한 일을 행하시게 되면 그 복수의 바람은 멈추지 않습니다.

죄인들은 하나님의 분노를 알지만 실감하지는 못합니다.

만일 그것을 알고 또 실감한다고 해도, 그들은 담대하게 불의를 행할 것입니다. 사실 그들은 마음으로 하나님의 분노에 관한 생각을 금하고 있습니다. 그들은 이것에 대해 무모하게 행동하며, 마치 죽음을 다루듯이 합니다. 죄인들은 자기가 반드시 죽는다는 것을 알지만 그 사실을 실감하지 못합니다. 그들은 고요히 앉아 죽음을 생각하려 하지 않습니다. 죽음이 얼마나 신속하고 분명히 임하는지, 그들의 육체가 무덤 속에서 어떻게 썩어 없어지는지를 생각하지 않습니다. 요즈음 젊은이들은 이러한 장면들이 얼마나 신속하게 현실로 나타날지 생각하지 않습니다.

또한 당신은 죄에 대한 하나님의 분노, 그분이 분노하시는 이유, 그분의 무서운 진노에 대해 생각하기를 좋아하지 않습니다. 아마 당신은 그것에 관한 설교조차 들으려 하지 않을지도 모르겠습니다. 당신은 이 주제를 제시하여 당신의 주의를 환기시키는 것을 참아내지 못할 것입니다. 당신은 고요히 앉아 이 주제에 관해 주의 깊게 생각하는 습관을 가지고 있습니까? 만일 그런 습관을 가지고 있다면 당신은 하나님에 대해 전혀 관심이 없는 사람처럼 하나님을 취급하거나 비난하지 못할 것입니다.

죄인이여, 당신은 스스로 하나님을 원수로 만들고 있다는 것을 알고 있습니까?

그것이 얼마나 무서운 일인지 생각해 보았습니까? 당신은 하나님과 겨룰 수 없다는 것을 알고 있습니까? 만일 당신이 동료를 조금이라도 의지한다면, 그를 원수로 만들려 하지 않을 것입니다. 대학에 다니는 학생들은 교수단이나 어느 교수를 원수로 삼지 않으려고 조심합니다. 어린아이도 부모에 대해 동일한 소망을 갖습니다. 이제 당신이 하나님에 대해 어떻게 행하고 있는지 생각해 보십시오. 당신의 호흡, 즉 당신의 목숨을 손에 쥐고 계시는 하나님에게 대해 당신은 어떻게 행하고 있습니까? 하나님이 그 손을 거두어들이시면, 당신은 중력 때문에 지옥으로 떨어지고 맙니다. 당신은 날카로운 벼랑 위에 서 있으며 그 밑으로는 무서운 저주의 파도가 넘실거리고 있습니다. 죄인이여. 그대가 밤에 두 손 안에 하나님을 대적하는 반역의 무기를 쥐고 자리에 누울 때에 하나님의 타오르는 눈이 당신을 보고 계시다는 것을 알고 있습니까?

어느 청년의 일을 예로 들어 보겠습니다. 그는 상당히 오랫동안 하나님의 진리를 대적해 왔으며, 이러한 반역의 정신은 점점 그 도를 더하여 갔습니다. 그러던 어느 날 그는 잠자리에 들어 불을 껐습니다. 그런데 갑자기 그의 방 안이 눈부시게 환해졌습니다. 그는 주위를 살펴보았습니다. 그의 앞에는 이 세상의 눈이 아니며 대단히 탐색적인 능력을 지닌 영광스러운 분이 서 계셨습니다. 그런데 차츰 다른 것은 사라지고 오직 눈 하나만 남았습니다. 그 눈은 무어라고 형언할 수 없는 광채를 내고 있었으며 그를 꿰뚫어 보는 것 같았습니다. 그는 무서웠습니다. 그리고 "만일 내가 하나님의 뜻에 굴복하여 엎드려 절하지 않는다면 그 눈 앞에서 몇 분도 살 수 없을 것이다"라고 말했습니다.

죄인이여, 그대는 당신을 살피시는 하나님의 엄한 눈을 생각해 본 적이 있습니까? 매일 잠자리에 누울 때마다 이것을 생각하십니까? 당신이 오래 살게 된다면 잠자리에 들 때마다 이것을 생각하십시오. 종이에 "하나님이 나를 보고 계신다"라고 써서 벽에 붙여 놓으십시오. 이렇게 해서라도 하나님의 눈이 당신의 마음을 꿰뚫어 보고 계시다는 것을 느끼십시오.

하나님의 눈은 지극히 엄하고 무서운 눈입니다. 당신은 잠자리에 누워 눈을 감고 자지만, 하나님의 눈은 계속 당신을 보고 계십니다. 하나님은 어두운 밤이 되어도 눈을 감지 않으십니다. 당신은 "나는 평소와 같이 잠을 자겠다. 나는 하나님의 진노가 두려워 잠을 못 자는 죄인이 아니다. 내가 왜 하나님을 두려워해야 하는가? 내가 무엇을 두려워해야 하는가? 하나님이 '나에게 네 마음을 달라'고 하신다는 것을 알고 있지만, 그렇게 할 생각이 없다. 나는 여러 해 동안 하나님에게 불순종해 왔지만 아직도 타오르는 진노를 보지 못했다. 나는 하나님이 여전히 나를 먹여 주시며 온갖 복으로 내 잔을 채워 주시기를 기대한다"라고 말하렵니까?

죄인이여. 바로 그 이유 때문에 더욱 하나님의 타오르는 진노를 두려워해야 합니다. 당신은 하나님의 자비하심을 철저히 악용하여 인내의 한계에 이르게 했습니다. 이제 하나님의 진노가 신속하게 그대에게 임할 것입니다. 이 세상의 그 무엇으로도 그 무서운 파멸의 파도를 멈출 수 없습니다. 만일 당신이 그것을 믿지 않는다면 그것은 더욱 확실하고 신속하고 두렵게 임할 것입니다.

10
대죄

> "누구든지 온 율법을 지키다가 그 하나를 범하면 모두 범한 자가 되나니."
> -약 2:10-
>
> "지극히 작은 것에 충성된 자는 큰 것에도 충성되고 지극히 작은 것에 불의한 자는 큰 것에도 불의하니라."
> -눅 16:10-

본문의 말씀을 주제로 하여 "죄 속에서 산다는 것은 무엇인가?"와 "어떤 형태의 죄든지 계속하여 범하는 것은 영혼에 치명적인 해를 준다"에 대해서 생각해 보겠습니다.

죄 속에서 산다는 것은 무엇인가?

죄 속에서 사는 것은 죄를 버리는 것이 아닙니다.

만일 어떤 사람이 이따금 강력한 유혹을 받아 죄를 짓고는 회개하고 당분간 그것을 버렸다가 다시 유혹에 굴복하여 그 죄를 범한다면, 그 사람이 죄 속에서 살고 있다고 말하는 것은 옳지 않습니다. 왜냐하면 그가 고의적이고 상습적이며 고집스럽게 죄를 범하는 것이 아니고, 항상 그 죄를 버리려 하고 그것에 저항하고 있음에도 불구하고 때로 유혹이 그를 지배한다는 의미에서 볼 때 그것은 우발적인 범죄라고 볼 수 있기 때문입니다. 그러나 그가 상습적으로 죄를 범하여 그것에 탐닉한다면, 그는 그 죄 속에서 사는 것입니다.

비록 어떤 죄를 표면적으로 되풀이하여 범하지는 않는다고 해도 그 죄를 고백하지 않는 것은 그 죄 속에서 사는 것입니다.

우리가 어떤 죄를 행동으로 되풀이하지 않는다고 해도 그 죄를 고백하기를 태만히 하거나 거부하고 회개치 않는다면 그 죄 속에서 사는 것이며, 큰 죄를 범하는 것이 됩니다. 만일 우리가 죄를 범하여 다른 사람에게 피해를 주고서도 그 사람에게 자백하지 않는다면 그 죄 속에서 사는 것이 됩니다.

만일 우리 중에 어떤 사람이 이웃을 비방하여 그에게 큰 해를 끼쳤다면 그 죄를 다시 범하지 않고 삼가는 것만으로는 부족합니다. 그 죄를 자백하고 그에 대한 보상을 하지 않는 한 그 죄를 버린 것이 아닙니다. 만일 그 죄를 자백하지 않는다면 죄로 인한 피해가 계속 활동하게 되며, 따라서 그 죄는 사실상 반복되어 결국 그는 그 죄 속에서 살게 됩니다.

죄로 인한 피해에 대해 적절한 보상을 하지 않는다면, 그 죄는 존속합니다.

당신이 어떤 사람에게 부당한 행위를 했다고 가정해 보십시오. 당신에게 보상을 해 줄 능력이 있는데도 그렇게 행하기를 게을리하거나 거절한다면, 당신은 그 죄를 버리는 것이 아니라 그 죄 속에서 사는 것입니다. 어떤 사람이 당신의 재산을 훔쳤다고 생각해 보십시오. 그가 다시는 그런 행동을 되풀이하지 않으며 그와 비슷한 죄도 범하지 않겠다고 결심하면서도 훔친 물건을 돌려주거나 보상을 하지 않는다면 그는 아직도 그 죄 속에 있는 것이며, 그가 저지른 옳지 못한 일을 그대로 존속하도록 허용하는 셈이 됩니다.

언젠가 나는 이러한 취지로 어느 청년과 대화를 나눈 일이 있었습니다. 그는 적은 액수였지만 계속 돈을 훔쳤습니다. 후일 그는 기독교 신자가 되기로 신앙을 고백하였으나, 이에 대한 보상은 하지 않았습니다. 그는 "도둑질하지 말라 선포하는 네가 도둑질하느냐" 롬 2:21 는 말씀을 발견했습니다. 그리고 더 이상 도둑질하지 않기로 결심하는 것으로 그 문제를 마무리지었습니다. 물론 그는 하나님이 자기를 받아 주셨다는 증거를 받지 못했습니다. 왜냐하면 하나님이 그를 받아 주시지 않았기 때문입니다. 그럼에도 불구하고 그는 오랫동안 스스로 기독교인이라고 자부했습니다. 그러던 어느 날 회개와 보상에 관한 설교를 듣다가 어떤 자극을 받았습니다. 그래서 나와 대화를 나누었습니다. 나는 그에게 만일 능력이 있다면 훔친 돈을 되돌려주거나 보상해 주어야 하며, 그렇지 않다면 용서받을 수 없을 것이라고 말해 주었습니다.

그가 성경을 어떻게 왜곡했었는지 주의해 보십시오. 물론 남의 물건을 도둑질한 사람은 다시 도둑질하지 말아야 하지만, 그것으로 다 된 것이 아닙니다. 그는 다시는 도둑질하지 말아야 할 뿐만 아니라 훔친 것 또한 반드시 돌려주어야 합니다. 이것은 이성과 양심의 가르침인 동시에 성경에서도 가르치고 있는 교훈입니다.

어떤 형태든 계속 죄에 머무는 것은 영혼에 치명적인 결과들을 가져온다.

어떤 형태의 죄이든 알면서도 계속 범하는 사람은 구원받지 못합니다.

한 가지 형태의 죄를 계속 범하는 것은 모든 율법의 정신을 범하는 것입니다.

야고보서에는 이것을 기록하여 "누구든지 온 율법을 지키다가 그 하나에 거치면 모두 범한 자가 된다"고 했습니다. 율법은 하나님에 대한 지극한 사랑을 요구하며, 이웃에 대해서도 역시 동일한 사랑을 요구합니다. 죄는 이기심입니다. 죄는 항상 하나님에게 대한 순종과 이웃에 대한 의무를 행하기보다는 자기 욕구의 충족과 자기의 유익을 선택합니다. 그러므로 하나님보다는 자기 자신을 선택하거나 동료들과의 관계에 있어서 이기적으로 행동하는 사람은 결코 기독교인이라고 할 수 없습니다. 만일 그가 어느 한 가지 일을 하면서 사랑의 율법을 범한다면 그는 모든 율법의 정신을 범하고 죄 속에서 살고 있는 것입니다.

어떤 형태든 죄 속에서 사는 사람은 결코 하나님에게 대한 지극한 사랑이나 동료 인간에 대한 사랑을 실천하지 못합니다.

만일 우리가 나 자신보다 하나님을 더 사랑한다면, 자신의 뜻을 좇기 위해 하나님의 뜻을 거역하지 못합니다. 우리는 자신을 즐겁게 하기 위해 고의적으로, 그리고 상습적으로 하나님을 불쾌하시게 할 수 없습니다.

우리가 어떤 사람을 사랑한다면 그를 기쁘게 해주기를 갈망합니다. 그러므로 우리가 자기 자신을 즐겁게 하기를 극도로 갈망한다면 우리 자신을 극도로 사랑하는 것입니다. 만일 우리가 하나님을 최고로 사랑한다면 하나님을 기쁘시게 하기를 갈망할 것이며, 영혼 안에 있는 이 사랑과 조화를 이룰 때에 결코 하나님을 불쾌하시게 하는 데 동의하지 못합니다.

하나님을 사랑하는 사람이 강력한 유혹을 받아 그 마음이 곁길로 빠지거나 부분적으로 어수선해져서 우발적으로 죄를 범하고 일시적으로 하나님을 불쾌하시게 할 수도 있습니다. 그러나 만일 하나님을 극진히 사랑하는 사람이라면 강한 유혹의 압력을 받아 부분적으로 마음이 흔들렸을 때에만 하나님을 불쾌하시게 합니다. 그러므로 그의 죄는 상습적인 것이 아닙니다. 어떤 형태의 죄든 진정한 신자를 상습적으로 지배할 수는 없습니다.

야고보서에서는 한 가지 율법에 순종하면서 다른 계명을 계속 불순종하는 것은 불가능하다고 단언하고 있습니다.

일반적으로 사람들은 한 가지 일에 순종하지 않으면서도 다른 일에서는 하나님에게 순종할 수 있다고 가정하는 큰 오류를 범하고 있습니다. 다시 말해서, 한 가지 계명을 순종하면서 동시에 다른 계명은 순종하지 않아도 된다고 생각하는 듯합니다.

야고보서의 말씀은 이러한 견해를 반박하기 위한 말씀입니다. 그 말씀에 따르면, 한 가지 일에 불순종하는 것은 참된 순종에 완전히 어긋나는 것입니다. 한 가지 의무를 태만히 하는 것은 다른 의무를 쾌히 수행하지 못하게 만듭니다. 다시 말하자면, 누구도 한 가지 일에 불순종하면서 동시에 다른 일에 순종할 수는 없습니다.

하나님에게 대한 진정한 순종에는 하나님의 권위에 대한 최고의 관심이 포함됩니다.

한 가지 일을 할 때에 하나님의 권위에 최고의 관심을 기울이는 사람은 모든 일에 있어서 하나님의 권위에 순복할 것입니다. 그러나 한 가지 일에 있어서 하나님의 권위를 거슬러 행동하기로 작정한 사람은 도저히 하나님의 영접을 받지 못합니다. 왜냐하면 한 가지 일에서 하나님의 권위를 거부하는 사람은 어떤 일을 해도 그 권위를 받아들이지 않기 때문입니다. 그러므로 한 가지 일을 하면서 하나님에게 진정으로 순종하는 것은 하나님의 뜻이라고 알려진 모든 일에까지 확장됩니다.

한 가지 죄를 계속적으로 범하는 것은 하나님의 모든 권위를 배격하는 것입니다.

만일 어떤 사람이 고의적으로 하나님의 계명 중 하나를 범한다면 그는 하나님의 권위를 배격하는 것이며, 이처럼 계명을 범함으로써 하나님의 권위를 배격하는 것은 모든 계명에 있어서 하나님의 권위를 배격하는 것입니다. 따라서 그가 한 가지 일에 있어서 하나님의 권위를 멸시하고 무시하면서 다른 일들에서는 순종하는 것처럼 행하는 것은, 순종하는 척하는 것이지 참된 순종이 아닙니다. 그는 순종하는 체하는 그릇된 동기에서 행동하는 것이지 하나님의 권위에 대한 지고한 관심에서 행동하는 것이 아닙니다. 그러므로 하나님에게 순종하는 것이 아닙니다. 하나님의 모든 권위를 배격하는 사람은 결코 구원받을 수 없습니다.

두려운 것은 사람들 대부분이 잘못 알고 있다는 사실입니다. 그들은 어떤 일에 있어서는 상습적으로 자신의 의무를 등한히 하거나 거부하면서도 자신의 순종이 전반적으로 받아들여진다고 생각합니다. 그들은 자신이 어떤 의무를 상습적으로 행하지 않으며, 또 어떤 점에 있어서 상습적으로 자기의 양심을 거스르는 생활을 한다는 것을 알고 있습니다. 그럼에도 불구하고 신앙생활의 형식을 유지하며 스스로 의무라고 부르는 많은 일들을 행함으로 이것들이 그들의 계속적인 범죄를 보상해 준다고 생각합니다. 또는 많은 의무를 행하고 신앙생활의 형식을 지켰으므로 스스로 기독교인이라고 생각합니다. 그리고 그것들이 그들에게 소망의 근거를 제공해 준다고 생각합니다. 그들은 스스로 죄 속에 있다는 것을 알며, 또 그 죄 속에 탐닉해 있으면서도 그것들이 자기가 받아들여진다고 여길 이유를 제공해 준다고 생각합니다.

그들은 이렇게 말합니다. "나는 내가 그 의무를 태만히 하고 있다는 것을 안다. 그 일에 있어서 내가 양심을 거역하고 있다는 것도 안다. 하지만 나는 그 외에 많은 의무들을 행하고 있으므로 기독교 신자라고 믿을 충분한 근거가 있다."

이것은 치명적인 망상입니다. 이런 사람들이 자기가 어떤 일에 있어서나 하나님에게 순종하고 있다고 생각하는 것은 잘못된 생각입니다. "지극히 작은 것에 충성된 자는 큰 것에도 충성되고 지극히 작은 것에 불의한 자는 큰 것에도 불의하니라."눅 16:10

어떤 죄든 계속해서 범하는 것은 참된 회개에 어긋나는 일입니다.

아무리 큰 죄라도 회개하기만 하면 용서받을 수 있습니다. 그렇다면 회개는 무엇입니까? 회개는 단순히 지은 죄를 애통해 하는 것이 아니라 마음으로 죄를 거부하는 것입니다. 회개는 마음에서부터 죄를 포기하고 버리는 것입니다. 회개는 하나님이 증오하시는 가증한 죄를 배격하는 것입니다. 그것은 자신의 이익을 추구하는 마음을 버리고 하나님과 이웃에 대한 지극한 사랑을 추구하는 것입니다. 그것은 마음으로부터의 변화입니다. 그것은 마음으로 하나님에게 돌아오는 일입니다. 사람이 계속 한 가지 죄 속에서 생활하며 그 죄를 버리지 않는다면, 참된 회개는 있을 수 없습니다. 왜냐하면 그는 하나님의 뜻보다 그 죄를 더 좋아하여 선택하였으며, 하나님을 기쁘시게 하기보다는 이 특별한 감각의 만족을 선택했기 때문입니다. 그러므로 자신이 알고 있는 모든 죄를 완전히 버리지 않는 한, 진정한 회개는 있을 수 없습니다.

지속적으로 죄를 범하는 것은 구원의 믿음에 어긋나는 일입니다. 구원의 믿음은 실제로 죄로부터 구원하는 믿음입니다. 다른 믿음으로는 구원을 얻을 수 없습니다. 성결하게 하는 믿음이 의롭다 함을 얻는 믿음입니다. 참믿음은 사랑으로 역사하고 마음을 정결하게 하며 세상을 이깁니다. 이것들이 구원에 이르는 믿음의 특성입니다. 자신을 범죄로부터 구원하지 못하는 믿음은 결코 의롭다 함을 이루는 믿음이 아닙니다. 알면서도 계속 범죄하면 의롭다 함을 얻지 못합니다. 그의 믿음이 마음을 정결하게 하지 못하며, 세상을 이기고 죄를 정복하지 못한다면 그 믿음은 결코 그를 구원하지 못합니다.

어떤 죄를 계속 범하는 것은 복음의 능력을 거스르는 일입니다.

복음은 복음에 의해 성결하게 되지 않는 자를 구원하지 않습니다. 만일 어떤 죄가 구원하는 복음의 능력을 거스르거나 죄가 복음의 세력에 굴복하지 않는다면, 또는 복음이 영혼에게 주는 모든 능력에도 불구하고 계속 죄를 범한다면 복음은 그 영혼을 구원하지 못합니다. 그런 죄는 치명적입니다.

사람이 어떤 죄를 계속적으로 범하는 것은 그 사람의 영혼에 치명적인 피해를 줍니다.

왜냐하면 복음이 없앨 수 없는 것은 복음의 은혜로도 용서할 수 없기 때문입니다. 이미 말씀드린 바와 같이 어떤 죄를 계속 범한다면 결코 용서받을 수 없습니다. 어떤 사람들은 자기가 여러 가지 죄를 계속 범하여도 은혜의 하나님은 스스로의 능력으로 정복하고 박멸하지 못하신 그 죄들을 용서하실 것이라고 생각합니다. 하지만 정말 잘못된 생각입니다. 성경에서는 만일 복음이 죄를 박멸하지 못한다면, 그것은 그 영혼을 그 죄의 결과로부터 구원하지 못한다고 분명하게 가르치고 있습니다.

만일 복음이 박멸하지 못한 죄를 용서한다면, 복음은 영혼을 구원하지 못할 것입니다.

하나님이 죄를 벌하시지 않는다고 가정해 보십시오. 만일 영혼이 자기의 죄를 스스로 가책하도록 내버려둔다면 그 영혼의 구원은 불가능해집니다. 만일 죄인을 이러한 양심의 가책 아래 내버려둔다면 그 죄인을 용서하는 것이 아무 유익이 되지 못할 것입니다. 그러므로 복음의 은사로 말미암아 자기의 죄를 정복하지 못한 사람이 구원받을 수 있다고 생각해서는 안 됩니다.

결론

스스로 의롭다 하는 자는 미혹된 자입니다.

사람들은 누구나 스스로 범죄한 일이 있으며 죄인임을 알고 있습니다. 그러나 전반적으로 많은 사람들은 자기가 많은 선행을 하기 때문에 안전하다고 생각합니다. 그들은 상습적으로 하나님을 등한히 여기며 의무를 태만히 하고 있다는 것을 압니다. 스스로 하나님과 이웃을 자기 몸처럼 사랑하지 않고 있다는 것을 압니다. 그럼에도 불구하고 그들은 끊임없이 스스로 많은 선을 행하고 있다고 생각합니다. 그러나 사람에 대한 의무를 알면서도 등한히 하는 생활을 하면서 스스로 크게 선한 척하는 한, 그들은 전혀 의롭지 못하며 선하지도 못하다는 것을 깨달아야 합니다. 그런데도 그들은 스스로 선행이라는 결정권을 쥐고 있는 듯이 생각합니다.

많은 사람들이 소위 그들의 표현을 따른다면 작은 죄에 빠져 있습니다.

그들은 너무나 정직하기 때문에 큰 죄에는 빠지지 못한다고 생각하고 있습니다. 그러나 "지극히 작은 것에 불의한 자는 큰 것에도 불의하니라"눅 16:10는 본문의 말씀은 이 견해를 반박하고 있습니다.

만일 어떤 사람이 작은 유혹에 굴복하여 그의 표현대로 조그마한 죄를 범한다면, 그것은 그로 하여금 큰 죄를 범하지 못하도록 막으시는 하나님을 존경하는 것이라고 볼 수 없습니다. 그가 혹시 큰 죄를 범하지 않으려 삼간다고 해도, 그것은 하나님을 사랑하기 때문이 아니라 수치를 당하거나 처벌을 두려워하기 때문입니다. 그가 작은 유혹에 넘어가 작은 죄까지도 범하지 않을 만큼 하나님을 사랑하지 않는다면 그는 큰 유혹에 넘어가 큰 죄를 범하지 않을 만큼 하나님을 사랑하지 못합니다.

상습적으로 정직하지 못하면서도 스스로 신자라고 고백하는 사람은 미혹된 사람입니다.

많은 사람들은 끊임없이 사소하게 부정직한 일들을 행하며, 사소한 속임수를 쓰며, 장사를 하면서도 사소한 거짓말을 합니다. 그러면서도 스스로 신자라고 생각하고 있습니다. 이것은 무서운 망상입니다. 정말 치명적인 망상입니다. 우리 모두가 이것을 잘 알고 그렇게 하지 않도록 지켜야 합니다.

어떤 사람들은 고의적이고 상습적으로 의무를 태만히 하면서도 스스로 신자라고 생각합니다.

그들은 어떤 종류의 십자가는 지지 않으려 합니다. 그들에게는 행해야 한다고 알고 있으면서도 상습적으로 행하지 않는 일이 있습니다. 그러면서도 스스로 기독교인이라고 생각할 것입니다. 그들은 자기기만에 빠진 사람들입니다.

많은 사람이 복음을 가르치지만 오히려 그것이 그리스도께 불명예가 되고 있습니다.

그들은 비록 말이나 격식을 갖추어 가르치지는 않지만 그리스도께서 상습적이고 고의적으로 죄에 빠져 생활하는 사람들을 의롭다 하신다고 주장합니다.

많은 설교자들은 자신이 실제로 청중들에게 어떤 인상을 주는지 모르는 듯합니다. 그들에게 회개치 않은 죄가 용서받는다고 주장하는 것이냐, 또는 알면서도 계속 죄 가운데 사는 사람들이 진정으로 의롭다 함을 얻는다고 설교하는 것이냐고 묻는다면 물론 아니라고 대답할 것입니다. 그러나 그들은 설교를 통해서 이 대답과는 상이한 인상을 심어 줍니다. 예를 들면 이런 주장을 하는 목사들을 쉽게 발견할 수 있습니다. 그들에게 교인이 몇 명이 되느냐고 물어 보십시오. 아마 오백 명이라고 대답할 것입니다. 그들 중에서 자신이 받은 선한 빛에 따라 생활하는 사람이 몇 명이나 된다고 생각하십니까? 그들 중에서 매일 하나님과 인간에 대해 범죄하지 않는 양심을 가지고 살아가며 고의적인 죄를 저지르지 않는 사람이 얼마나 됩니까? 하나님과 모든 이웃에 대한 의무를 진심으로 충실하게 행하는 것을 목적으로 하여 살아가는 사람이 몇이나 됩니까? 나아가서 하나님 앞에서 범죄하지 않고 살려고 노력한다고 생각되는 사람이 당신의 교회 안에 몇이나 됩니까? 어떤 형태로든 범죄하거나 의무를 태만히 하지 않는 사람이 얼마나 된다고 생각합니까?

아마도 그들은 자기 교회에서 여기에 해당되는 사람을 한 사람도 알지 못하거나 혹 몇 명에 불과하다고 말할 것입니다. 그들에게 한 가지를 더 물어 봅시다. "당신의 교회 안에서 의롭다 함을 얻은 사람이 몇 명이나 된다고 생각하십니까?" 아마 그들은 자기 교인들의 대다수가 하나님과 의로운 관계에 있다는 생각을 갖고 있음을 발견할 수 있을 것입니다. 그들은 많은 신도들이 하나님이 용납하시는 상태, 언제 죽어도 괜찮은 상태에 있다고 생각할 것입니다. 그러므로 이런 신앙 상태에 있는 신도가 하나님의 섭리에 따라 갑자기 죽게 되어 그의 장례식 설교를 할 때에 그들은 그가 하늘나라에 갔다고 주장할 것입니다.

그들은 자기 교회의 신도들 중에서 고의적으로 죄에 빠졌다고 믿을 수 있는 신자는 극히 적다고 말하면서도, 여기에 해당되지 않는 대다수의 신자들 중 한 사람이 죽어 그의 장례식에 청함을 받으면 죽은 사람이 기독교인이었으므로 하늘나라에 갔다고 증명해 줌으로써 조객들을 위로하려 하지 않겠습니까? 이것은 고의적으로 죄에 빠져 있으면서도 의롭다 함을 얻는지 여부에 대한 신학적 견해와는 상관없이 그 목사가 실제로는 도덕률 폐기론자임을 나타내 주는 것입니다. 그리고 실제로 사람들이 알고 있는 의무를 태만히 하고, 고의적으로 십자가를 회피하고, 고의적으로 죄 속에 빠져 살아가는데도 그리스도께서는 그들을 의롭다 하신다고 주장하며 믿고 가르친다는 것을 나타내 줍니다. 목사들은 간혹 자기 교회 신도들에게 그들이 회심하기만 하면, 상습적으로 고의적인 범죄를 한다 해도—상습적으로 자신의 의무를 알면서도 태만하며 온갖 이기심에 빠진다 해도—의롭다 함을 얻는다는 인상을 줍니다. 그럼에도 불구하고 그들은 의롭다 함을 얻은 신자로 여김을 받으며, 목사들의 설교를 통하여 만사가 잘 되어가고 있다고, 즉 그들이 진정으로 복음을 믿고 있으며 그리스도로 말미암아 구원을 받는다는 인상을 받습니다.

그것은 도덕률 폐기론입니다. 그것은 율법이 없는 믿음입니다. 죄로부터 구원하시는 구세주가 아니라 죄 가운데서 구원하시는 구세주입니다. 그것은 그리스도께서 실제로 도덕률을 폐기하시고 또 다른 삶의 규칙을 소개하시는 것으로 설명합니다. 죄로부터 구원하시는 대신 계속 범하는 죄 속에서 용서하시는 분으로 소개합니다.

많은 사람들은 스스로 기독교인이라고 고백하며 영생의 소망을 갖고 있지만 온갖 형태의 죄들을 버리지 않았으며, 어떤 일에 있어서는 자기 양심의 요구에 순응하지 못하고 있습니다.

그들은 소위 그들이 말하는 작은 죄들에 빠져 있습니다. 그들은 관습이나 방종한 일들에 빠져 있으므로 의롭다 할 수 없습니다. 그들은 온갖 악한 습관들을 전혀 고치지 않았으며, 자기의 의무대로 생활하지 않았습니다. 그들은 전혀 그렇게 하려는 의도도 없으며, 죄를 버리려 하지도 않았습니다. 오히려 그들은 자신이 항상 비난하고 정죄하는 죄 속에 빠져 있음을 알고 있습니다. 그럼에도 불구하고 그들은 기독교인이라고 자처합니다. 이것은 성경의 가르침과는 전혀 반대가 됩니다. 성경에서는 사람이 스스로 정죄하는 일에 빠지면 하나님의 정죄를 받으며, 또한 그 정당성이 의심스러운 일에 빠지면 하나님이 그들을 정죄하신다고 가르칩니다. 스스로 생각할 때에 그 정당성이 의심스러운 일을 행하는 사람은 하나님의 정죄를 받습니다. 이것이 성경의 분명한 교훈입니다. 그러나 많은 신앙고백자들은 이것과는 판이한 생각을 가지고 있습니다.

이것은 특히 알면서도 상습적으로 자기의 의무를 태만히 하며 그리스도의 십자가를 멀리하는 사람들에게 해당되는 사실입니다.

많은 사람들은 가정기도를 해야 한다고 인정하면서도 그대로 행하기를 태만히 합니다. 많은 부인들은 자기의 의무를 게을리하며 기도회에 빠집니다. 많은 사람들은 자신의 의무라고 인정하는 어떤 일 또는 많은 일들을 태만히 해오면서도 구원을 받으리라는 소망을 갖고 있습니다. 그들은 계속하여 그처럼 자기의 의무를 행하지 않고 생활하면서도 스스로 신자라고 생각합니다. 왜냐하면 그들은 공공연하게 수치스럽거나 악한 일에 종사하지 않았다고 생각하기 때문입니다.

많은 사람들은 죄의 진정한 본질을 철저히 간과하고 있습니다. 하나님의 율법은 절대적인 것입니다. 율법은 우리에게 모든 능력을 바쳐 하나님을 예배하고 영광을 돌리라고 요구합니다. 마음을 다해 하나님을 사랑하고 이웃을 내 몸처럼 사랑하라고 요구합니다. 그러므로 이렇게 행하기를 태만히 하는 것은 죄입니다. 그것은 확실한 범죄입니다. 그것은 하나님이 우리에게 명하신 것을 행하기를 거부하는 것입니다. 다시 말하자면 하나님이 행하라고 명하신 것을 거부하는 것이 죄입니다. 죄는 우리가 행해야 하는 의무의 이행을 태만히 하는 것입니다. 만일 어떤 사람이 당신에게 빚을 지고서 그 빚을 갚지 않는다면 그것은 죄가 됩니다. 특히 그가 지불할 능력이 있으면서도 갚지 않는다면 더욱 분명한 죄입니다.

우리가 하나님과 사람에게 사랑과 섬김의 빚을 지고 있으면서도 갚지 않는 것, 하나님과 사람에게 지불해야 할 것을 지불하지 않는 것이 죄입니다. 만일 어떤 사람이 하나님과 사람에게 지불해야 할 것이 있으면서도 갚지 않는다면, 과연 그가 정직한 사람입니까? 그 사람을 신자라고 할 수 있습니까? 이 같은 일을 거듭하는 사람이 의롭다 함을 얻을 수 있습니까? 결코 그런 일은 없습니다.

성경에서는 죄를 회개하면 용서받지만, 계속 죄 가운데서 생활한다면 용서받지 못한다고 가르치고 있습니다. 우리가 회개하고 죄를 멀리할 때에 하나님은 은혜로 용서해 주시고 죄에서 구원해 주신다고 성경은 가르칩니다. 하지만 계속하여 범죄하고 있는데도 그 죄를 용서하신다고 가르치지는 않습니다.

당신은 스스로 기독교인이라고 생각합니까? 만일 당신이 지금 현재의 상태에서 죽는다면 하늘나라에 갈 것이라고 생각합니까? 당신은 이미 그리스도 안에서 의롭다 함을 얻었다고 생각합니까? 당신은 매일 자기의 의무를 충실히 이행하며, 하나님과 인간에 대한 의무라고 여기는 것을 빠짐없이 행하려 합니까? 당신은 상습적으로 어떤 십자가를 지지 않으려고 회피하지 않습니까? 어떤 의무는 사소한 것이라고 해서 행하지 않고 생략합니까? 당신은 자기의 마음에 들지 않는 의무나 혹은 육체적으로 견디기 어려운 일들을 행하지 않으려고 피하지 않습니까? 당신은 주위에 있는 영혼들을 소홀히 하고 있지 않습니까? 당신은 이웃을 당신의 몸처럼 사랑하고 있습니까? 당신은 스스로 의무라고 고백한 일을 행하지 않고 태만하지 않습니까? 이상과 같은 일을 당신은 상습적으로 행하고 있지 않습니까?

이처럼 상습적이고도 태만히 하는 죄를 범하고 있으면서 스스로 구원받으리라 생각합니까? 부디 미혹되지 마십시오.

많은 사람들은 하나님의 은혜로 예방할 수 없는 것은 은혜로 용서하실 것이라고 믿고 있는 듯합니다.

다시 말하면 복음의 은혜로 사람들을 범죄함으로부터 구원하지 못했다고 해도, 죄로부터 구원하지는 못하지만 죄 속에서 용서하고 구원할 수 있다고 여기고 있습니다.

내가 알기로 복음은 사람들이 먼저 죄로부터 구원을 얻고, 그 결과 지옥으로부터 구원을 받는다고 가르칩니다. 죄로부터 구원받지 못하고 있으면서도 지옥으로부터 구원을 얻는다고 가르치지는 않습니다. 그리스도께서는 구원하실 때에 성화시켜 주십니다. 그러므로 죄로부터의 구원이야말로 구원의 첫째 요소입니다.

"아들을 낳으리니 이름을 예수라 하라 이는 그가 자기 백성을 그들의 죄에서 구원할 자이심이라 하니라"^{마 1:21}. 그러므로 복음의 은혜로 말미암아 죄로부터 구원받지 못한 사람은 지옥으로부터 구원받을 수 없습니다.

많은 사람들은 대부분의 일에 있어서는 하나님에게 순종하지만 어떤 일에 있어서는 상습적으로 하나님에게 불순종한다는 사실을 알고 있습니다.

그들은 하나님의 계명 중 어떤 계명을 상습적으로 무시하면서도 대부분의 계명들에 대해서는 하나님이 가납하실 순종을 하고 있다고 생각하는 듯합니다. 그러나 본 설교의 주제가 되는 말씀에서는 이러한 주장을 부인하고 있으며, 어느 한 가지 일에 순종하기를 거부하며 한 가지 계명에 불순종한다면 다른 계명도 하나님이 흡족해하실 만큼 순종할 수 없다고 가르쳐 줍니다.

당신은 자신이 기독교인이라는 증거를 가지고 있다고 확신합니까? 당신은 많은 의무를 행하며 수많은 죄의 발생을 피하고 있습니다. 당신은 많은 유리한 점을 지니고 있다고 생각하고 있습니다. 즉 당신이 불순종한 계명보다 순종한 계명이 더 많습니다. 그리고 비록 어떤 계명을 진지하게 따르려 하지 않았으며 또 어떤 일을 자기의 의무라고 알고 있으면서도 태만히 하였다는 것을 알지만 자신을 신자라고 부를 수 있다고 생각합니다. 그러나 본문 말씀이나 성경 어느 곳에서도 이것을 인정하고 있지 않다는 것을 기억하십시오. 당신은 모든 율법의 정신에 불순종하고 있습니다. 당신의 믿음은 마음을 정결하게 하지 못하며 세상을 이기지도 못하고 있습니다. 그것은 사랑으로 역사하지 않고 있으며, 따라서 위선적인 믿음입니다. 또한 당신은 죄 속에서 살고 있습니다. 당신은 이 같은 사실을 영혼 깊은 곳에서 절실하게 느끼고 있습니까?

아직 죄 고백도 하지 않고 복음에서 명하는 대로 죄에 대한 보상을 하지 않고서도 스스로 용서받았다고 믿는 사람들이 있습니다.

즉 진정으로 회개하지도 않고 죄를 버리지도 않은 채 생활하는 미혹된 신자들이 있습니다. 그들은 표면적으로는 그것을 되풀이하지 않으나, 마음으로 그것을 버리지도 않습니다. 그러면서 그 죄에 계속 매달려 있는 것입니다. 그들은 자기에게 능력이 있으면서도 전혀 보속을 하지 않습니다. 그러면서도 그리스도께서 용서하실 것이라고 생각하고 있습니다. 그것은 큰 망상이며 그리스도께 크게 욕된 일입니다. 그것은 마치 우리가 이웃에게 부당한 일을 계속하는데도 그리스도께서 우리를 용서하심으로써 그리스도 자신을 욕되게 하신다고 생각하는 것과 같습니다.

그리스도께서는 이렇게 행하실 수 없으며, 행하시지도 않을 것이며 행하셔도 안 됩니다. 주님은 당신을 사랑하시는 만큼 당신의 이웃도 사랑하십니다. 주님은 당신이 회개하고 당신의 능력이 닿는 한도 내에서 그 죄에 대한 배상을 하기만 하면 기꺼이 용서하십니다. 그렇게 하지 않으면 주님은 당신을 용서하실 수 없으며 용서하시지도 않을 것입니다.

본문의 교훈에 따르면, 한 가지 일에 있어서 불순종하는 사람은 다른 일에 순종할 수 없습니다.

우리가 어떤 일에 있어서 진정으로 하나님에게 순종하고자 한다면, 보편적 순종이라는 문제를 해결해야 합니다. 그렇지 않고서 순종하는 체하는 것은 헛된 일입니다. 우리가 하나님에게 모든 것을 바치지 않는다면, 온 힘을 기울여 모든 것을 포기하며 온갖 형태의 죄를 버리고 모든 일에 있어서 하나님에게 순종하기로 작정하지 않는다면 우리는 어떤 일에 있어서도 참된 순종을 하지 못합니다.

우리는 왜 신앙고백자들이 마음의 평화를 얻지 못하며 하나님께서 자신를 받아 주셨다는 확신을 갖지 못하는지 알 수 있습니다.

그들은 의심과 두려움으로 가득 차 있습니다. 그들은 전혀 종교적인 즐거움을 느끼지 못하며 어두움과 의심 속을 헤매고 있습니다. 그들은 확증을 주시기를 기도하며 마음의 평화를 얻으려고 노력하지만 이루지 못합니다.

이런 사람들은 고의적으로 어떤 죄를 범하고 있는 것을 발견할 수 있습니다. 그들은 알고 있는 의무의 이행을 태만히 하며 십자가를 멀리합니다. 그들이 의무의 이행을 회피하는 까닭은 그것이 힘든 일이기 때문입니다.

얼마 전에 먼 곳에 사는 어느 노인이 나를 방문하여 몇 가지 질문을 했습니다. 그는 전에는 설교자였으며 복음 사역자였습니다. 그러나 그는 자신이 그리스도의 영접을 받고 있는지에 대한 회의에 사로잡혀 전도를 그만두었습니다. 그의 마음은 어둡고 큰 혼란을 겪고 있었습니다. 그의 말에 따르면, 그는 생의 대부분을 종교를 찾는 데 보냈으며 자신이 영접을 받았다는 증거를 얻기 위해 최선을 다했다고 생각하고 있었습니다.

나는 그와 대화를 하는 중에 그가 여러 해 동안 범해 온 양심상의 죄가 있음을 발견했습니다. 즉 그 동안 그는 알고 있으면서도 고의적으로 범죄하며 의무를 태만히 했습니다. 그는 마음의 평화와 증거를 얻으려고 노력하였으며, 심지어 자신이 증거를 얻을 수 없었기 때문에 전도 사역을 버리기까지 했습니다. 그러나 그 동안에도 내내 그의 양심에는 이러한 죄들이 쌓여 있었던 것입니다. 참으로 놀라운 일이었습니다.

알고서 범하는 죄를 금하는 것이 유일하게 실천 가능한 삶의 규칙입니다.

한 가지 일에 범죄하면서 다른 일에 순종한다는 것은 전혀 불가능한 일입니다. 우리는 마음과 뜻에서부터 모든 죄를 추방해야 합니다. 그렇게 하지 않으면 실제로 어떤 죄도 버리지 못합니다. 사람의 마음과 뜻이 완전하고 온전히 경건하지 않는 한, 그는 도저히 경건해질 수 없습니다. 국내에서는 신자로 행세하다가 해외에 나가서 죄인처럼 살 수는 없습니다. 반대로 국내에서는 죄인이면서 해외에 나가서 신자가 될 수는 없습니다. 주일에는 신자로, 평일에는 이기적인 사업가로 행할 수는 없습니다. 모든 것을 하나님에게 바치든가, 아니면 아무것도 바치지 않든가 둘 중의 하나여야 합니다.

우리는 하나님과 재물을 함께 섬길 수 없습니다. 많은 사람들이 하나님과 재물을 함께 섬기려 하고 있으나, 이것은 불가능한 일입니다. 하나님과 세상을 동시에 사랑할 수는 없습니다. 한 사람이 두 주인을 섬길 수 없습니다. 하나님과 세상을 동시에 기쁘게 할 수는 없습니다.

가장 흔하게 범하는 잘못은 사람이 한 가지 일에 순종하기를 거부하면서도 다른 일에 있어서는 하나님에게 순종할 수 있으며, 부분적이지만 경건할 수 있다고 생각하는 것입니다. 만일 그렇지 않다면 우리는 오늘날 교회들의 상태를 어떻게 생각해야 합니까? 수많은 신앙고백자들을 어떻게 이해해야 합니까?

만일 수많은 종교 지도자들이 부분적인 일에 있어서만 상습적으로 순종하며 하나님의 명령들 중에서 어떤 명령만 선택하여 순종하고 다른 명령에 대해서는 알고도 불순종하면서 자기가 하나님의 영접을 받을 수 있다는 인상을 주지 않는다고 생각할 수 있겠습니까? 만일 이러한 점에 있어서 교회가 거짓된 표준을 갖고 있지 않다면 많은 종교적 교훈들이 교회와 세상에 이러한 거짓된 인상을 심어주지 않는다면, 내 생각이 잘못되었을 것입니다.

그러나 오늘날 나는 그렇게 생각하지 않을 수 없습니다. 오늘 교회의 상태를 달리 어떻게 해석할 수 있습니까? 목회자들이 자기 교회의 대다수 교인들이 안전한 상태에 있기를 바란다고 생각하지 않으면 어떻게 생각할 수 있겠습니까? 만일 그들이 습관적으로 부분적으로만 하나님에게 순종하면서도 의롭다 함을 얻을 수 있으며, 하나님의 계명들을 취사선택하여 순종하기 쉽고 호감 가는 것은 순종하지만 불편하거나 자기 부인을 요구하거나 박해를 유발하게 될 계명은 서슴지 않고 불순종하면서도 실제로 용서받고 의롭다 함을 얻는다는 것이 그들이 채택한 원리가 아니라면 어찌 대다수의 신앙 고백자들이 영생의 소망을 가질 수 있습니까?

부분적인 개심은 결코 진정한 회심의 증거가 되지 못합니다.

많은 사람들이 이 점에 대해 잘못 알고 있습니다. 어떤 사람의 개심이 특정한 일들에만 국한되어 있고 다른 일에 있어서는 변화되지 않았다면 그는 회심한 사람이 아닙니다. 특히 그가 자신의 의무라고 인정하면서도 그것의 실천을 포기할 때에 우리는 그그 회심했다고 생각할 수 없습니다. 만일 그가 스스로 그릇된 일이라고 인정하는 것을 계속 범한다면 당연히 그의 회심은 진정한 것이 아닙니다.

이런 문제로 질문하는 사람들은 자신이 무엇을 해야 하는지 알 수 있습니다.

그들은 모든 죄를 버려야 합니다. 그리스도를 위하여 모든 것을 버리고 마음을 다하고 영혼을 다하여 주께 돌아와야 합니다. 그리고 평생 충성하며 마음에서 우러나는 순종을 하기로 결심해야 합니다. 이렇게 결심한 뒤에는 과거에 지은 죄가 아무리 크다고 해도 하나님이 그것을 용서해 주시며, 장차 어려운 날에 은혜로 도와주시기를 기대할 수 있고 또 기대해야 합니다.

의심하는 자여, 이제 당신은 왜 아직도 마음의 평화를 얻지 못하고 있는지 그 이유를 알 수 있을 것입니다. 당신은 용서를 구했으며 평화 주시기를 간구하였으며, 또 평화를 얻기 위해 노력해 왔지만 실제로 모든 죄를 완전히 버리지 않고 무엇인가를 보류해 두고 있었습니다. 당신이 마음의 평화를 발견하지 못한 까닭은 모든 것을 버리지 않았기 때문입니다.

아마 당신은 아직도 어떤 우상을 섬기거나 어떤 죄를 계속 범하거나 또는 어떤 의무를 태만히 하고 있을 것입니다. 또는 죄를 고백하지 않고 그에 따른 배상도 하지 않고 있을 것입니다. 당신은 과거에도 세상을 부인하지 않았고 지금도 부인하지 않을 것입니다. 당신은 모든 것을 부인하고 그리스도의 날개 그늘 아래 쉬려 하지 않고 있습니다.